関西学院大学研究叢書　第 252 編

「母になること」の社会学

子育てのはじまりはフェミニズムの終わりか

村田泰子■著

昭和堂

「母になること」の社会学――子育てのはじまりはフェミニズムの終わりか〈目　次〉

序章　「母」というひどくつまらない存在

日本社会には、女性が子どもを産み、母親になると、それまでの「わたし」とは完全に異なる、別の誰かになるとする定型化された語りが存在している。母になるまえの「わたし」が、冒険や挑戦を好み、ときに、必要とあらば自分自身のあり方を含め、現状を見直し、あたらしいものに変えていく勇気やクリエイティビティに満ちた存在であったとすれば、「母になる」ことでそうした資質はすべて失われ、ただ子どものためだけに生きる存在となるかのようである。

とりわけ、主流のメディアにおける描かれ方はそうである。ひとつ、わかりやすい例を挙げよう。二〇一八年に、動画配信サービスHuluの「だい！だい！だいすけおにいさん‼」という親子向け番組で配信された、「あたしおかあさんだから」という歌がある。SNSで一時期、話題にもなったから、知っているひとも多いだろう。絵本作家ののぶみ氏が担当した歌詞では、母になる「まえ」と「あと」の変化が、つぎのように描かれている。

一人暮らししてたの　おかあさんになるまえ
ヒールはいて　ネイルして　立派に働けるって強がってた

痩せてたのよ　おかあさんになるまえ　好きなことして　好きなもの買って
考えるのは自分のことばかり

このように歌詞では、独身時代の「あたし」が、「強が」りつつも仕事をして、おしゃれも楽しみ、「自分」中心の生活を謳歌していた様子が描かれている（こうした未婚女性の描かれ方自体、問題はあるが、それはここではおいておくことにしよう）。

ところがいざ出産すると、彼女の生活は一変する。「母であること」がすべての中心になり、それ以外の話題は出てこなくなる。

今は爪切るわ　子どもと遊ぶため
走れる服着るの　パートいくから　あたし　おかあさんだから

あたし　おかあさんだから　眠いまま朝五時に起きるの
あたし　おかあさんだから　大好きなおかずあげるの
あたし　おかあさんだから　新幹線の名前憶えるの
あたし　おかあさんだから　あたしよりあなたのことばかり(i)

このように歌詞では、母になった「あと」の生活が、ひたすら子どものための活動で占められる様子が描かれている。そうした活動において、わずかでも「個性」のようなものが発揮される余地があるとすれば、それはせいぜい、わが子のために憶えるのが新幹線の名前なのか工事車両の名前なのかといった違いぐらいだろう。別の言い方をすれば、母たるものの生活に変化や変革など必要なく、子どものため、毎日同じ活動を反復する、その単調さを受け入れることこそが母になることなのだと歌詞は告げているかのようである。

なお、歌の終盤、「もしもおかあさんになるまえに戻れたなら」と、現在とは異なる生活へのあこがれが口にされる場面がある。ここで話題が転換し、母になることについて、何かあたらしい局面が付け加えられるのかと思いきや、すぐにまた元の調子に戻り、「それ全部より　おかあさんになれてよかった」と、現状を肯定する言葉で締めくくられている。

それに対し、SNSでは、育児中の女性を中心に、さまざまな批判や反論が寄せられた。この歌を、ワンオペ育児を肯定する「呪いの歌」と批判する人もいたし、「まるで演歌のよう」と評した人もいた。ツイッターでは歌のタイトルをもじって「#あたしおかあさんだけど」というハッシュタグがつくられ、自分はおかあさんだけど仕事もおしゃれも楽しんでいる、家事だって手抜きだらけといった反論が寄せられたりもした。

わたし自身がこの歌を聞くたび、ざわざわした気持ちになるのは、この歌に描かれた「おかあさん」のイメージが、子どものころからひそかにわたし自身がいだいてきた「母」なるもののイメージに、あまりにぴったりと重なるからにほかならない。子どものころから、ずっと思っていた。うちのお母さんは優しい。いつも家にいて、みんなのためにあれこれしてくれる。お母さんのようになりたい。しかし同時に、こうも思っていた。母はひどくつまらない。父は外で仕事をして、わたしや姉、妹は勉強をしている。みんな「自分のこと」をやっているのに、母一

（i）UtaTen「あたしおかあさんだから 歌詞」歌・横山だいすけ、作詞・のぶみ［https://utaten.com/lyric/iz18020518/］（二〇二二年八月一二日アクセス）

人、何もしていない。母はわたしに勉強しなさいって言うけれど、たたかっているのはわたしだからね？　お母さんは何もしていないよね??

そんな風に母に対し向けられた、少し意地悪で、好きと嫌いの入り交じったアンビバレントな感情は、やがて自分が親になったとき、自分自身に向けられることになる。だが果たしてほんとうに、母は（子育て以外）何もしていなかったのだろうか。「母になる」ということは果たしてそのように、あらゆる野心や理想を断念する態度とつねにセットになっているのだろうか。母であると同時に、現在の自分自身が置かれた状況を批判的に省みたり、また、必要とあらば自分自身のあり方を含め、変えていこうとしたりする態度——それを本書では、フェミニズム的な態度とよぼう——をもちつづけることはできないのか。別の言い方をすれば、母であると同時に、フェミニストでありつづける可能性は残されていないのだろうか。

これらは二〇〇〇年代初頭にはじめて親になったとき、突如、わたしの目のまえに立ちはだかった問いである。子どもを産んで、自分も何かしら変わること、それ自体は当たりまえのことだと思ったし、楽しみでさえあった。しかし、この歌に歌われているように、「母になること」が自分がそれまで大切にしていたことをすべてあきらめ、「母」という鋳型のようなものにはまっていくことであるとしたら、イヤだと思ったし、怖い気持ちがした。

それから二〇年、右の問いをめぐって、学術的にもひとりの母親としても思索をつづけてきた。その思考のあとをまとめたのが、本書である。本書をまとめるのに、思いがけず長い年月を要した。今回、勤務先である関西学院大学で一年間の在外研究期間を取得したことで、イギリスはマンチェスター市にて本書の執筆に専念することが可能になった。イギリスにいて日本社会にかんする本を書くことには相応の苦労もあったが、そのことが本書に、日本社会を「外」からみるような視点を与えてくれたなら、その苦労も報いられるだろう。

1　個人的な経験から

はじめに、本書の問題意識をより明確にすることを目的として、わたし自身がどのようにしてこの問題に出会ったのかという話からはじめたいと思う。アカデミックな本を個人的経験から書きはじめることにはためらいがなかったわけではないが、それなしには本書の問題意識について十全に説明することができないと考え、この方法を選んだ。しばらくのあいだお付き合いいただきたい。

出身大学院の交流会で

わたしは今から約二〇年前、大学院の博士後期課程の学生だったとき、第一子となる子どもを出産した。そのときの経験については、これまでも折に触れ、授業やセミナーなどで話したことがある。なかでも印象に残っているのは、四年前、出身大学院である京都大学文学研究科の社会学研究室で、一五〇名ほどの出席者をまえに話をしたときのことである。それは、社会学研究室では初となる卒業生と現役生との交流会で、わたしを含む三名の卒業生が、「先輩」の立場から話をさせてもらうことになった。

そのときわたしに与えられたお題は、「子育てをしながら研究者として前を歩む先輩の話」というものだった。このお題を伝えられたとき、内心「またか」と思わずにはいられなかった。というのも、わたしが院生だった二〇〇〇年代初頭には、女性が大学院に通いながら出産し、かつ最終的に大学などで常勤職を得るケースは多くはなく、いわゆる「ワーク・ライフ・バランス」を両立させた先進的な事例として、トークを頼まれることはよくあったからである。

しかし、自分が周囲からそうみえているほどに、先進的でもなければ颯爽としてもいないことは、当のわたしがいちばんよく知っていた。出産から数年間、わたしは暗かった。おそらく人生であんなに暗かったことはない。もはや自分は研究者にはなれないとかんがえていたし、かといって「母であること」を心から楽しむこともできていない、半端で苦しい時期がつづいていた。ときに、若い女性の院生などから、「わたしも村田さんのように、仕事と家庭を両立したいと思っているんです！」などと声をかけられると、嬉しく思う反面、「違うのよ……」と思わずこんこんと説明したくなるぐらいには、屈折していた。

そんなわけで、交流会の話をもらったときには辞退することもかんがえたが、同時にわたしのなかには、自分の身に起きたことを、ほかでもない当時の研究室の仲間たちに、聞いてほしいという欲望もあった。最終的に、恩師のひとりである落合先生に相談したところ、最近は就職が遅くなったこととともあり、院生で出産する人もふえたし、男子学生で父親になる人もいる、問題なくやっている人もいるが辛そうな人もいる、だからあなたの話が参考になると背中を押してもらって、引き受けることにした。

「そこそこ上手くやれていた」わたし

前置きが長くなったが、そのような経緯で話した内容を、ここで簡単にふり返ってみたい。一五分間ほどのトークで、前半は院生で第一子を出産したときの話を、後半は就職してからの話をした。ここでは主に、出産前後の話をしたい。

わたしは大阪外国語大学（現大阪大学外国語学部）の出身で、さいしょの専門は英語だった。学部三回生のときに交換留学生として一年間イギリスに留学し、はじめて社会学を専攻した。卒業後はロータリー財団の奨学生として再度イギリスにわたり、現代社会学の修士号を取得したのち、帰国して京都大学の大学院に修士から入り直した。

そのときすでに二五歳になっていた。その後、京大では、ポスドクの期間もあわせれば八年間ほどお世話になった。

京大に入った当時の自分をふり返って、自分で言うのもなんだが、わたしは「そこそこ上手くやれていた」ように思う。いわゆる「外部」からの進学で、右も左もわからず戸惑うことも多かったが、もちまえの調子のいい性格と、仲間にも恵まれ、楽しくやれていた。

当時、わたしがいちばん好きだったのは、「読書会」と呼ばれるインフォーマルなかたちでの勉強会だった。さいしょに参加した読書会はおそらく、「フーコー読書会」だったと思う。男性の先輩が声をかけてくれた。この、「お声がかかる」ということは大学院でやっていくうえでとても大切で、わたしは決して優秀でもなければ努力家でもないが、おそらくは当時、こうした理論を学ぶことに純粋なよろこびを感じていたこと、そしてまた、ひとり一人の若い女性として、「ふつうに」感じがよかったから、お声がかかったのだと思う。読書会は、マルクス読書会、フロイト読書会と呼び名を変え、途中、メンバーも一部入れ替わりつつ、何年もつづいた。読書会のあとには近くの居酒屋に移動して、お酒を飲むこともあった。企業でも役所でも、重要な情報はインフォーマルな会合において交わされると言うが、大学院においても例外ではなかったように思う。そして、そのように周囲に助けられながらうまくやれていることは、ある意味自分の才覚のお陰と思っていたところもある。

ただしまた、その一方で、そのように若い女性として「ふつうに」上手くやれているはずの自分が、ときどきふとしんどくなることもあった。当時、今日よりもまだはるかに「男の世界」だった大学院において（当時だいたいどこに行っても八割以上は男性だった）、わたしはときとして必要以上に「女らしく」ふるまうことで、その場を切り抜けようとするクセがあった。たとえば読書会において、気づけば読んでいる本の内容よりも、先輩がたを「立てる」ことや場の雰囲気をよくすることに気を遣っている自分を発見し、自分は何をやっているのだろうとバカらしく思うことがあった。あるいは何かすごく言いたいことがあるのに、発言を控えてしまうこともあった。

そうした自身の経験に言葉を与えてくれたのが、フェミニズムだった。わたしとフェミニズムの出会いは、概して遅い。二〇代前半、留学先のイギリスでは当時流行していたバトラーやスピバックらの著作も読み、スリリングな現代思想としてそれを楽しんだように思うが、それらを真に「自分自身の問題」としてかんがえるようになるのに、時間がかかった。

大学院に入って何年目かに、院生仲間たちと「フェミニズム研究会」を立ち上げたときは嬉しかった。研究会という名前だが活動の内容は読書会で、国内外のフェミニズムの著作を読んだり、研究発表をしたりした。他研究科や他大学からの参加者もあり、参加者のジェンダーやセクシュアリティも多様だった。この読書会活動をつうじて、フェミニズムをようやく自分自身の問題として理解する視点を得るとともに、ひとりの女性として感じていた生きづらさとも、折り合いがつけやすくなった気がしていた。

子どもを産んで、つまづく

ところが、博士後期課程二年次に結婚し、出産したことで、急にすべてが上手く回らなくなってしまった。わたしの場合、子どもをもつことそれ自体はみずから望み、おこなったことで、そのこと自体を悔んだり、取り消しにしたいとかんがえたりしたわけではなかった。その点で、最近日本でも翻訳が出て話題になった、イスラエルの社会学者オルナ・ドーナトの著作『母親になって後悔してる』（二〇二二）に登場する女性たちとは、また事情が異なっている。

しかし、にもかかわらず、わたしは出産して、おどろくほど孤独になった。それはわたしにとって、思ってもみない経験だった。当時、すでに修了に必要な単位は取り終え、あとは博士論文を書くだけだったが、このまま博士論文が書けないのではないかと思うことはよくあった。妊娠や出産によるホルモン・バランスの変化もあったろうし、乳児の世話で物理的に時間が取りづらくなったということもあっただろうが、それ以上に、「自分はやれる」という気持ち自体が完全に失われてしまっていた。同じ研究室の先輩（学年的には）だった夫はすでに博士論文を書き終え、さいしょの就職も決まっていたが、わたしは自分が彼と同じようにとんとん拍子に物事をやり遂げることができるとは到底思えなかった。子どもの世話をしながらフルタイムではたらく自分というものが、どうしても想像できなかった。

さらには両親、とくに父との関係性において、自分は父の期待に応えることができなかったと思い、落ち込んだ。わたしは留学していた期間を含め、二〇代のすべてを勉強に費やしてきた。その間、学費はずっと父が払ってくれた。父は若いころ苦学して大学を出たから、わたしが勉強したいと言えば喜んで支えてくれた。わたしはいつの日か、大学の先生になって両親の期待にも応えることができる、そのはずだった。しかし、子どもができたことで、父との物語も終わりを迎えようとしていた。それは突然のことであったが、同時に、はるかむかしから決まっていたことのようにも思われた。そしていま、一度も経済的自立を経験することのないまま独身時代を終えようとしていることを、みじめに思った。

そうしたもろもろのしんどさを、誰かに吐き出すことができたらよかったが、そのときはそれができなかった。元来、自分のからだにつよいコンプレックスをいだいていたわたしは（わたしは痩せて、胸がなかった）、妊娠して、太った自分を他人にみられることがイヤだったし、また子育てのように「私的なこと」で、重要な研究をしている友人たちを、わずらわせてはいけないと本気で思っていた。また、子どもを産んだことで、「あの人はもう研究者ではなくなった」と誰かに後ろ指を指されているような気持ちにもなった。次第に大学に行かなくなり、あんなに好きだった読書会からも足が遠のいた。

「頼ってもよい相手」と「いけない相手」の区別

それでも出産後の一、二年間は、博士論文だけは提出しようとほそぼそと研究はつづけていた。また、週に一回は大阪の看護学校で非常勤講師の仕事もつづけていた。子どもは一歳を過ぎるまで保育所には行っていなかったから、わたしが仕事をしているあいだは誰かが代わって面倒をみる必要があったが、当時、わたしが頼ることできるとかんがえたのは、「身内」と、あとわずかのひとたちだけだった。

具体的に、「身内」とは、夫のほかには、離れて暮らす自分の両親、自分の姉妹、夫の両親や祖父母など、ごくせまい範囲のひとびとを意味していた。わたしは岡山県出身で、夫は長野県出身、どちらも実家を離れて大学に進学しており、子どもができるまでは実家に帰るのはせいぜい盆暮れぐらいのものだった。ところが、子どもが生まれてからは、急にひんぱんに実家に頼るようになった。出産は迷うことなく岡山の実家に「里帰り出産」したし、そのあと二ヶ月間ほどは、夫の実家で過ごしたりもした。それが「当たり前」だと思っていた。その後京都にもどってからも、気持ちが落ち込んでやれなくなったときには、子どもを連れて、新幹線にのって実家に帰ったことも幾度となくあった。

夫も、よくやったほうだと思う。研究者という職業柄、時間や場所の自由がきいたので、その点助かった。わたしが週に一度の非常勤の仕事に出かけるときは、夫が子どもを連れて付き添った。勤務先までは、バスや電車を乗り継いで一時間半以上かかった。ようやく首がすわったばかりの息子を夫が抱っこひもで抱き、息子が眠ったときには寝かせられるようベビーカーもたずさえ、三人で電車に乗った。駅に着くと、駅ビルのベンチやトイレでそそくさと授乳して、わたしは授業に向かった。授業が終わると、漫画喫茶などで時間をつぶしていた夫と落ち合い、また授乳して、ご飯を食べて家に帰るのがつねだった。当時は必死でやっていたが、今思えば、寂しい、近代家族だった。

「身内」のほかに子どものことで頼ることができたのは、研究室では、教務補佐の仕事をされていたＭさんぐらいだった。たまにゼミで発表などしなければならないときには、「ヒロくん抱っこさせて！」と、ベビーカーごと子どもを連れてどこかへ行ってくれるのはありがたかった。不思議とこの時期、自分より年上の、子どものいる女性のまえではリラックスして話すことができた。とくに、子どももいて、仕事もしている女性のまえだと、話しやすかった。それは、「偏見」だと言われればそれまでだが、当時のわたしのなかに確実に存在していた線引きだった。

ママ友らしいママ友はいなかった。京都のマンションには、同じくらいの月齢の子どもを育てている母親が二人ほどいたが、彼女たちは地元出身で、また専業で子育てをしていたため、どこか「自分とは違う」気がして、入っていけなかった。マンションの一階で彼女たちがビニールプールを出して子どもを遊ばせているとき、入れて欲しいと喉から手が出るほど思ったが、言えなかった。唯一、わたしより先に子どもを産んでいた幼なじみのＮさんと、同じ時期に第一子を出産した従姉とだけは、岡山に帰るたび、子連れで遊んだ。不思議なもので、わたしが心を許している相手――親やきょうだい、Ｎさんや従姉――に対しては、子どももすぐに打ち解け、笑顔をみせた。

ちなみに、保育所にあずけることは、当時はまったくかんがえていなかった。こんな小さい子どもをあずけられるわけがなく、それはほとんど「子捨て」に近いとさえかんがえていた。だって、子どもはこんなにわたしのことを大好きなのに、かわいそうではないか。

あるとき、研究室の伊藤公雄先生が、おそらくはわたしの様子をみかねたのだろう、「お子さん、保育園はまだ？」と声をかけてくれたことがあった。しかし、当時のわたしは、そうした声かけを、内心、意地悪を言われていると受け取るぐらいには、ひねくれていた。

当時の自分をふり返って、自分がいったい、いつ、どこでそうした知識――子どもができたらいい仕事などできない、頼れるのは「身内」だけ、保育園にあずけるのはかわいそう、などなど――を身につけたのかは、わからない。両親あるいは学校の先生から明示的にそのように教わったことはないし、夫もむしろ結婚前から、わたしにはたらいて欲しいという希望を伝えていた。

ただ、子ども時代を思い返してみると、わたしの生まれた家では、自分の母がまさにそのようなやり方で子どもを育てていた。わたしは岡山県岡山市の生まれで、父は公務員、母は専業主婦の、典型的な近代小家族のもとで育った。きょうだいは姉と妹がいた。両親はともに末っ子で、祖父母とは同居していなかったから、家のなかのことは母がひとりでやっていた。母は非常にきちんとした人で、家のなかはいつも綺麗に片付いていた。学校から帰って家に母がいない日はなく、「三時のおやつ」には大学芋やプリンなど、たいてい手作りのおやつが用意されていた。

小学校一年生の冬に、妹が生まれたときのことはよく憶えている。母の入院中は母方の祖母が手伝いに来てくれ、祖母が帰ってからは、またもと通り、家族だけの生活になった。年の離れた妹の世話を手伝うのは楽しく、「泰子は世話が上手い」、と褒められると嬉しかった。

このように子どものころから知らず知らずのうちに身につけていた「子育てとはこういうもの」という漠然とした感覚は、大学に進学して、一般教養科目などで、母子関係や子どもの発達に関する心理学系の諸理論を勉強したことでさらに強化されたように思う。ジョン・ボウルビィの愛着理論や「母性的養育のはく奪」理論、エリック・エリクソンの「アイデンティティの発達段階」理論、ジークムント・フロイトの精神分析理論など、わくわくしながら勉強したものだ。これらの理論は、人間について多くのことを教えてくれたが、同時に、乳幼児期は母親が家にいて、子どもの面倒をみることを前提としてつくられていた。さらにこれらの理論は、もれなく、乳幼児期という時期の大切さ、取り返しのつかなさを強調していた。それは同時に、女性のキャリアにとっても大切で、いったん離職してしまえば元の職には戻ることはほとんど不可能という意味では「取り返しのつかない」時期であるのだが、「子どもの発達」という最重要の課題を前にして、それらは副次的な問題であるかのように思われた。

こうして幼少期からの経験をベースに、成長してから得た知識が加わり、わたしのなかに、「親になることとは、こういうもの」という基本的な考え方がかたちづくられていったように思う。

フェミニズムとのディス・コミュニケーションをめぐって

さいごに、大学院生時代のわたしの「母になる」経験において重要な位置を占めていた（現在も占めつづけている）、フェミニズムとのディス・コミュニケーション[ii]の問題に触れておきたい。

先に述べたように、院生時代のわたしはフェミニズムに出会い、魅了され、フェミニズムにはずっと助けられてきたという感覚がある。自分自身の内なる女性性を反省する際にも、何かにつけ自信が持てない自分を反省する際にも、フェミニズムはいつも導きの糸となる言葉をくれた。ところが、こと「母になる」経験をめぐっては、フェミニズムがまったく力になってくれないどころか、むしろ葛藤を倍加させるような気がして、苛立った。

「子どもを産むなんて、フェミニストらしくない」？

当時、わたしがそのように感じたのには、ひとつには、わたしが社会学やフェミニズムを専門に学ぶ大学院生で

（ii）なお、英語には discommunication という単語はなく、コミュニケーションの失敗という意味で用いるなら miscommunication が近いだろう。しかしここでは、敢えて日本でよく使われている「ディス・コミュニケーション」というカタカナ英語を用いることにした。

あったという、特殊な事情がかかわっている。

わたしが大学院生であったころ、今日よりはるかにフェミニズムというものが知られておらず、また、フェミニストに対する世間のイメージも偏っていた。時代はややさかのぼるが、一九八〇年代半ばの「男女雇用機会均等法」制定当時の社会の状況について、社会学者の江原由美子はつぎのようにふり返っている。

江原によれば、当時、「フェミニズムとは何か」という定義をめぐって、「「フェミニズムとは女が働くこと」であるという通俗的なバージョン」が語られ、「女の働き方だけが問題になったり、『女の時代』として賛美されたりする風潮」（江原 一九九一：ii―iii）があった。とくに、マス・メディアによってフェミニズムが取り上げられる際にはそうだった。そうした風潮のもと、「男並みに働く」女性の生き方に注目があつまる一方で、主婦や母親といった「伝統的」な生き方をえらんだ女性は、フェミニズム的にみて、意識の低い、遅れた存在とみられがちだった。

実際、江原より少し上の世代のフェミニストのなかには、「主婦は子どもがいるからどこにも行けないという状況を選びたくて産んだんでしょう？」などと発言してはばからないひともいたといい（別冊宝島編集部 一九八八：五二、江原 一九九一：二二五）、江原自身を含め、結婚しているフェミニストや子どもをもつフェミニストに対し、「あのひとは本物のフェミニストではない」といった言葉が投げかけられることもあったという（江原 一九九一：二一八）。

わたし自身、大学院生で出産したとき、表立って誰かから「あなたはもはやフェミニストではない」と言われたわけではないが、周囲から自分がそのようにみられているのではないかという不安はつねにあった。フェミニズムのなかに多様な立場があることは知っていたが、それでもなお、そうした不安から完全に自由でいることはむずかしかった。

今日、フェミニズムに対する世間の理解はもう少し深まり、さすがにそのようにあからさまに子どもをもつ女性を排除する発言が聞かれることは少なくなったが、それでもなお、フェミニストであることと子どもをもつことを、無条件に、相互に相容れないこととみなす風潮はなくなっていない。

勤務先の大学で学生たちと話していても、「こんなこと言うと、フェミニスト的にはアウトかもしれませんが」とか、「フェミニストのひとに怒られるかもしれませんが」などと前置きしたうえで、自分は将来、結婚もしたいし子どもも欲しい、子どもができたら自分で育てたいなどと学生が語る場面に出くわすことはよくある。こうした発言において、学生たちは、あたかもフェミニストは、好きな者同士がつがうこと、子どもを産み育てることそのものを、おしなべて否定するひとたちであるとでも思っているかのようだ。

また、卒業してまもなく結婚し、いまは仕事をやめて、子育てに専念している元ゼミの学生からもらった年賀状には、「せっかく先生のゼミでジェンダーのこととか勉強したのに、すみません」と書かれていた。わたしの胸は痛んだ。

このように、今日なお多くの若者が、かつてわたし自身がそうだったように、子どもを産んだことで、自分はフェミニストではなくなる、フェミニズムに拒まれていると感じているとすれば、それはフェミニズムにとっても不幸なことである。わたしは子どもをもつことが、無条件にフェミニズム的な探求の終わりであるとは思わない。子どもをもつこととフェミニズムのかかわりについて、別なる語りを産み出していかなければならない。

「ふつうの母親」がみえてこない

また当時、フェミニズムのそうした外的なイメージをめぐる問題に加え、フェミニズムの母親研究に内在する、より本質的な問題に対しても不満を募らせていた。それは、既存のフェミニズムの母親研究において、「ふつうの母親」の姿がみえてこないという問題である。

一九八〇年代以降、日本のフェミニズムは、女性の母親業について、多岐にわたる議論を展開してきた。まず、理論面において、「家父長制」や「資本制」、「性支配」や「性別役割分業」といった概念を用いて、女性の母親業を再生産しつづけるマクロな社会構造の抽出に力が注がれた。その際、構造による支配の強固さを強調するあまり、個別の母親は、無力で受動的な、構造による支配の一方的な犠牲者として描かれがちであった。

また一九九〇年代以降は、社会・人文学分野における社会構築主義の興隆にともない、言葉として語られた「母性」に焦点をあてた研究が数多く世に出されるようになった。

あるひとは、「母性」とは、歴史のある時点で、国家や男性によって発明・強制された「イデオロギー」（加納一九九五：五九）に過ぎないと論じ、またあるひとは、それを「無根拠な概念」（大越二〇〇四：五四）と片づけた。またあるひとは、三歳までの家庭育児の流行は「（作られた）ブーム」（小沢一九九五：七〇）に過ぎないと主張した。さらには「母性」などという手垢にまみれた概念はすみやかに手放して、「親性」や「育児性」など、ジェンダー的にニュートラルな概念に置き換えていくべきと主張するひともいた。

これら構築主義的観点からなされた研究は、女性の母親業という、それまで「当りまえ」にみえていたものを、まったく新しい視点からみることを可能にしてくれた。そこにはまさに、「目からうろこ」とも言うべき楽しさがあった。

しかしその一方で、構築主義の母性研究にも固有の限界があった。母性主義イデオロギーを批判するひとたちは、ややもすれば、自分だけは、そうしたイデオロギーに足をすくわれることなく、構造の外部に立って批判することができる、客観的な観察者たり得るかのように語りがちだった。そして、構造の内部に身を置き、日々子育てにいそしむ「ふつうの母親」たちは、どうしても、虚偽のイデオロギーに一方的に騙されるだけの、愚かな存在とみえてしまいがちであった。わたしはそこに、ある種の不誠実さを感じずにはいられなかった。

こうした経験を経て、わたしは、「母性」という悪しき支配構造の内部で、「母」として日々悩みながらも子育てをしている、「ふつうの母親」の研究がしたいとかんがえるようになった。

2　本書のねらい

以上、長くなったが、第一子を育てていた当時にもんもんとかんがえていたことを、あらためて文字にすることをこころみた。いま読み返すといろいろと青臭い点も目につくが、その作業をつうじて、本書の問題意識の所在が徐々に明らかになってきたように思う。ここであらためて、本書の目的と、想定される読者を確認しておきたい。

本書の目的

本書は、「母性」という支配構造の内部で、現に「母」として子育てをする女性たちの実践に焦点をあて、その実践を、単に支配に対する隷属とのみみなすのではなく、その実践のなかに、被支配の現状を問題化したり、現状を変えていくための創意工夫をしたりする、主体としての能動的な側面を見出し、記述していくことを目的としている。

具体的には、二〇〇〇年代前半と二〇二〇年代初頭におこなった二つのフィールドワークをもとに、「母になる」経験の初期におとずれる、「託児」という実践に焦点をあて、これをフェミニズムの視点から記述していくことをこころみる。

「託児」とはすなわち、他者に子どもをあずけ、世話をしてもらうことを意味している。(iii) それはあまりに卑近で、誰にでも担うことのできる活動と思われるかもしれないが、そうではない。女性の社会進出やケアの社会化といった大きな政治的目標の実現のためには、まずは女性が安心してわが子を託すことのできる場所の確保が必要であるが、それまでたったひとりで子どもの面倒をみてきた女性が、はじめて託児に際し、不安や葛藤を感じたとしても不思議はない。いつからあずけるのか、誰に（どこに）あずけるのか、何時間あずけるのかといった重要なことがらを、女性たちは誰に相談して、どのように決めていただろうか。またあずけるに当たって不都合や困難が生じた際には、それをどのように解消していただろうか。分析をつうじて、女性の「母になる」経験に付与された一連の固定的な意味や観念をときほぐし、あらたにそれを、変化や省察に対し開かれた、人間的なプロセスとして描き直すことをこころみたい。

また、本書のもう一つの目的として、フェミニズムの政治概念ならびにフェミニズムの担い手としての「母親」の批判的再検討があげられる。子どもをもつ女性の抑圧についてもっとも重要な議論を展開してきたのはフェミニズムであり、同時に、子どもをもつ女性はフェミニズムのもっとも熱心な読者でもあったが、既存のフェミニズムの研究においては、「母親」はしばしばフェミニズムの対極にある存在とみなされ、不当に除外されてきた。分析をつうじて、フェミニズムと現場とのディス・コミュニケーションを解消することを目指したい。

想定される読者

本書は読者として、主に二つの集団を想定している。

一つめの集団は、社会学やジェンダー論、フェミニズム理論を専門に学ぶ研究者、ならびに学部の学生や大学院生である。そのため初学者でも読みやすいよう、可能なかぎり平易で、読みやすい表現をこころがけつつ、同時に、現代の社会理論やフェミニズム理論において争点となっているところの問題については、できるだけ丁寧に説明を加えるよう努めた。また社会調査にもとづく章では、調査方法などについてできるだけ詳細に記載するよう努めた。

二つめの集団は、現場で子育てをしている女性をはじめとする、一般の読者である。かつてのわたし自身と同じく、子どもを産んだことで気弱になり、もはや自分には、わが子を守ること以外のどんなクリティカルな能力もなくなってしまったと感じている女性たちに、「いまあなたが悩んでいることには意味があるし、あなたにはそうした状況を変えていく力がある」ということを伝えたい。またあわせて、子どもをもつ女性を支援する専門職である保育士や助産師のかたにも、現代の母親を理解するための一助として本書を役立てていただけたら嬉しい。

3　本書の視座と方法

つづいて、本書の視座と方法について、さらに詳しく説明しておきたい。

本書は、現代日本社会における子どもをもつ女性の実践を記述するに当たり、つぎの五つの点に留意して記述していく。順に、「ジェンダーの視点」、「言説＝実践への着目」、「オート・エスノグラフィーという方法」、「なぜこの問題を女性の問題として語るのか」、「慣れ親しんだフィクションを問い直す」の五点である。

ジェンダーの視点――女性の「母親業」にたいする本書の基本的立場

はじめに、日本社会で小さい子どもの世話が圧倒的に多く一方の性によって担われている現状について、これを

(iii) 一般的に、国の設置基準を満たし、都道府県知事によって認可された保育所にあずける場合には「保育」、それ以外の認可外の託児所などにあずける場合を「託児」と呼んで区別する方法もあるが、ここでは他者に子どもをあずけることを総称して「託児」と呼ぶことにしたい。

生物学的な「向き不向き」の問題ではなく、広く社会とのかかわりにおいて説明が必要な事態とみなす、本書の基本的立場について説明しておきたい。

社会のなかで女性が担うことを期待される役割には、娘や妻、主婦、秘書などさまざまなものがあるが、「母」という性役割は一見したところ、そのいずれにもまして強固な生物学的な基盤をもつようにみえる。子どもを身ごもるためには卵巣や子宮、膣といった女性にしかない身体器官が必要だし、母乳をあたえるには乳房が必要である。また十月十日、みずからの体内に子どもを宿した末に出産を迎える女性が、男性とは異なる準備性をもって親になるとしてもまったく不思議はない。本書はそうした身体的なプロセスのすべてを否定するものではない。

ただしまた、子育てという営みのすべてを生物学で説明することはできない。とくに、性別によって子育てへの関与の仕方がかくも異なる現状については、広く社会的なるものとのかかわりにおいて、注意深く分析される必要がある。これを「ジェンダー（gender）」すなわち社会的性差の視点と呼ぶ。

なお、「社会的」という言葉は、それが用いられる学問分野によって、かなり幅のある使われ方をしてきた言葉である。たとえば、動物行動学の分野では、個体をとりまく集団あるいは「群れ」の環境を指して、「社会的」という言葉が使われることがある。霊長類の子育ては、いわゆる「本能」に加え、「（一）みずからが社会的な環境のなかで適切に育てられる経験、（二）子育てをしている個体を見、そのまねごとをしてみる経験、（三）実際に子育てのいろいろな要素を自分でやってみる実地の経験」の三つがそろうとき、成功しやすいとされる（黒田・白石・篠塚・時田 二〇一六：一二〇）。

それに対し、本書で「社会的」というときには、それよりはるかに広い範囲のものを指してている。すなわち、女性の母親業を再生産しつづけるマクロな社会構造の存在に加え、「言語を話す動物」である人間にとっては、ときに物質的な環境や直接的に出会う他者以上に大きな影響力をもつ、言語のはたらきについても注意深く分析される必要がある。また、個々の家庭での子育てを支援すべく考案・実施されるさまざまな支援やサービスのあり方なども、分析の対象に含まれる。

なお、本書は、社会のなかで女性が圧倒的に多く乳児のケアを担っている現状を言い表すのに、女性の「母親業（mothering）」という概念を用いる。これは、一見したところ、「おんなが子育てをするのは当然である」という生物学主義を肯定しているように聞こえるかもしれないが、そうではない。英語の mother には、「母親のように誰かの世話をする」という動詞の用法がある。北米のフェミニズム理論においては、チョドロウ以降、ケアとジェンダーのあいだの強固な結びつきをまずは認めたうえで、その問題を、社会のなかで維持されている性差別ならびに性支配の問題に絡めて論じるために、この概念が使われてきた。本書もその伝統に立ち、女性の「母親業」という概念を用いることとしたい（チョドロウ 一九七八＝一九八一、村田 二〇一〇）。

言説＝実践への着目

つづいて、女性の母親業について論じるにあたり、主にその「言説＝実践」の次元に着目するという本書の立場について説明したい。

「実践（practice）」という概念は、社会科学において広く使用されてきた概念だが、本書はイギリスの社会学者アンソニー・ギデンズ（一九七九＝一九八九）の整理にならい、これを「構造（structure）」との対比において、つぎのような意味で用いることとしたい。

すなわち、ギデンズによれば、実践という概念は、社会学における構造決定論と、それへの反発として出てきた「主体の能動性」を主張する立場の、両方を乗り越えるための方法として出てきた。

前者の構造決定論においては、行為に先立って存在する客観的な社会構造の抽出に力がそそがれ、諸個人は構造が命じてくるところのものに、あたかもロボットのように機械的にしたがって行為しているかのようにみなされる。そこには、「主体」が入り込む余地は残されていない。それに対し、後者の「主体の能動性」を主張する立場においては、諸個人が、意図的な行為をつうじてみずからの望む結果をつくり出す、「まったき能力」としての能動性が強調される。

それに対し、ギデンズは、あらゆる行為は、構造によって課される規則や資源の配分に依存しているとしたうえで、構造には同時に、正しく規則的な行為のつみかさねによって維持されている側面があるとして、「構造の二重性」に注意をうながす。たとえばある人が、みずからの実践がなされる文脈や状況に対し一定の知識をもったうえで、あらかじめ構造によってデザインされたのとは異なる、不規則な実践を編み出す可能性がつねに残されている。ここにおいて、構造が実践をつうじて組み替えられる可能性についてかんがえることが可能になる（ギデンズ 一九七九＝一九八九、山根 二〇一〇）。

このように、構造と実践という概念をセットで用いて、実践がもつ両義性ならびに変革可能性についてかんがえるアプローチは、一九九〇年代以降、広く社会科学の諸分野において探求されてきたものである。たとえば、人類学の分野では、松田素二がケニアの首都ナイロビでフィールドワークをおこない、植民地支配とその後の国民国家による支配という重層的な支配構造のもと、社会の「最底辺」に位置づけられる地方出身の出稼ぎ民たちは、たんに支配されて終わりではなく、その日常的実践をつうじて被支配の現実に「抵抗」もしていると論じている。松田は、彼らの日常的実践のなかに、「制限され拘束された範囲内で許された」（松田素二 一九九九：一三）能動性を読み取ろうとした。本書においてこころみるのも、そうした限定的な意味での能動性にほかならない。

なお、本書で「実践」というとき、単にひとびとが「行う（行った）こと」だけでなく、ひとびとが自身の実践について「語る（語った）こと」も含める立場をとる。なぜなら、何かを語ることは、それ自体、新しい社会関係を編み出すことにほかならず、その意味において語ることはひとつの社会的実践であるからだ。

たとえばわたしが子どもを保育所にあずけるとき、わたしは必然的に、児童精神医学や児童心理学といった専門家たちが産出する「母性」と子どもの健全な発達にかんするもろもろの言説を参照しないわけにはいかないが、わたしは同時に、それを少し自分に都合よく言い換えたり、また、言い間違えたりする自由は残されている。むろん、わたしが用いる語彙や用法はわたし個人が発明したものではなく、すでに存在している言説のコピーであるが、そうした言い換えや言い間違えの実践のなかに、社会変革へとつながる契機を見出したい。

オート・エスノグラフィーという方法

つづいて、社会学を専門に学ぶのでない人にはあまり聞きなれないかもしれない、「オート・エスノグラフィー」という研究方法について説明しておきたい。

家族という現場

エスノグラフィー（ethnography）とは、人類学や社会学で広く用いられてきた研究方法で、調査者自身が現場に身をおき、彼ら／彼女らのやり方を内側から記述する方法のことをさしている。

社会学的なエスノグラフィーがあつかう「現場」は、移民から暴走族まで多岐にわたっている。「現場」には、小田博志（二〇一〇）によれば五つの特性がある。すなわち、「現在進行性」、「予測不可能性」、「即興性」、「具体性」、「複雑性」の五つである。「現在進行性」とはすなわち、今まさに、そこで何かが行われているということを意味している。「予測不可能性」とは、しばしば現場では、偶発的なできごとが起こり得るということを意味している。「即興性」とは、その予測不可能で偶発的なできごとに対し、人々がその場で、即興の反応をするということを意味している。「具体性」とは、特定のときに、特定の場所で、特定の人々が交じり合うということ、また現場は常に一回きりのもので、一つとして同じものがないことを意味している。さいごに「複雑性」とは、多様な人や物、文脈から現場が成り立つことを意味している（小田 二〇一〇：一〇─一一）。

この整理にしたがえば、小さいこどもの世話がなされる「家族」という現場もまた、一つのすぐれてエスノグラフィー的な「現場」とみることができる。現代社会では、「家族」という小集団は外部に対し閉じられており、家族のなかで女性が担う家事や育児といった活動は「母性愛」や「家族愛」にもとづく自然な活動として片づけられがちだが、実際には、母親である女性を中心に、多様な行為者が、家族の内外のさまざまなネットワークや資源を活用して、みずからの実践をつくり上げる現場となっている。

さらに、保育所、その他のさまざまな託児施設も、同じ意味で、小さい子どもの世話がなされる「現場」とみなすことができるだろう。第Ⅱ部「子ども一時預かり施設 ばぁばサービスピノキオ」の調査では、サービスを利用する側だけでなく、提供する側である「ばぁば」の実践にも光をあて、考察をおこなう。

フィールドと自身の経験との往来

なお今回、現場でみききした出来事を記述するにあたり、単なるエスノグラフィーではなく、「自身の」「自己の」を意味する「オート（auto）」という接頭語をつけて「オート・エスノグラフィー（autoethnography）」と名乗ることにしたのには、理由がある。

理由の第一のものは、わたしが現に一人の母親であり、これらの託児所を現に利用した「当事者」だからである。第Ⅱ部であつかう「ピノキオ」は第一子を産んだとき、第Ⅳ部であつかうN保育所の「乳児保育」は第三子を産んだとき、それぞれ利用した。ただしそれだけの理由から「オート・エスノグラフィー」と名乗るのではない。

「オート・エスノグラフィー」とは、人類学者の井本由紀（二〇一三）によれば、「調査者が自分自身を研究対象とし、自分の主観的な経験を表現しながら、それを自己再帰的に考察する手法」と定義される。また、その記述にあたっては、ただ「自己の置かれている立場」をふり返るだけでは不十分で、「自身の感情」に向き合い、ふたたび想起することが求められる。

なお、井本によれば、「オート・エスノグラフィー」があつかうことを得意とするのは、病気にともなう身体感覚の変化や家族との死別にともなう当惑や空虚感、恋愛にともなう嫉妬や高揚感など、当事者であるからこそ語れるような、個人の感情経験がテーマとなるような経験であるという（井本 二〇一三：一〇四）。

本書においてわたしがこころみるのも、まさに、託児という行為にともなう感覚や情動の変化を内省的に描き出すことであり、だからこそ本書は「オート・エスノグラフィー」と名乗ることが適切であるとかんがえた。なお、井本は、「オート・エスノグラフィー」は「エスノグラフィーのさまざまな形態のなかで最も自由で実験的な研究アプローチ」（藤田・北村編 二〇一三：一〇四）であるとも述べている。フィールドと自分自身の経験とをひんぱんに行き来しながら記述する本書のこころみも、そうした実験的こころみの一つとみなされたい。

不安や葛藤への着目と変化への視点

具体的に、本書は、つぎの二つの点に留意してオートエスノグラフィー的な分析をこころみる。

第一に、本書は、子どもをもつ女性が託児サービスの利用に際して経験する、不安やためらいといったネガティブな感覚や感情に光をあてる。託児という行為は、子どもを短時間あずける託児所にせよ、月曜日から金曜日までフルにあずける保育所にせよ、「母親の育児責任」という社会的規範からの一時的な逸脱という側面があり、したがって利用に際し、不安やためらいを感じるケースも少なくない。かつてわたし自身もかたくなに「身内にしか頼れない」とかんがえ、他者の手を借りることを拒んでいた時期があった。

そうした感覚や感情は、しばしば不合理で、また「ジェンダー平等の達成」というフェミニズム的な目標からすれば、遅れた、価値のないものと映るかもしれない。しかし、そうした感覚や感情をみずから納得して処理することができないことには、一歩もまえにすすむことができないだろう。本書は、そうした感覚や感情をまずはあるがままに認めることからはじめたい。

第二に、本書は、実践をつうじてもたらされる、個人の内的な変化に注目して記述することをこころみる。なぜなら、わたし自身が、託児サービスの利用をつづける過程で、先に述べたネガティブな感覚や感情が大きく変化するのを経験しているからだ。それは、ほんとうに驚くべき変化だった。

先に、第一子のときは保育所にあずけるなどとんでもないとかんがえていたと書いたが、結局子どもが一歳二ヶ月になったとき、学振の研究員（ＰＤ）に採用されたことをきっかけに保育所に入れることになった。お給料をもらって研究することになったので、研究専念義務が生じたのである。

吉田山のふもとにある認可私立の保育所は、使ってみると、そんなに悪いところではなかった。それどころか、素晴らしいところだった。入園式の日、年長の園児たちが澄み切った声で「ともだちはだいじやで」という歌を歌ってくれたとき、わたしは一人、嗚咽が止まらなくなった。先生たちもまわりの親たちも、「このひと、大丈夫かな」と思ったことと思う。

子どもも、最初のうちこそわたしと離れるのを嫌がり、泣く日もあったが、じきに先生や友だちといい顔をして遊べるようになった。夕方、お迎えのとき、最初のうちは思わず「ごめんね」と口走り、子どもをぎゅっと抱きしめていたものだった。しかしあるとき、いつものように午後四時半ごろ迎えに行って、子どもと感動の対面をしていたら、その様子をみていたほかの子どもが、「〇〇は、もっといっぱい遊べるもんねー！」と言ってきた。その言葉に、はっとした。おそらくその言葉は、いつもお迎えの遅いその子に対し、保育所の先生がたが、「一緒にがんばろうね」という気持ちをこめてかけている言葉だっただろう。そのことがあってから、わたしは、お迎えのときに「ごめんね」と言うのは止めにしたし、不必要な感動の対面も控えるようになった。そしていつからか、自然に、「ただいまー、今日も楽しかった?」と言えるようになっていた。

そして、よくある話だが、第二子、第三子を育てたときには、もはや保育所なしで子どもを育てることなど、かんがえられもしないほど、保育所を信頼するようになっていた。第二子はイギリスで出産したためまた事情が異なるが（第二子は今から一五年前、夫の海外赴任について行った先のイギリスで出産した。そのため日本の保育所に入ったのは一歳一一ヶ月のときと、やや遅めである）、第三子を産んだときにはすでに関西学院大学ではたらきはじめていたこともあり、生後六ヶ月からあずけた。

子どもをあずけるにあたって、もはやかつてのような根拠のない不安や罪悪感にかられることはなかった。わたしは自分自身の経験から、わたしが家で一人で育てるよりも豊かに育つことを確信するようになっていた。このように、あれほど強固に思われた感覚が変化することにこそ、人間の人間たるゆえんや豊かさがあると思うし、それはわたしだけでなく多くの母親が経験してきたものだと思う。本書は、そうした変化に光をあてたい。

ルース・ベハーの「被傷性の人類学」

なお、多分にウェットで、ときにセンチメンタルに過ぎると感じられる自分の研究スタイルには長らく自信がもてないでいたが、去年、二〇年ぶりくらいに恩師である松田素二先生のゼミで報告した際、「つねに自分自身のことに立ち返りつつ記述する」スタイルが、ルース・ベハー（Ruth Behar）の叙述のスタイルに似ていると言っていただき、あらためてそれを自身の方法論として探求してもよいのではないかとかんがえるようになった。

教えてもらって読みはじめたベハー（日本語でベハール、あるいはビハールと表記されることもある）は、アメリカ人の女性人類学者で、作家や詩人としても活動している。ユダヤ系のルーツをもち、幼少期に家族とともに政治難民としてキューバからアメリカに渡った経験をもつ。ベハーはその作品において、自身と同様に南米にルーツをもち、国境を越えた女性たちの生を好んで取り上げている。

ベハーの叙述スタイルの特徴は、他者について書くにあたり、かつて自分自身が経験した情動をゆさぶられる経験や傷ついた経験といったきわめて個人的な経験を、さらけ出して書く点にある。すでに傷を負った書き手が、自分も傷つきながら書く、そのスタイルを指して、「被傷性の人類学（anthropology of vulnerability）」と称されることもある（松田素二二〇〇一）。

そうした記述のスタイルに対しては、当然のことながら批判も存在する。すなわち、近代科学において重視される客観性や実証性といった問題をいかにして担保するのか、感傷にひたるあまり政治的視点を欠くのではないかといった批判である。

そうした批判にたいし、クリフォードとマーカス以降、人類学の分野では、そもそも人が他者を観察し、他者について書くという行為がいかなる意味で「客観的」たり得るのかと問い、現場における調査者のパーソナルな関与に自覚的な記述が目指されてきた。ベハーがこころみる叙述の方法は、後者のそうした流れのなかに位置づけて理解することができる（松田素二二〇〇一）。

なお、ベハーは著書 *The Vulnerable Observer*（未邦訳）のなかで、ひとは傷ついているひとを目のまえにして、ただ見ていることなどできないとくり返し述べている。また、自分を書くという行為にかりたてるのは、何かを書きたいという燃えるような情熱であるとも述べている（Behar 1996: 3）。

わたし自身、かつての自分と同じように、小さい子どもをベビーカーに乗せ、うつろな目をしてデパートをさまよっている女性をみると、つい話しかけずにはいられなくなる。もちろん、わたしなどが話しかけたところで、たいした助けにもならないことはわかっているが、それでも話しかけずにはいられない。わたしにとって、調査・研究という営みもまた、自分自身の経験について誰かに語り、誰かとともにその意味を発見したいという、そうした衝動のあらわれであったかもしれない。ベハーについてはまだ勉強中であるが、「さらけ出しながら書く」スタイルの意義については、今後も引きつづきかんがえていきたい。

なぜこの問題を女性の問題として論じるのか

つづいて、四つめに、本研究は、ジェンダー的なしるしづけをもたない「親（parent）」についての研究ではなく、ジェンダー的にしるしづけられた「母親（mother）」についての研究としておこなわれる。

この点について、これまで学会や研究会などで報告したときにも、質問をうけることがたびたびあった。「あなたはなぜ女性だけを研究対象にするのですか」、「現に子育てをしている男性もいるのに、研究者が研究対象をあらかじめ女性に限定することで、『子育ては女性がするもの』という前提を強化してしまっているのではないですか」。

そうした問いかけにたいし、わたしは、つぎのように答えることにしている。すなわち、本研究が問題にしているのは、「母性」という強靭な支配構造のもとで、子どもをもつ女性が好むと好まざるとにかかわらず引き受けることを余儀なくされている、主体としての特殊なポジションの問題である。福祉や保育、医療、教育の専門家たちによって、「母親の育児責任」について日々無数の言説が産出されつづける一方で、「父親の育児責任」については限定的な言説しか存在しない。そうした現状にあって、当然、子育てをするうえで女性と男性が経験するプレッシャーは異なるし、また、非規範的な実践を編みだすに当たって、それぞれが受けるプレッシャーも異なるだろう。

わたし自身、子育てをするなかで、母性という支配構造のもとでの、わたしと夫との、主体としてのポジションの違いを身をもって経験することが幾度となくあった。たとえば、同じ研究者である夫がフランスに一年間留学したとき、夫は三人いる子どものうち下二人（当時一〇歳と四歳）を連れて行ったが、このとき、いかに多くのひとが、夫のことを「すごい！」、「よくやってるね！」と称賛したことか。わたしのもっとも親しいフェミニストの友人までも、彼を手放しで称賛するので面白くなかったものだ。

それに対し、今回わたしがイギリスに子どもを二人連れて行くと言ったときの周囲の反応はまったく異なるものだった。みなは「ああ」とつまらなそうに頷き、それを伝統的な母親業の延長（ただしその少し勇敢なバージョン）としてすんなり受け止めたようにみえた。またそうした会話がなされるとき、わたしは急いで、子どもは昼間は学校に通わせること、その間わたしは研究に専念する時間を確保できるということを付け加えなければならなかった。そうしないと、仕事に「私的なこと」を持ち込み、仕事の責務を果たしていないと思われるのではないかという不安にかられたためである。

もう一つ、「母性」という支配構造のもとでの男／女の主体としての立ち位置の違いということで思い出されるのは、勤務先の教授会での光景である。わたしの勤務先では数年前、三歳未満の子どもと同居し養育している教員は、土曜日や一八時以降の勤務を免除してもらえる内部規定ができた。コロナ禍になるまえ、教授会など多くの会議が対面で行われていたから、一八時になると二、三名が一斉に席を立つ光景がみられた。この制度は、女性だけでなく男性の教員も使うことができるという意味で、ジェンダー的にもよく配慮された制度ということができる。ただし、実際にこの制度を使うときには、女性と男性では感じるプレッシャーが違っているように思われた。女性であるわたしは、いつも小さくなって、周囲にぺこぺこと頭を下げながら席を立ったものだ。こころのなかでは、もう夜も遅いし、早く迎えに行ってやりたいと思いつつ、同時に、「こんな私的なことで、ご迷惑をおかけしてすみません」というジェスチャーを示すことが求められているように感じていた。わたしと同様に、小さい子どものいる女性教員は、みな、小さくなって退席していた（ようにみえた）。

それに対し、男性の教員は、どこか誇らしげに席を立つ（ようにみえた）。この違いを、江原由美子（一九九一）にならい、「母性」という支配構造のもとでの男／女の主体としての立ち位置の違いとして、つぎのように説明することができるだろう。すなわち、女性にとって、「子どものために早く迎えに行ってやりたい」という主体としての欲求や権利意識は、「母性」という制度が命じてくる母としての規範的な意識とぴったりと重なり合うため、それをストレートに表出することが困難になる。それに対し、男性は、「子どものために早く迎えに行ってやりたい」という欲求や権利意識は、「子育ては女性が行うもの」という規範に抗うことを意味しているため、彼らは規範に抵抗する勇ましい主体として立ち現れることが可能になる。

これら二つのエピソードが示すように、「母性」という支配構造のもとでの男女の立ち位置は同じではなく、ゆえに別個の考察が必要である。本書が、「母性」という支配構造のもとでの、女性の「母」としての経験に焦点をあてて探求をおこなうのは、そのためである。

なお、女性の「母」としての経験にもさまざまなものがあるが、本書があつかうのは、基本的には結婚していて、夫や子どもとともに「家族」として暮らしている、異性愛の女性の経験である。本人（妻）が就労している場合もしていない場合も、夫婦のあいだに一定の性的役割分業があり、自分が「母」として子育てをすることそれ自体は、大きな抵抗なく受け入れているひとが多い。

ただしまた、そのことは、彼女たちが現状をすべて受け入れ、満足しているということは意味しない。これら、社会の中核にあって、現行の育児システムを支えてきたとみえる女性たちが、日々の育児実践においてどのようなことに困ったり、不満を抱いたりしているのか、また、そうした困難をどのように乗り越えているのかを明らかにしたい。

本書は、たとえば、ひとり親として子どもを育てる女性の経験（神原 二〇一三）や外国人の母親の経験、複数の同性親として子どもを育てる女性たちの経験（牟田・岡野・丸山 二〇二二）などは、あつかうことができていない。また、たとえばエヴァ・フェダー・キテイがあつかった、重度知的障がいをもつ子どもを育てる女性の生涯にわたる依存的労働の経験（キテイ 一九九九＝二〇一〇）や、オルナ・ドーナトがあつかった、意思に反して母親になった女性や、子どもを産んだことそれ自体を深く後悔している女性たちの経験なども、あつかい得ていない（ドーナト 二〇一七＝二〇二二）。これら女性たちの「母」としての経験は、言うまでもなく、本書でとりあげた女性たちの経験と同等に重要で、聞き取られる価値のあるものである。それぞれについて、個別の研究を参照されたい。

「慣れ親しんだフィクション」を問い直す——社会構築主義との違い

さいごに、「慣れ親しんだフィクション」という概念を用いて、本書と世間一般的な社会構築主義的な母性主義イデオロギー批判の、立場の違いを明らかにしておきたい。

まず、「慣れ親しんだフィクション」という概念について、これは、女性学研究者の竹村和子が、かつて対談のなかで用いていたものである。竹村は、長らく規範的とされてきた異性愛の核家族から、たとえば、女性同士が複数の親として子どもを育てるといった新しい形態の家族への移行について論じる対談において、幼いころから長い年月をかけて培われた、誰と親密な関係性を築くのか、またどんな風に築くことが可能かといった感覚は、容易に変更可能でもなければ、それを経由することなしに他者との関係性を想像することもできないと指摘し、それを「慣れ親しんだフィクション」と呼んだ。

また竹村は、「慣れ親しんだフィクション」について、異性愛核家族から拡大家族的な家族への移行にともない、一人の子どもに複数の「親」的なものが発生した場合、「混乱するのは子どもだと言われていますが、じつは親のほうではないかと思います」とも指摘している(iv)。

ここで竹村が述べていることは、子育てにかんするより広い場面に適用可能であるように思う。わたし自身、第一子を育てたときに、自分のなかに「頼ってもよい相手」と「それ以外」という区別がすでにできあがっており、他者の助けをなかなか受け入れられなかったことはすでに述べた。

また、第三子を育てたときにも、「慣れ親しんだフィクション」の修正を迫られ、とくに大人にとって、その修正が容易ではないことを実感するできごとがあった。二〇一八年、夫が在外研究のために下の子ども二人を連れてパリに一年間滞在することになったとき、子どもたち以上に別れがつらかったのは、ほかでもないわたし自身だった。当時四歳だった第三子は、渡仏に際し、「行きたくない、ママとおうちにいたい」と言って泣いた。渡仏してしばらくは、わたしも毎日のように電話をしたり、五月の連休を使って会いに行くことを計画したりしていたが、半月もすると子どもは通話を面倒がるようになった。夫からも、せっかくこちらで生活リズムを作っているのだから邪魔をしないでくれと言われ、ようやく気持ちを切り替えることができた。

なお、このような意味で用いられる「慣れ親しんだフィクション」という概念は、従来社会構築主義的な母性研究で使われてきた、「神話」などの概念とは異なるものである。もしもジェンダーというものを、その日の気分で脱ぎ着することができるジャケットのようなものと考えたりしている人がいるとしたら、それはここでは当てはまらない。「慣れ親しんだフィクション」は、もちろんのこと社会的・言語的に構築されているが、竹村が言うように、それは、それなしには他者を愛し、他者とかかわりをもつ自分というものを想像することさえできないという意味で、わたしたちの自己のもっとも深い部分に組み込まれた、根源的なものである。

第Ⅱ部と第Ⅳ部のフィールドワークの章では、上記のような意味での「慣れ親しんだフィクション」が、実践をつうじて部分的にではあれ修正され、別のフィクションに置き換えられる可能性について考察したい。

(ⅳ)竹村が「慣れ親しんだフィクション」について述べた対談はおそらく二〇〇〇年代のものであったと思うが、今回、出典をみつけることができなかった。

4 本書の構成

本書は、序章ならびに第Ⅰ部から第Ⅳ部の四部構成で議論を展開する。

序章では、わたし自身の当該課題へのかかわりを明らかにすべく、「母になる」ことをめぐる個人史的な語りからはじめ、本書の目的、視座と方法、構成などを説明した。

つづく第Ⅰ部では、「フェミニズムの母性研究、再訪――『ふつうの母親』を探して」と題して、フェミニズムの母生研究の批判的再検討をおこない、既存の研究において「ふつうの母親」の実践が十分に捉えられてこなかったことを指摘する。まず、第1章では、公表されているいくつかのデータをもとに、現代日本社会における女性の母親業の現状を確認する。つづく第2章では、そうした現状を再生産しつづける、抑圧的な社会構造（具体的には、「家族」と「雇用」という二つの社会システム）にかんするフェミニズムの議論、ならびに「母性」というイデオロギー的構築物にかんするフェミニズムの議論を整理し、その限界を指摘したうえで、第3章では、構造から実践へと視点をうつし、「母性」という支配構造の内部における女性の「母」としての実践をフェミニズムの実践として読み解くという、本書のこころみの意義を明確にする。

第Ⅱ部と第Ⅳ部は、フィールドワークの章である。第Ⅱ部では「託児にふみきる――二〇〇〇年代、認可外保育施設の『一時保育』を利用する女性たちの実践」と題して、二〇〇二年に（社）京都市シルバー人材センター北部支部の女性会員が立ち上げた託児施設でのフィールドワークをもとに、これまで託児に消極的だった女性たちの託児実践について検討する。

具体的に、第4章で調査の概要を説明したあと、第5章では、「一時保育をめぐる困難」と題して、二〇〇〇年代初頭に、在宅児を含めた育児支援の取り組みがはじまった背景と、それへの批判を整理する。第6章と第7章では、サービスを提供する側である「ばぁば」と呼ばれる高齢の女性スタッフの経験と実践に焦点をあてる。第6章「高齢女性による託児への期待とその背景」では、メディアや政策言説において、ピノキオの実践が、むかしながらの地縁、血縁にもとづく相互扶助的な活動になぞらえ、美化して語られてきたことの意味について考察する。第7章「『移行期世代』の子育てからかんがえる、ピノキオのサービスの近代性」では、ピノキオのサービスにみられる意外な近代性を、人口学的な「移行期世代」に属するの「ばぁば」たちの特殊な経験と関連づけて理解することをこころみる。第8章では、「託児にふみきる――ピノキオを利用する女性たちの実践」と題して、ピノキオを利用する母親の実践に視線を転じる。ピノキオの利用者にはフルタイム就労・パートタイム就労・専業主婦の三つの社会層の女性たちが入り混じって存在しているが、システムによってわりあてられた「母」という性役割にただ無批判にしたがっているだけかのようにみえる専業主婦やパートタイム就労層の女性たちの実践のなかに、現行の育児システムにしずかに不満を表明し、自分自身を変えていこうとする、能動的な社会実践としての側面を見出す。

つづく第Ⅲ部では、第Ⅱ部「ピノキオ」のフィールドワークが二〇〇〇年代前半に実施したものであったことから、あらためて、現代の視点から、その実践が編み出された二〇〇〇年代前半の社会の状況に関連づけてその実践の意義を確認するとともに、二〇〇〇年代以降のあたらしい社会変化についても整理し、第Ⅳ部の分析につなげたい。

まず、第9章では、「『団塊ジュニア世代』と産み育ての個人化」と題して、ピノキオの実践の担い手であった女性たちが、いわゆる「団塊ジュニア世代」に属していたことに注目し、不況や雇用の不安定化、ならびにそれがもたらす産み育ての個人化といった社会変化とのかかわりにおいてその実践の意義を考察する。つづく第10章では、「母親の就労の増加と『専業主婦』をめぐる社会的認識の変化」と題して、二〇〇〇年代以降、長らく伸び悩んでいた乳幼児を育てる女性の就労がついに五割に達したこと、また、それにともない、従来「豊かさの象徴」とみなされてきた専業主婦についての社会の認識も変化しつつあることを指摘する。そうしたあたらしい認識の登場は、二〇二〇年代の「乳児保育」利用者の実践にどのような影響を与えていただろうか。

第Ⅳ部では、「乳児をあずけて、はたらく——二〇二〇年代、認可保育所の『乳児保育』を利用する女性たちの実践」と題して、ふたたびフィールドワークにもとづき、現代日本社会において女性が「母」としておこなう実践のフェミニズム的な意義について考察する。ピノキオの実践から二〇年、女性たちは日々の託児においてあらたにどのような困難に直面し、そうした問題をどのように乗り越えていただろうか。

まず、第11章では、調査の概要について説明する。今回調査対象となったのは、安定した正規雇用の職につき、出産後も育休を取得してはたらく、いわゆる「就労継続」組の女性六名である。六名は、雇用ならびに育児支援へのアクセスという面できわめて恵まれた立場にあるが、育児の面では必ずしもそうとは言えない。というのも、第12章で論じるように、政治ならびにアカデミズムの領域において、「乳児保育」のなかでもとくに「〇歳児保育」にはきびしい非難が向けられており、日本では、「乳児保育」はいまだ社会的に承認された乳児の養育法となっているとは言えないからである。

第13章では、「家族を運営する」と題して、六名が日々の家事・育児の遂行において、第一義的な責任者として最終的な調整役をかってでていること、また夫による協力が期待できない状況にあって、親族という旧来的な絆を再強化している様子を確認した。第14章では、「『三歳児神話』を反復する、書き換える」と題して、「三歳までは母の手で」と説くいわゆる「三歳児神話」と呼ばれるかんがえ方を基本的には反復しつつ、同時にそれをみずからの選択を肯定すべく、部分的に書き換えてもいることを確認する。

終章では、本書において議論してきたことのふり返りとまとめを行い、本書において得られた知見と残された課題を確認する。

第Ⅰ部　フェミニズムの母性研究、再訪

――「ふつうの母親」を探して

第Ⅰ部では、第Ⅱ部と第Ⅳ部で展開するフィールドワークにもとづく分析のための準備作業として、フェミニズムの母性研究の批判的再検討をおこない、「ふつうの母親」の日々の託児実践をフェミニズムの実践として捉え返すという本書の目的について、さらに明確にすることをこころみたい。

第1章　データにみる、日本社会における女性の母親業

はじめに、現代日本社会で、乳幼児の世話が相変わらず圧倒的に多く、一方の性によって多く担われている現状を確認する。

1　母親の育児責任

はじめに、公開されている三つのよく知られた調査結果から、現代日本社会で女性が圧倒的に多く乳児の世話を担っている現状を確認しておきたい。類似のデータは枚挙にいとまがないが、三つあげれば現状を理解するに十分だろう。

一つめは、国立社会保障・人口問題研究所が五年おきに実施している家族生活に関する調査のなかの、子育てにおける「もっとも重要なサポート源（長期的）」を尋ねた調査結果である（図1-1）。

二〇一八年の調査結果（第6回）をみると、平日の昼間、第一子が一歳になるまでの世話は、じつに九割近くが、「妻」、すなわち子どもからみた母親が中心になって担っている（八七・六％）。同じく平日の昼間、子どもが一歳か

ら三歳になるまでの世話についても、やはり七割強は母親が担っている（七三・六％）。

　平日の昼間、「妻」のつぎに多く子どもの世話を担っているのは、「親」すなわち子どもからみた祖父母である。妻方・夫方いずれかの母親との同居率は一七・六％と、五年前にくらべ減少傾向にあるが、妻方・夫方いずれかの母親と六〇分以内の距離に住む割合は七割を超え、現代においても祖父母、とくに祖母が、母親を助け、乳幼児の世話に重要な役割を果たしている様子をみてとることができる。

　また、「妻」がはたらきに出る場合でも、「親」すなわち祖父母がやはりもっとも強力な担い手となっている。なお、「妻」がはたらきに出る場合、「祖父母」についで多いのは、順に、「公共の機関」すなわち保育所と、「夫」すなわち子どもからみた父親だったが、調査回がすすむごとに「公共の機関」の割合が増え、最新の調査ではついに「祖父母」と順位が逆転している。

　なお、過去三回（第四回・二〇〇八年、第五回・二〇一三年、第六回・二〇一八年）の調査結果を比較してみると、平日の昼間、一歳までの世話において、「妻」が担う割合は減っていないどころか、むしろ微増しているのをみてとることができる。

　二つめは、これまたよく知られた調査であるが、国立社会保障・人口問題研究所が実施している、「子どもの出生年別にみた、出産前後の妻の就業変化（第一子）」のデータである（図1-2）。日本では長らく、第一子を出産したタイミングで女性が職場を去るいわゆる「出産退職」の慣行があった。一九八〇年代後半には、出産まえに就業している女性のじつに六割強が出産を機に退職していた。

　それがようやく減少傾向に転じたのは、二〇一〇年代以降である。それでもなお、最新の調査では、出産まえに就業していた女性の半数近く（四六・九％）が、第一子出産を機に離職している。同じく一九八〇年代後半には三七・三％という高い割合を保っていた結婚退職が、二〇一〇年代前半には一六・八％と大幅に減少したのと対照的

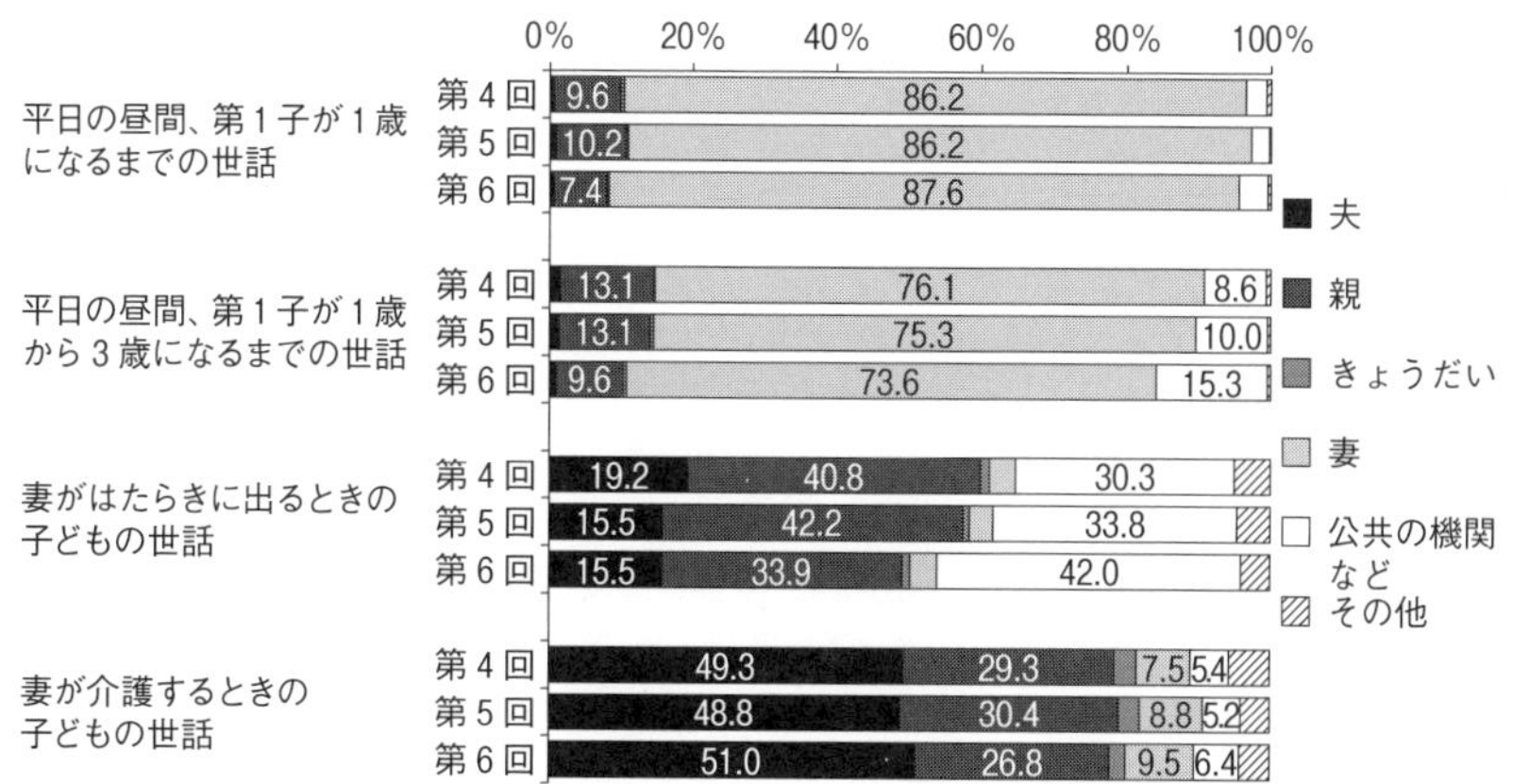

図 1-1 「調査回別にみたもっとも重要なサポート源：世話的（長期的）」
出典：国立社会保障・人口問題研究所「第６回全国家庭動向調査」2018年［https://www.ipss.go.jp/ps-katei/j/NSFJ6/Mhoukoku/Mhoukoku.pdf］（2022年１月21日アクセス）
注）妻の年齢が70歳未満であり、子どもがいる世帯について集計。

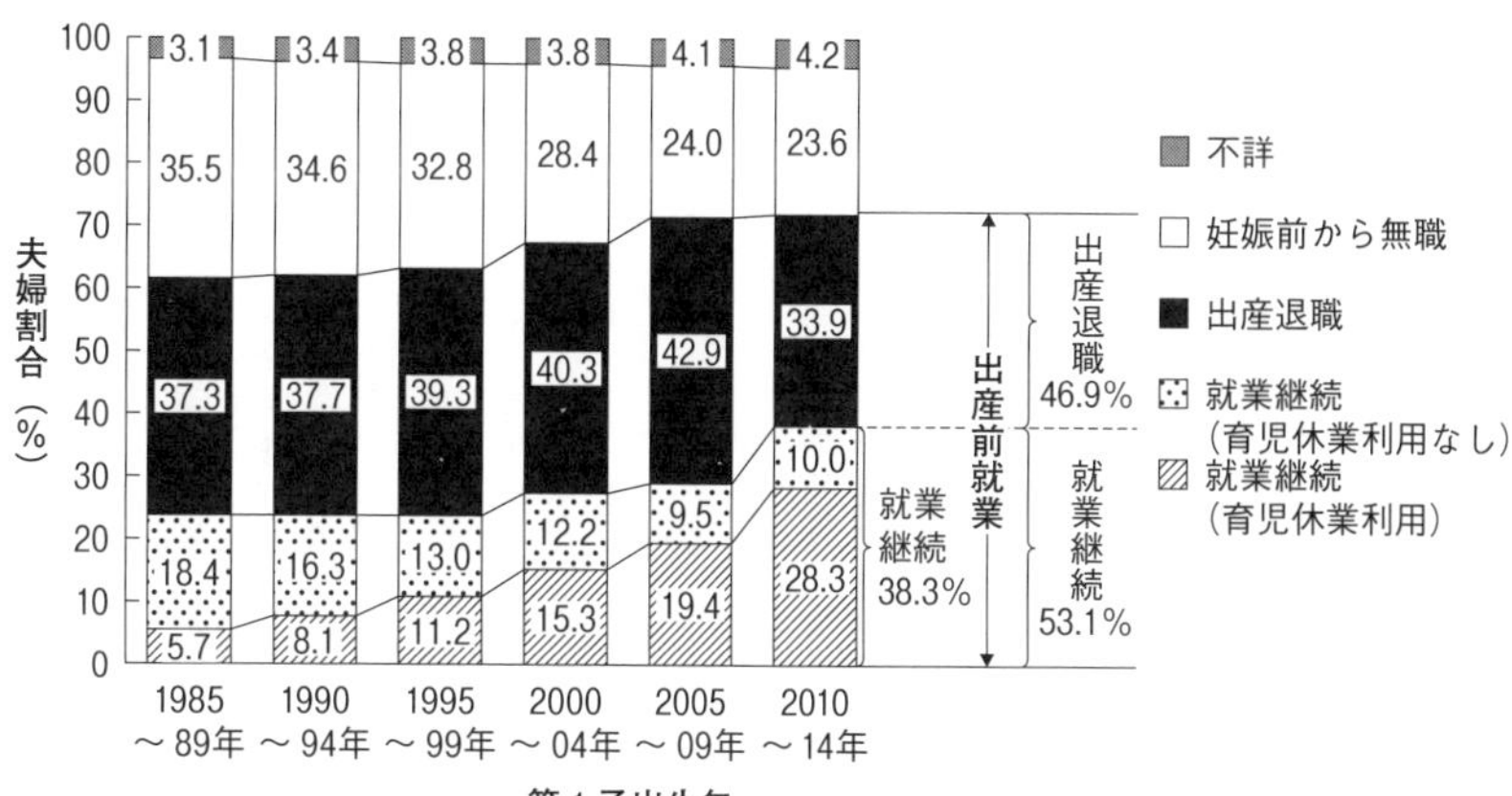

図 1-2 「子どもの出生年別にみた、出産前後の妻の就業変化（第１子）」
出典：国立社会保障・人口問題研究所「第15回出生動向基本調査（夫婦調査）」2016年、［https://www.ipss.go.jp/ps-doukou/j/doukou15/NFS15_reportALL.pdf］（2022年１月21日アクセス）

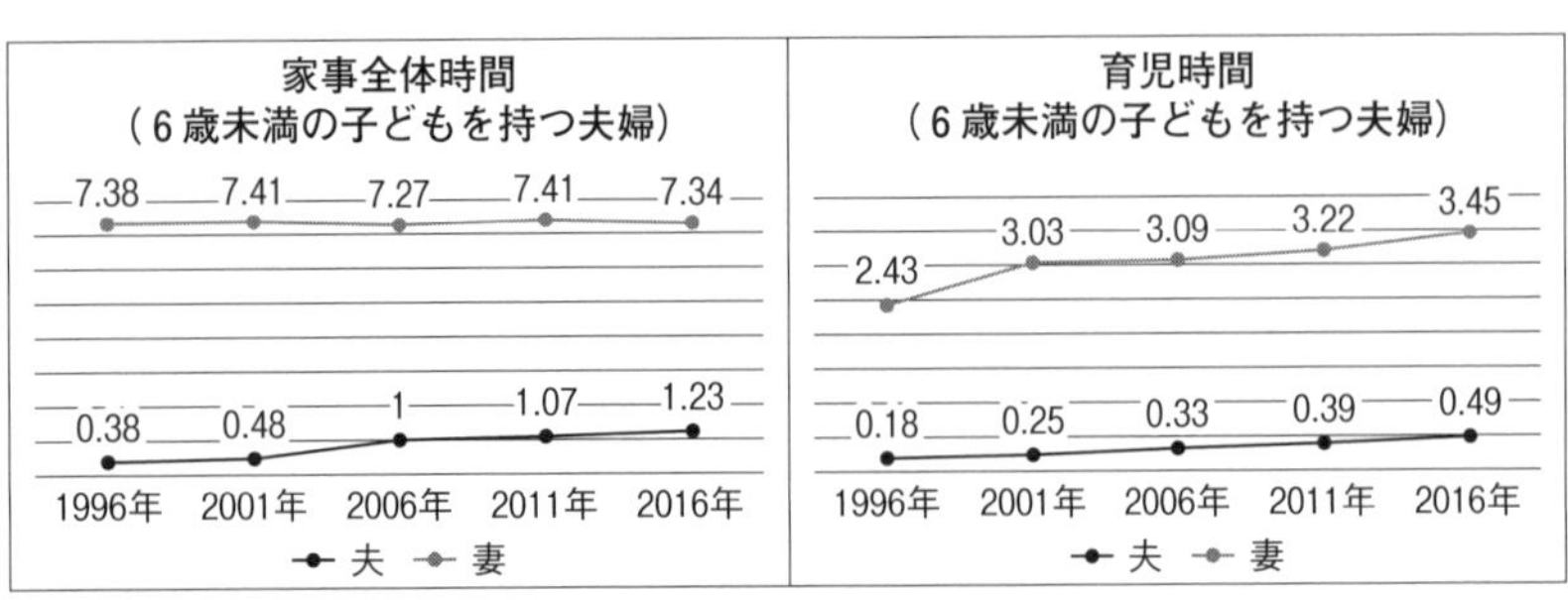

図1-3　6歳未満の子どもをもつ夫婦の家事・育児時間

出典：総務省「平成28年 社会生活基本調査」。

に、「出産退職」はいまだ日本では、過去の慣行とはなっていない。

三つめは、厚生労働省が実施する、女性の育児休業取得率の調査結果である（図1-4上）。一九九二年四月に育児休業法が施行されて以降、女性の育児休業取得率は増えつづけ、最新の調査では、就業を継続した女性の八割が育休を取得したことがわかった。

以上、三つのデータが示すように、日本では、いまだ小さい子どもの子育ては圧倒的に多く女性が担っており、女性はそのために仕事をやめる、育休をとるなどして対処にあたっている。

2　父親の不在

そのこととセットで、小さい子どもの世話を男性が担うことがきわめて少ない現状も、日本社会における男性のはたらき方の特徴と、あわせて確認しておきたい。

先ほどみた、国立社会保障・人口問題研究所の家族生活に関する調査のなかの、子育てにおける「もっとも重要なサポート源（長期的）」を問う調査では、平日の昼間、〇歳から一歳、一歳から三歳の子どもの世話を男性が担う割合はきわめて少なかった。また、「妻」がはたらきに出る場合、「夫」が担う割合は二〇〇八年調査では一九・二%だったのが、二〇一八年の調査では増加するど

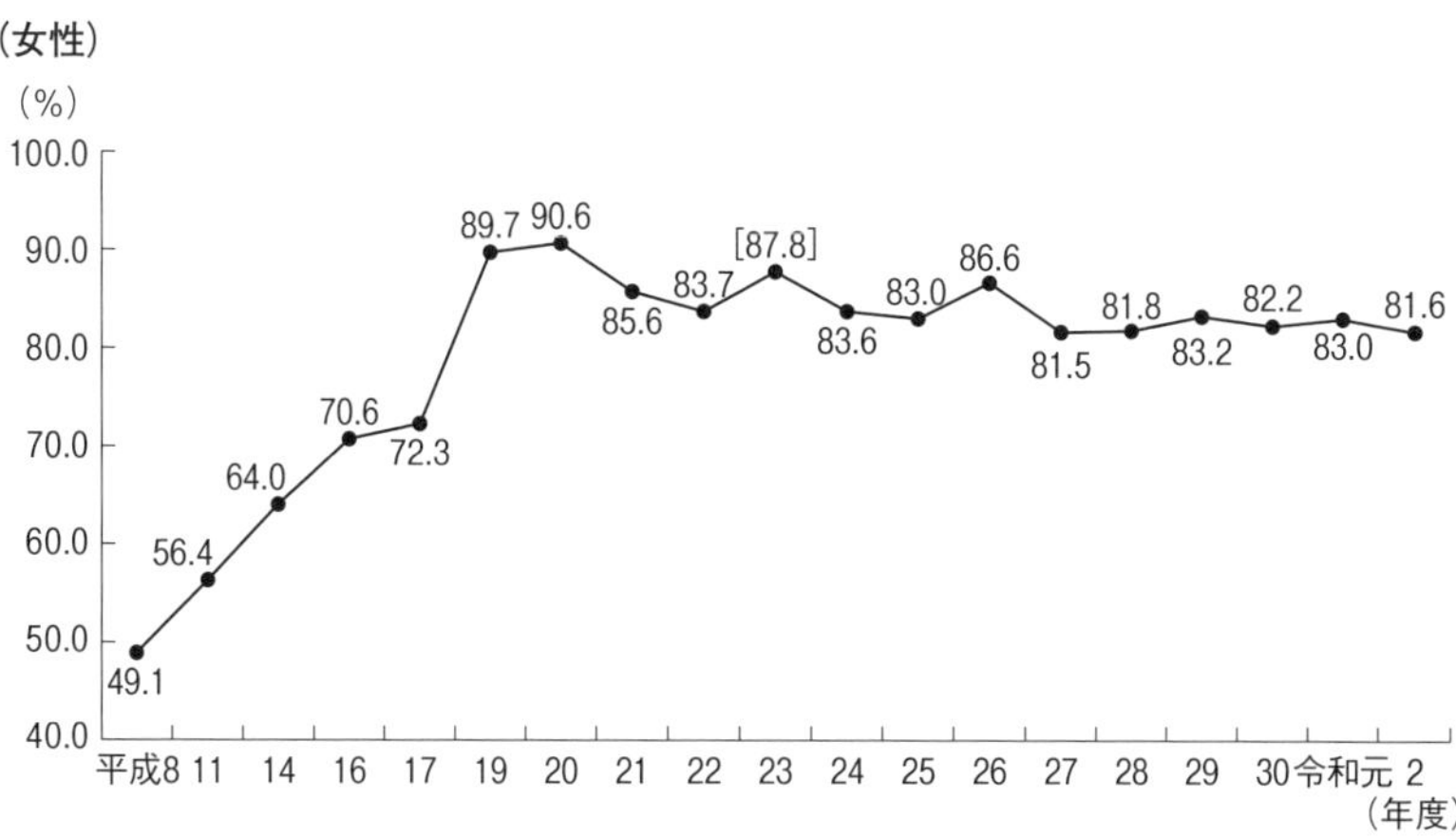

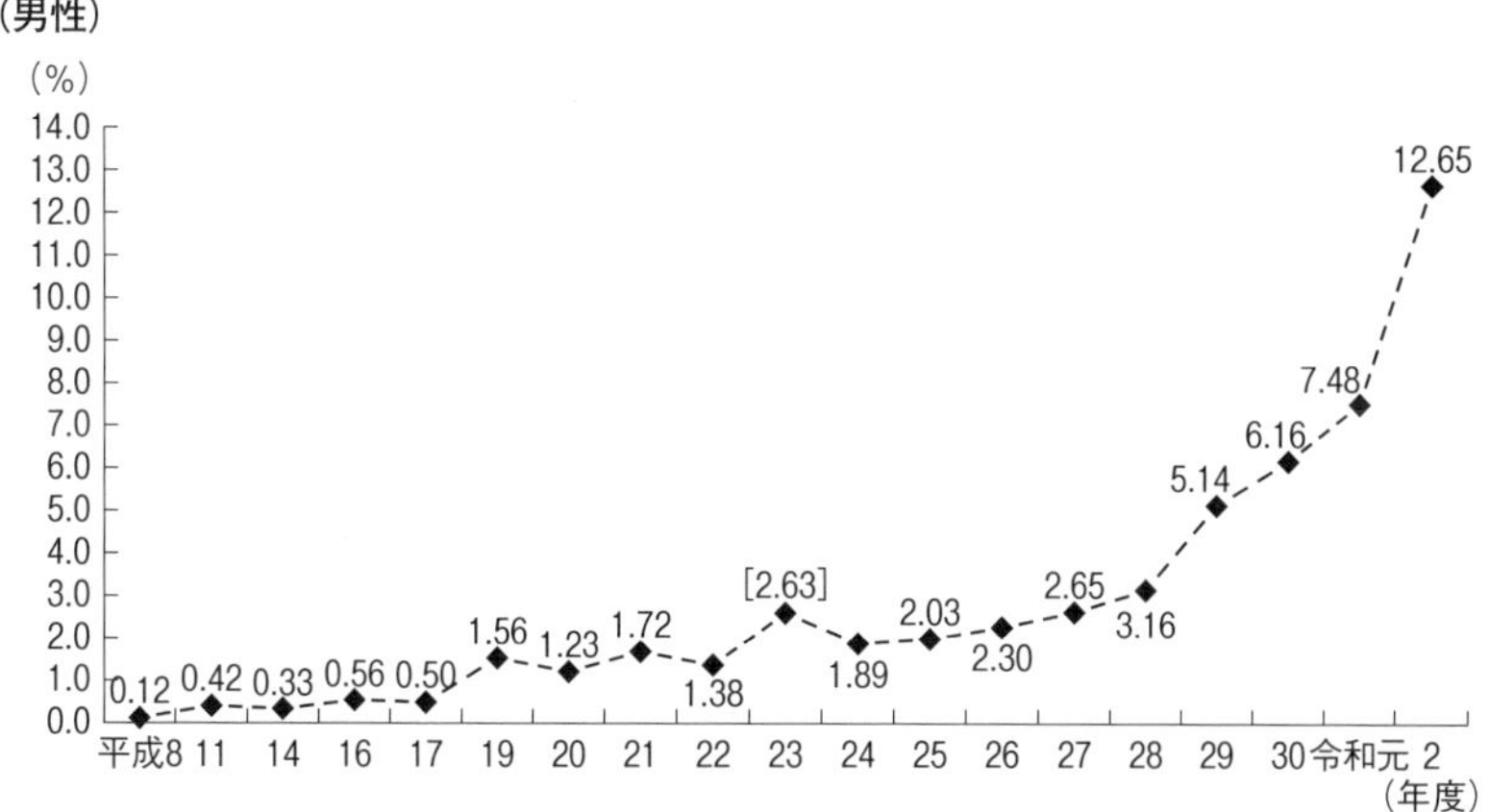

図 1-4　女性・男性の育児休業取得率の推移
出典：厚生労働省「令和２年度雇用均等基本調査」
［https://www.mhlw.go.jp/toukei/list/dl/71-r02/07.pdf］（2022年１月21日アクセス）

ころか、逆に一五・五％と減少している。

また、総務省が実施している「社会生活基本調査」のなかの、六歳未満の子どもをもつ夫婦の家事・育児時間の調査結果（図1-3）からも、男性が育児に関わる時間が少ないことは一目瞭然である。二〇一六年の最新の調査結果によれば、妻の家事・育児時間の合計は一〇・七九時間であるのに対し、夫の家事・育児時間の合計は一・七二時間と、いちじるしい開きがあることがわかった。

なお、家事時間の配分がこの二〇年間でほとんど変わっていないのに対し、育児時間は、とくに妻において、二〇年間で一時間以上増えていることも明らかになった。

さいごに、厚生労働省が実施する、男性の育児休業取得率の調査結果（図1-4下）について、産前産後休暇とは異なり、育児休業は制度上は男性も取得できるものとして設計されているにもかかわらず、実際の取得率は長年一％台と地を這うような数字がつづいていた。近年、官公庁や大企業を中心に取り組みを強化した結果、ようやく一二％台となった（二〇二〇年）。

また、女性の育休の取得期間は半年以上が九割を超えるのに対し、男性の取得期間は概して短く、取得者の二八％強は五日未満と、ここでも大きな開きがある。

なお、このように男性の「育児参加」（「育児参加」という言い方を問題視する向きもあるが、現状ではどのようにみても、「参加」レベルにとどまっている）がすすまないことの一つの大きな理由として、男性の就業時間の長さの問題があげられる。就業時間が週四九時間以上の男性就業者の割合は、日本では二七・三％に対し、イギリス一六・七％だった（二〇一九年）。また、日本では、子育て期にある三〇代、四〇代男性の一〇％強が週六〇時間以上の就業をしている（二〇二〇年）。

以上から明らかなように、日本では、小さい子どもの世話を男性が担う割合はまだまだ低く、ジェンダー的に大きなアンバランスが残されている。

第2章 女性はなぜ母親業をするのか

つづいて第2章では、「女性はなぜ母親業をするのか」と題して、産業化のすすんだ諸社会でなぜかくも広範に女性が母親業を担ってきたのかについて、フェミニズムが議論してきたところを整理しておきたい。

はじめに、「家族」と「雇用」という二つの抑圧的な社会構造のもとでの母親業の再生産にかんする、第二波フェミニズムの議論を整理する。序章で述べたように、本書はそうしたマクロな社会構造の分析を第一の目的とはしていないため、ここでの記述はごく簡単なものにとどめるが、ここで確認しておきたいのは、近代以降の社会において、女性の母親業は広く社会の諸領域における活動と密接にむすびつきながら再生産・維持されてきたこと、またその一方で、これらマクロな社会構造の分析においては女性の主体性にはほとんど目が向けられてこなかったこと、その二点である。

つづいて、やはり第二波フェミニズムが熱心に取り組んできた、「母性」という言語的構築物についての議論を整理する。そこでもまた、「母性」は、ほころびのない、一枚岩な構造として想定されがちで、そうした言語構造の内部にとどまりながらそれを批判していく可能性については触れられていなかった。

1　女性の母親業を水路づける二つの抑圧的な社会構造──「家族」と「雇用」のシステム

性支配の現場としての「家族」

はじめに、「家族」という抑圧的な社会構造についての、第二波フェミニズムによる議論をみていこう。

第二波フェミニズムのなかの、「ラディカル・フェミニズム」と呼ばれる立場のフェミニストたちは、「家父長制(patriarchy)」ならびに「性別役割分業(sexual division of labour)」という分析概念を用いて、家族のなかで女性が担う家事や育児などの活動と女性の社会的・経済的劣位のあいだの関係性について、つぎのように論じた。

ケイト・ミレットによれば、「家父長制」とは、年配の男性にあらゆる権力や資源が集中する、性と年齢による支配システムのことである。軍隊から病院、学校、行政組織、スポーツ集団などにいたるまで、あらゆる組織や集団においても、女性より男性が、年少者よりは年長者が、より多く権力や資源をにぎっている。

家族においても、明白な家父長制的構造がみられる。家長である年長の男性は、妻や他の親族(子どもなど)に対し、絶大な権力をもち、また、家族の中と外で、明確な「性的役割分業(sexual division of labour)」が敷かれている。男性は一家の大黒柱として、家の外での労働に従事し、女性は主婦として、あるいは母親として、家事や育児といった活動を一手にひきうける。女性の母親業は、男性による支配の結果であり、またその兆候とみなされる(ミレット 一九六八＝一九八五)。

なお、近代社会における性別的分業のあり方について、これを産業化がすすむまえの社会における分業のあり方と比較し、イヴァン・イリイチはつぎのように論じた。

イリイチによれば、性差の軸に沿って、男性と女性、それぞれの集団に属する個人にふさわしい場所や時間、道具、課題、話し言葉、動作、知覚などを定めるやり方は、あらゆる社会、あらゆる部族にみられる。イリイチはそれを、「ヴァナキュラー（vanacular）なジェンダー」と呼んだ。「ヴァナキュラー」とは、その土地特有の、土着の、ということを意味する。ひとびとは自分たちの生活する社会で、「何が自分たち仲間の女性に、何が自分たち仲間の男性に、ふさわしいものか」（イリイチ　一九八二＝二〇〇五：一四一）を知っており、その区別を無視することはしばしば重大なタブーとみなされる。また、ある社会では男性の活動だったものが異なる社会では女性の活動とされることはしばしばあり、境界線の引き方は一貫していなかった。

それに対し、産業化がすすんだ社会では、ひとびとの活動する領域は「公的領域」と「私的領域」に二分され、公的領域における活動は男性に、私的領域における活動は女性にわりふられる。そのうえで、公的領域で男性が担う活動のみが価値を生み出す活動とされ、女性が家のなかで担当する家事や育児は、賃金が支払われない、ゆえに価値がないものとされた。イリイチはそのように周縁化され、不可視化された女性の活動を「シャドウ・ワーク」と呼んだ（イリイチ　一九八一＝一九八二）。

「家族」と「雇用」のシステムのあいだの循環構造

つづいて、フェミニズムのなかの、「マルクス主義フェミニズム」と呼ばれる立場の研究者によって展開されている、「家族」と「雇用」の二つの社会システムのもとでの議論をみておこう。

マルクス主義フェミニズムにおいては、家父長制は単独で作用するのではなく、資本主義（capitalism）的な雇用のシステムと手を組んで女性を抑圧してきたとして、つぎのように論じられる。すなわち、資本主義社会では、雇用の場において女性の低賃金をはじめとする女性への差別的待遇が広範に見出され、女性は排除されている。一方、雇用の場から排除された女性は、結婚して主婦になり、家事や育児などの活動を一手に引き受けるが、その結果として、女性は雇用の場において「二流の労働者」として立ち現れ、女性の低賃金がさらに固定化される結果がもたらされる（ハートマン 一九七九＝一九九一、山根 二〇一〇）。

また、家父長制と資本制の二重構造のもと、女性は単に主婦としての無償労働が求められるだけでなく、「主婦パート」として、企業の経済活動を支える役割も期待された。このことについて、政治学者の三浦まりは、「雇用をつうじた福祉（welfare through work）」という概念を用いて、女性に期待される二重の役割（主婦と主婦パート）についてつぎのように説明している。

三浦によれば、世界の先進国の雇用・福祉レジームは、北欧のような「雇用も所得も保障された福祉国家（welfare with work）」、大陸ヨーロッパのような「雇用なき福祉国家（welfare without work）」、イギリスのような「福祉なき雇用（workfare）」など、いくつかの類型に分けられる。日本の雇用・福祉レジームは、国家による社会福祉関係費の支出は低く抑えられる一方、企業がその雇用する労働者に対し、雇用保障というかたちで手厚い福祉を提供する、「雇用をつうじた福祉」というスタイルを取っている。

この特殊な雇用・福祉レジームのもと、日本では、つぎのような「ジェンダー的な二重構造」が維持されてきた。すなわち、企業は、男性正社員に生涯にわたる雇用と家族を含めた手厚い生活保障を提供する代わりに、長時間労働や転勤といった働き方を求め、同時に、妻である女性には、男性の家族責任を免責すべく、家のなかの労働を一手に引き受けることが求められる。他方、男性正社員の雇用が守られるためには、誰かが景気の調整弁として、柔軟な働き方を担う必要があるが、ここでも女性が「主婦パート」として動員される（三浦 二〇一五）。こうして女性は、非正規雇用が社会問題化するはるか以前から非正規で働いてきたが、生活を維持するにはるかに足らないその待遇も、夫が正規雇用であるという前提のため、長らく問題にされてこなかった。

以上、簡単ではあるが、「家族」と「雇用」という二つの抑圧的な社会構造のもとで女性の母親業が再生産されるメカニズムについて、先人たちが論じてきたところをふりかえった。

そうした支配構造の強固さについて理解することは、女性がなぜ母親業をするのかについて理解するうえで不可欠な第一歩であるが、これらの理論において、女性の母親業は、男性による支配の結果もしくは兆候とみなされるばかりで、女性たちの実践をつうじて、同時に支配構造を組み替えたり、変化をもたらしたりする可能性についてはほとんど触れられていなかった。

2　「母性」という言語構造

つづいて、やはり第二波フェミニズムにおいて熱心に取り組まれてきた、言葉として語られる「母性」に着目し、その歴史的出自や被抑圧性を問う一連の研究をみていきたい。

舩橋恵子の整理によれば、一九七〇年代は、日本女性がもっとも主婦になった時代だった。政策的に「母性」が重視され、母親による家庭育児が推奨されたり、母乳育児や母子のスキンシップの重要性が説かれたりする一方で、何か問題が起きれば、「母原病」などと言って母親だけが責められるような状況があった。そうした状況に対し、女性たちはすでに「ウーマン・リブ」の時代から声をあげ始めていたが、一九八〇年代以降、フェミニズムの学知化と制度化を背景にして、女性研究者によるクリティカルな視点をもつ母性研究が、数多く世に出されることとなった（舩橋 一九九二：一一九―一二二）。

フェミニズムの母性研究は、大きく分けて、戦時の母性をあつかったものと平時の母性をあつかったものに分かれる。前者の代表的研究に、加納美紀代の研究が挙げられる。加納は、昭和の「十五年戦争」の時代に、各地で民間レベルの取り組みとして始まった母親たちの活動が国家的な組織へとまとめ上げられていく過程で、「母」あるいは「母性」といった言葉が、国家による戦争遂行と東アジア侵略を正当化するためのイデオロギーとして使われたと論じている（加納 一九八七・一九九五）。

後者の、平時の母性についての研究を代表するのが、大日向雅美の「母性神話」研究である。以下では、大日向の研究をとりあげ、それが切り拓いた地平と限界を考察する。

大日向雅美の「母性神話批判」

大日向の著書には、一九八五年にお茶の水女子大学に提出した博士論文をもとに出版された『母性の研究――その形成と変容の過程：伝統的母性観への反証』（一九八八、新装版二〇一六）のほか、『母性は女の勲章ですか？』（一九九二）、『母性神話の罠』（二〇〇〇）、『母性愛神話とのたたかい』（二〇〇二）など、「母性」にかんするものが多数ある。

大日向によれば、彼女が博士論文を書いた当時、母性は「歴史的にも聖域として手厚く擁護され、価値的シンボルとして機能している」（大日向 一九八八：三二九）ような状況がつづいていた。たとえば、当時社会問題化していた「育児ノイローゼ」の問題について、「本来完全かつ自動的に形成されるはずの母性が、たまたま何らかの要因によって疎外された」という機械的な説明がなされるのが一般的であった（大日向 一九八八：四）。

これに対し、大日向は、元来医学やその周辺領域で、妊娠中の女性の具体的な身体的状況を指して用いられた「母性」という概念が、戦後、母子保健法などの法律が整備される過程で、広く女性全体の性質や傾向にかかわる概念として使用されるようになったとして、その広すぎる使用に警鐘を鳴らしている。また大日向は、「母性」が女性単独の問題ではなく、より本質的には、乳幼児の健全な発達にかかわる問題として定義されたのも、戦後であったと指摘している（大日向 一九八八）。

さらに大日向は、「三歳児神話」という概念を用いて、戦後の高度経済成長期、政府が経済発展を最優先させるべく、「三歳までは母の手で」という一大キャンペーンを実施した経緯についても研究を行っている（大日向 一九八八・一九九二・二〇〇〇）。

大日向の研究を特徴づけるのは、アカデミズムの内部にとどまらない、メディアや政策立案の場での精力的な活動である。大日向は一九九〇年代から二〇〇〇年代にかけて、ＮＨＫの教育番組や情報番組などでたびたびコメンテーターを務めたほか、少子化対策や子育て支援などの問題に関する政府委員を歴任している。大日向の公式ホームページでは、「厚生労働省（元）社会保障審議会委員・同児童部会会長」、「内閣府（前）男女共同参画推進連携会議議長 社会保障制度改革国民会議委員」、「内閣府 社会保障制度改革推進会議委員 子ども・子育て会議委員」、「読売新聞「人生案内」回答者」、「ＮＨＫ（元）中央放送番組審議会委員長」など、かずかずの華々しい経歴が紹介されている（大日向雅美ＨＰ）。

これら広範な活動をつうじて、大日向は、女性の母親業についてのひとびとの旧来的な意識を変えることに貢献した。「子どもを産み育てることに『夢』を持てる社会を」と題された『平成一〇年版 厚生白書』では、大日向の主張をほぼ全面的にとりいれ、つぎのような文言が盛り込まれた。

三歳児神話は、欧米における母子研究などの影響を受け、いわゆる「母性」役割が強調される中で、育児書などでも強調され、一九六〇年代に広まったといわれる。そして、「母親は子育てに専念するもの、すべきもの、少なくとも、せめて三歳ぐらいまでは母親は自らの手で子どもを育てることに専念すべきである」ことが強調され続けた。その影響は絶大で、一九九二（平成四）年に行われた調査結果においても、九割近い既婚女性が「少なくとも子供が小さいうちは、母親は仕事をもたず家にいるのが望ましい」という考えに賛成している。
しかし、これまで述べてきたように、母親が育児に専念することは歴史的に見て普遍的なものでもないし、たいていの育児は父親（男性）によっても遂行可能である。また、母親と子どもの過度の密着はむしろ弊害を生んでいる、との指摘も強い。欧米の研究でも、母子関係のみの強調は見直され、父親やその他の育児者などの役割にも目が向けられている。三歳児神話には、少なくとも合理的な根拠は認められない。
（厚生省　一九九八）

このように、公的な文書において、「三歳児神話に合理的な根拠は認められない」と明記されたことの意義は、強調してもし過ぎることはない。

ただしまた、「母性」の問題を、基本的には言語やひとびとの意識の問題（マルクス主義の言葉で言えば、「虚偽意識」あるいは「イデオロギー」といった「上部構造」の問題）ととらえるその立場には、固有の限界がある。大日向の研究は、女性の母親業を形成・維持している、抑圧的な社会構造（「下部構造」）についての分析を欠いている。そのため、具体的な支援策が講じられるさいにも、心理の専門家である大日向が提唱する「支援」は、相談やカウンセリングなど、心理学的な支援にかたよりがちである。より広く、社会政策の次元に属するような支援――職場での性差別の問題や保育所不足の問題の解消など――については、つよく主張されることはない。

さらに、「母性」の被構築性や危険性にかんする指摘は、本人にその意図はなくとも、その副次的効果として、現場で子育てをしている女性たちの経験を語りにくくさせる結果をもたらしている。現に「母」として子育てをしている女性は、みずからの実践が支配に加担するものであることに責任を感じ、その経験を語ることができなくなる。

以上みてきたように、言葉としての「母性」に着目する大日向の研究には、つよみとともに固有の限界があった。

本書は、その基本的な問題意識を受け継ぎつつ、そこに「実践」という概念を持ち込み、それを批判的に乗り越えることをめざす。

江原由美子による問題提起

つづいて、直接的に大日向に向けられたものではないが、フェミニズムの母性主義イデオロギーの批判的研究のあり方をめぐって、社会学者の江原由美子がおこなった問題提起をみておきたい。

江原は、一九九〇年に行われたインタビューのなかで、フェミニズムの商業主義化の流れのなかで、小倉千加子や上野千鶴子ら一部の有名人フェミニストの主張が、しばしば世間ではフェミニズム全体の主張として、矮小化・単純化して伝えられていることに懸念を示している。江原によれば、上野や小倉は、つねづね純粋無垢で、責任を負わない「娘」の立場から、親や社会を批判している。それに対し、江原は、フェミニズムは「親の立場」「社会の立場」から、もっと多くのことを語っていかなければならないと主張した。江原のこの発言は、のちに日本女性学研究会のシンポジウムでも取り上げられ、江原は出席者らから、「母性派フェミニズム」、「子どもを産んでいない女性を非難している」と批判されることになる。

江原は翌年出版された『ラディカル・フェミニズム再興』のなかでそのときのことをふり返り、「娘のフェミニズム」という自身の物言いが不用意かつ不十分なものだったことは認めつつ、あらためて、自身の主張をつぎのように整理している。

> 母性とは何かについて「母性は危険だ」以上の論及がなされるべきである。子なしの女性に痛みがあるということは、子どもがある女性に痛みがないということを意味しない……（中略）……子どものいない女の痛みが理解されていない

ということと同時に、子どものいる女性の痛みも理解されていないと私は思う。　（江原 一九九一：二一九―二二〇）

江原はまたつづけて、子どもをもつ女性が自身の経験を語ろうとするときにしばしば向けられる「母性派」という批判（江原自身にも向けられた）に対し、つぎのように反論している。江原によれば、「母性派」という批判は、第一義的には、福祉や保育、教育、医療など、「純真無垢な子ども」の立場を代弁し、女性を母性という制度に縛りつけておこうとする「制度の側」の専門家たちにこそ向けられるべきである。これらの専門家は、子育てについて、現場で子どもを育てる母親よりも自分たちのほうが知っていると主張してはばからない。

むろん、現場で子育てをする女性が、こうした専門家のアドバイスを受け入れ、みずから「よい母親」であろうと努めたり、また、アドバイスに沿わないほかの母親を非難したりすることはよくある話である。しかしそれは、一種の「抑圧委譲」（江原 一九九一：二一九）とみなされるべきで、問題の根本は彼女たちではなく、言説の産出において特権的な立場にある、専門家集団にこそあるのだと江原は明快に言い切っている。

さらにまた、江原は、そのような状況のもとで女性の母親としての経験が語りにくくさせられている現状について、つぎのように注意を促している。

親である女性が母親としての経験を語ろうとすると、社会に対する子ども（と自分）の権利意識がそのまま責任意識と重なりあってしまい、それが見事なまでに混在させられてしまう状況がある。これこそ、「母性イデオロギー」を維持させている主要な言説の制度であり、母親する側の女の言葉を縛ってしまう原因である。　（江原 一九九一：二二二）

つまり、子どもをもつ女性が、自身と子どもの置かれた状況に対し何からの発言や問題提起をおこなおうとすれば、子どもに発言権がない以上、どうしても「母」である自分が子どもに代わって発言することになり、ここにおいて彼女の発言は抑圧的なものとみなされてしまう。それでもなお、そうした語りにくさを乗り越え、「母親する女の言葉」にもっと声に耳がかたむけられるべきとする江原の主張に、わたしは全面的に賛成である。

第3章　母親の実践への注目

では、フェミニズムの立場から、「母親する女の言葉」を、どのように聞き取り、記述してゆくことができるだろうか。本書ではそれを、「実践」という切り口から、記述してゆきたいと思う。

ふたたび江原によれば、戦後日本のフェミニズムは、「自然としての母性」という観念を解体することを目的として、主として二つの方向で議論を展開してきた。一つめは、第2章2節でも取り上げた、言葉としての「母性」に着目し、その抑圧性や被構築性を問う方向で、もう一つは、妊娠・出産・避妊・中絶・子育てといった個別具体的な営みにそくして、それらの活動がどのような社会的影響を受けておこなわれてきたのか、また社会的・歴史的な変化のもとで、そうした営み自体、どのように変化してきたのかを明らかにする方向である（江原 一九九五：五—六）。

この第二の方向性は、序章「言説＝実践への注目」で説明したように、本書の問題意識とかさなるところが大きい。すでに述べたように、社会学の分野では、構造のもとで編み出される実践には、構造によって規定されつつ、同時に構造に対し能動的にはたらきかける側面もあるという含意を込めて、実践という概念を使用してきた。女性が「母」としておこなう実践のなかにも、そうした限定的な意味での、主体としての能動性をよみとることができるはずである。

以下では、そうした限定的な意味での「母」の能動性に光をあてた研究として、子捨て・子殺しにかんする歴史研究と、落合恵美子の育児支援ネットワーク研究をとりあげ、考察する。そのうえで、社会学者の元橋理恵による、フェミニズムの担い手としての「母親」の可能性をめぐる問題提起を参照し、さいごに、母親の日常的実践に着目する本書の意義を述べる。

1　子捨て・子殺しの歴史研究

はじめに、子捨てや子殺しにかんする歴史研究についてみていく。

従来、歴史といえば、為政者や軍人など、男性の英雄たちのなしとげた偉業や事件を軸に編纂されることが一般的だった。それに対し、一九六〇年代にはじまる、歴史学のなかの「あたらしい歴史学」と呼ばれる研究潮流においては、女性や子ども、病人など、これまで歴史記述の対象とされてこなかった、庶民の日常生活に光があてられた。またその研究は、歴史のなかの長期的な持続要素とされてきた心性（マンタリテ）の問題を多くあつかうことから、心性史ともよばれる。

このあたらしい歴史研究の流れのなかで、女性がおこなう子育てについても、多くの研究がでてきた。母親が子どもをいかに近代とは異なるやり方で育てたのかという研究にくわえ、堕胎（人工妊娠中絶）や子殺し、子捨てなど、母親が子どもをいかに育て「なかった」のかという研究も数多くなされた。

子捨て・子殺しの歴史研究の代表的な著作としてあげられるのが、フランスの歴史学者、エリザベート・バダンテールの『母性という神話』（一九八〇＝一九九八）である。

バダンテールに先立つこと二〇年、同じくフランスの歴史学者フィリップ・アリエス（一九六〇＝一九八〇）は、子どもや子ども期について書かれたさまざまな歴史資料を分析し、「中世フランスに子どもはいなかった」と主張した。この言葉が意味するのは、もちろん、生物学的な意味での子どもがいなかったということではなく、社会の側に、「子ども期」を人生のそれ以外の時期から峻別し、特別な配慮や保護、教育を提供すべき時期とみなすまなざしが不在であったということである。

アリエスの研究を受けてバダンテールは、子どもが不在であったなら母親だって不在であっただろうと、母親の研究をおこなった。ここで言う「母親」とは、近代的な意味での母親、すなわちつねに子どものそばにいて、子どもへの深い愛情や関心をもって世話をする母親を意味している。

バダンテールによれば、近世フランスでは驚くほど多くの子どもたちが、産みの母親によって育てられ「なかった」。一七八〇年のパリ警視庁長官の記録によれば、毎年パリに生まれる二万一〇〇〇人の乳児のうち、実の母親に育てられた者はわずか一〇〇〇人で、あとの一〇〇〇人は住み込みの乳母にあずけられ、残る大多数の子どもたちは、生まれて間もなく他家に里子に出された。

母親たちが子どもを自分で育てなかった理由は、社会階級によって異なっている。まず、貴族など上流階級の女性は、日々の社交や女性美の維持にいそがしく、子どもを手放した。子どもは住み込みの乳母に預けられるのが一般的だった。もしも上流階級の女性が自分で子どもを育てたいなどと言えば、「立派な女性が」と周囲からたしなめられた。

また、中流階級の女性は、上流階級の女性をまねて乳母に授乳をまかせることを望んだが、彼女たちは同時に、貞淑で品行方正な妻・母親という社会規範にもしたがわなければならなかったため、乳母を雇うには相応の理由（病気や仕事など）が求められた。

さらに、庶民階級の女性は、生きるための労働のために子どもを手放した。子どもを里子に出す先には、自身の家庭よりさらに貧しい、田舎の家庭が選ばれた。乳児の生存にとって母乳と母親による世話が現在よりはるかに重要であったこの時代、里親のもとで病気にかかったり、亡くなったりすることもめずらしくなかったが、それでもひとびとは里子に出すことをやめなかった。なお、庶民階級のなかでもっとも多く里子を利用したのは、商人や職人など、もっとも汗水を流してはたらかなければならなかったひとびとである。もっとも貧しい農民層においては、子どもを家に置いておくか、孤児院に捨てるなどした。

なお、この時代の乳児死亡率がきわめて高かったことについて、バダンテールは、それは母親による無関心の結果であると同時に原因でもあったと論じている。つまり、子どもは死にゆく存在であるから、母親は子どもに関心を示さなかったというのである。

バダンテールの研究に触発され、一九八〇年代以降、日本でも、間引きや堕胎、避妊、虐待、子守り、養子など、歴史のなかに埋もれていた母性の非規範的な実践に光をあてた研究が、数多くおこなわれた（西野　一九八五、落合　一九九四ａ、田間　一九九五・二〇〇一、玉野井　一九九五、沢山　二〇〇八・二〇一七ほか）。

これら子捨て・子殺しの歴史研究は、構造と実践とのあいだの「ずれ」に目を向けさせる点で、重要である。現実の子育ては、必ずしも支配構造のもとで規範的とされるやり方でのみおこなわれるのではなく、しばしば構造が命じるやり方から、大きく逸脱するかたちでおこなわれている。

ただしまた、子捨て・子殺しの歴史研究にも固有の限界があった。その多くは、歴史研究としておこなわれたものので、したがってそこであつかわれている実践の多くが、過去の実践である。江戸後期の「捨て子」の慣習について研究した沢山美果子が指摘するように、現代よりはるかに生存が厳しかったこの時代、母子ともに生き延びるための手段としてひんぱんに「捨て子」が選択され、共同体の側にもそれを受け入れるだけの度量があった。しかし、現代社会においては、子産み・子育ては母親一人の仕事とされ、社会の側に非規範的実践をうけいれる度量はうしなわれつつある（沢山 二〇〇八）。

また、子捨て・子殺しの歴史研究の多くが、母親本人は子どもの養育に完全にかかわらない、ある意味、極端なケースをあつかっていた。現代社会では、大多数の「ふつうの母親」は、自分以外に子どもの世話をする大人がまったくいない環境のなかで、あくまで子育ての第一義的責任者としての役割は遂行しつつ、同時に、その責任を部分的に外部化したり、手抜きをしたりするなど、よりマイルドなかたちで、非規範的な実践に参与しているのではないか。

2　落合恵美子の育児援助ネットワーク研究

そうした「ふつうの母親」による、日々の育児実践に光をあてた研究の一つに、家族社会学者の落合恵美子による、戦後日本の育児援助ネットワークの変容にかんする研究があげられる。落合の研究は、現代社会における、支配され、制限された範囲内における、「ふつうの母親」によるクリエイティビティに満ちた実践の軌跡として読み替えることができる。

落合は、戦後日本の育児援助ネットワークの変容について、つぎのように整理している。落合によれば、欧米の家族研究の分野では、一九五〇年代ごろから、産業化にともなう「都市家族の孤立化」テーゼにたいする反証として、多くの実証的研究がおこなわれた。親族集団からの孤立という意味での孤立化については、都市家族は同居こそしていないが、離れて暮らす親族同士、ひんぱんに助け合っているという反論（Young and Willmott 1957）などがなされた。また、地域社会における社交の衰退という意味での孤立化については、都市家族はあらたに近隣ネットワーク（近所づきあい）を開拓しているという反論（ホワイト 一九五七＝一九五九ほか）もなされた。

　これらの研究をうけて、日本でも、急激な産業化・都市化がすすんだ高度経済成長期の都市家族にかんする研究が多くおこなわれた。たとえば、家族社会学者の増田光吉は、一九五八年に、西宮北口団地の居住者を対象に、「鉄筋アパート居住家族の Neighbouring」にかんする研究をおこなった。結果は、主婦の近所づきあいは全般的に低調で、代わって、実家や団地外に暮らす親族とのひんぱんな行き来がみられた。とくに、主婦が実家に帰る頻度が高いほど、近所づきあいは低調だった。これについて増田は、旧来的な「義理人情」の社交生活を否定する心性と、他方で、経済的にも心理的に頼りにしやすい親族に対し、「便宜的かつ惰性的」な依存が起きた結果であると分析している（増田 一九六〇：四、落合 一九九四b）。

　このように一九五〇年代、六〇年代の家族が、隣近所の手をわずらわせることなく、親族だけに頼ってやってこられたのは、人口学的にみて、「移行期世代」と呼ばれるラッキーな世代であったためと落合は論じている。産業化にともない人口学的な変化が生じ、社会は多産多死（多く生まれて多く死ぬ）から多産少死（たくさん生まれてみな死なずに育ち上る）を経て、少産少死（少なく生まれて少なく死ぬ）へと移行することは知られている。いわゆる「人口転換」理論である。この世代は、子育てのみならず生活全般において、祖父母やおじおば、きょうだい、いとこたちと、相互に助け合うことができた。なお、欧米では、第二世代から第三世代に移るのに長い期間を要したが（たとえばイギリスでは一九世紀半ばから一九三〇年代までかかっている）、日本では、移行期世代はわずか二五年間しかつづかなかった。生まれ年で言えば一九二五（昭和元）年から一九五〇（昭和二五）年のわずか二五年間に生まれた世代だけが、その幸運を享受することができたのである（落合 二〇〇〇：一一〇）。

　その後、一九八〇年代になると、家族形成の主たる担い手は、徐々に第三世代である少死少産世代へと移行していく。一九八〇半ばに落合自身が兵庫県で実施した、二歳児を第一子として持つ母親の育児援助ネットワークの調査では、育児援助のための社会的ネットワークには、つぎのような変化がみられた。

まず、親族について、ひとびとは変わらず、子どものあずかりなどにおいて、親族から強力なサポートをうけながら子育てをしていた。ただしまた、親族ネットワークは祖父母に極限化し、それ以外の親族からの手助けはほとんどみられなくなっていた。

また、都市部と郡部とで、ネットワークのあり方にかなりの差がみられた。郡部の母親が同居の祖父母に子どもをあずけ、就労している場合は保育所も利用し、闊達に出歩く人が多いのに対し、都市部では専業主婦が多く、近居の祖父母から支援を受けている人もいる一方で、近くに頼ることのできる親族が誰もいない、いわゆる「完全孤立核家族」も一部にみられた。

さらに、都市部を中心に、親族による支援を代替・補完するものとして、あらたに近隣ネットワークを発展させる傾向がみられた。母親たちは、子どもの年齢が近い者同士、たがいの家をひんぱんに行き来し、子どもを遊ばせていた。その際、トラブルを回避すべく、「遊びや自分の利益のためには援助を求めない」、「過度の負担をかけない」、「互酬性を保つ」、「自発性を重んじる」、「互いの生活にはいりこみすぎない」など、関係性を長つづきさせるための独自の創意工夫もみられた（落合 一九八六）。

こうしたあたらしい絆の創出について、落合は主には「多産少死」から「少産少死」へという人口学的変化を背景に生じたものと説明しているが、同時にそれは、何の人間的努力もともなわず、自然発生的にもたらされたものではないことにも注意をうながしている。

しかし同時に、母と子は、ただの受け身の存在ではありません。必要な社会的ネットワークを工夫して創り出す力もまたもっています。育児ノイローゼの例にあげた彼女が、「このままじゃダメになっちゃう」と子育てグループにとびこんでいったように。一九八〇年代の都市部における近隣ネットワークの発達は、追い込まれてもそのままではすまさない母親たちのたくましさの結果です。模索の中から、新しい時代の子育てのありかたが自生してきたと言いましょうか。

（落合 一九九四：八八―八九、落合 二〇一九：一七六）

「母と子は、ただの受け身の存在ではありません」という落合の言葉は、子どもを産んで、気弱になっていたわたしの心に、すっと入ってくるように感じられた。「母」になることは人生の終わりではない。「母」という主体的ポジションからおこなわれる実践をつうじて、現状をよりよいものに変えていくための能動的なはたらきかけがなされ得るという指摘は、本書の基盤をなす、重要な指摘であったと言える。

3　フェミニズムの主体としての「母親」の可能性をめぐって
――「ふつうの母親」の日常的実践に着目する

さいごに、フェミニズムの主体としての「母親」の可能性をめぐって、社会学者の元橋利恵がおこなった整理を参照しながら、再度まとめをおこなっておきたい。そのうえで、子どもをもつ女性たちの日々の託児実践を、フェミニズムの実践として記述するという本書の視座について、あらためてその意義を確認しておきたい。

「母」という指定席からおこなわれる運動

元橋利恵は、近著『母性の抑圧と抵抗』（二〇二一）において、従来、主流のフェミニズムにおいて、フェミニズム運動の担い手から「母親」が除外されてきたことについて、つぎのような問題提起をおこなっている。

元橋はまず、上野千鶴子による、フェミニズム運動のよく知られた定義をとりあげる。上野によれば、ある運動がフェミニズムの視点をもつとみなされるためには、つぎの二つの点をクリアしていることが必要である。すなわち、「女性の自律的運動」であること、またそこに「『性役割』の問い直し、もっと今日的な言い方を採用するなら『ジェンダー』の問題化」がともなうことの二点である。上野はさらに、第二の点について、運動の目的が自分の「外部」にある社会問題とたたかうことや「他者救済」にあるのではだめで、自分自身に向けられ、自己解放を志向するものでなければならないとも指摘している（上野 二〇〇六：一四〇―一四二、元橋 二〇二一：一二四―一二五）。

このような定義に照らし、従来、主流のフェミニズムにおいては、「母親」が主体となって展開する運動に対し、「慎重な立場」がとられてきた。というのも、「母親」と名乗っておこなわれるその運動は、ややもすれば体制に取り込まれやすく、また、フェミニズムが重視する「女性の性役割（ジェンダー）を問題化する視点」をもたないもののように思われたからである（元橋 二〇二一：一二三―一二五）。

たとえば、一九五四年のビキニ環礁沖での水爆実験に反対して広がった「母親大会」と呼ばれる運動について、無垢な「子ども」の立場を代弁するばかりで、個としての「わたし」を問う視点がない、戦時の体制協力への反省や自身の加害者性にたいする自覚がないなどの批判がなされている（鈴木 一九九五、元橋 二〇二一：一三二）。

こうした評価のあり方について、元橋は、「妻・母・主婦」という体制の側に用意された「指定席」からおこなわれる運動が、同時に、個としての「わたし」を問い直す契機はもち得ないのだろうかと問いかける（元橋 二〇二一：一三三）。そのうえで、元橋は、二〇一五年に発足した「安保関連法に反対するママの会」と呼ばれる社会運動の参加者の聞き取り調査をおこない、ケア・フェミニズムの立場から分析をこころみている。

ケア・フェミニズムとは、女性が担うケアという活動のなかに、ケアの個人化やケアのジェンダー化、ケアの不可視化、ケアの価値の切り下げなど、現在ケアに起きているさまざまな問題を問う視点をとともに、政治そのものを変えていく視点があるとみなす、フェミニズムのなかの立場である。ケアの視点から、既存の政治概念を問い返すこころみと言い換えてもよい。

元橋によれば、「ママの会」メンバーの多くは、運動に参加する以前は、「母」としての自身の経験を人前で語ることに自信がなく、その経験には政治的に価値がないと思い込まされていた。しかし、運動に参加し、「自分の話をし、応答される」経験をつうじて、自身の経験には、政治的に重要な価値があることを確信するようになった。また、参加をつうじて、「自分の子どものため」だけでなく、「他の母親や他の子どもたちのため」というあたらしい政治的文脈のなかで、自身の経験を捉えかえす視点を獲得した（元橋 二〇二二）。

本書は、女性が「母」としておこなう実践のなかに、自分自身の「母」としてのあり方を含め、反省し、変えていくような、フェミニズムの実践としての可能性を見出すという研究上の問題関心を、元橋と共有している。ただしまた、本書は、「ママの会」のような組織化された政治的活動ではなく、日々の育児実践そのものに光をあてる点で、元橋の研究とはアプローチの仕方が異なっている。元橋自身もみとめているように、もともとケア・フェミニズムは、日常的なケアのただなかに政治を問い直す契機を見出すものであり、その点において、「ママの会」という社会運動への参加に焦点をあてた元橋の研究は、ケア・フェミニズムの研究としては、若干の「ねじれ」を含む研究であったと言ってもよいだろう。

「ふつうの」母親の日常的実践への視点

加えて、日本では、いわゆる「ふつうの」母親の経験がじゅうぶんに聞き取られていないことからも、彼女たちの日常的実践に光をあてることには意味があるとかんがえる。

「ふつうの」とはすなわち、デモや集会、街宣やロビー活動といったいわゆる「政治的」活動への参加経験にとぼしく、「ママの会」さえ敷居が高いと感じてしまうような、どこにでもいる日本の母親のことである。彼女たちの多くは、子育てにおいて自身の身におきているさまざまの不条理を、政治的要求につなげていく発想さえもちあわせていない。

本書が、そうした「もの言わぬ層」の実践に目を向けるのは、一つには、国際的にみても特筆すべき日本人の政治的不活発さが、女性の母親業においても影を落としていると感じられるからである。女性がケア責任を一身に担い、キャリアからも疎外されつづける日本の現状について、イギリスや他のヨーロッパの研究者からは、「日本の女性は不満に思わないのか？」、「なぜ抗議（protest）しないのか？」と質問を受けた。

ここで、日本人の政治的不活発さという問題について包括的な議論を展開することはできないが、日本では、とりわけ若年層において、政治的効力感、すなわち、政治過程に対し自分が影響力を行使できるという感覚をもちづらく、長期的な政治参加の減退につながっていることは従来も指摘されてきた（伊藤理史二〇一七、元橋二〇二一：一九〇）。

加えて、女性の政治参加にかんして、世界経済フォーラムが毎年発表している「ジェンダー・ギャップ指数」のレポートが示すように、日本では、政治分野におけるジェンダー平等の達成が、参加一四六ヶ国中一三九位と、いちじるしく遅れている。そうした状況にあって、「個人の私的な問題」とされている家事や育児の問題について、女性が発言しづらいと感じたとしても驚くにはあたらない。

実際、日本では、「母親」という立場から政治的意見が申し立てられる機会は、極端に少ない。わずかな例外は、先に触れた反核平和運動や福島第一原発事故以降の運動、安保反対運動などである。近年、いわゆる「待機児童問題」をめぐって、「保育園落ちた日本死ね!!!」と題された匿名ブログでの訴えをきっかけに国会議事堂前で抗議運動がおこなわれたり、訴訟がおこなわれたりしたことはあったが、そもそも二〇年にもわたり議論されてきた「待機児童問題」がいまだ根本的な解決に至ってないことは、それ自体、母親たちの声が政治的にまったく聞き取られていないことの一つのあらわれにほかならない。

ただしまた、くり返せば、いわゆる「政治的」発言が聞こえてこないからといって、彼女たちが現状について何も意見をもたないということは意味しない。実際のところ、子どもが小さい時期というのは、社会の矛盾を一身に引き受け、なぜ自分ばかりがこんな目にあわないといけないのか、なぜこんなにしんどい思いをしなければならないのかと自問する時期でもある。そのような状況におかれた女性たちが、そのやむにやまれぬ状況のなかからあみ出す言葉や実践に、わたしは関心がある。

以上、第I部では、「フェミニズムの母性研究、再訪」と題して、女性の母親業をめぐるフェミニズムの議論の批判的再検討をこころみた。

本書が、構造ではなく実践に着目し、また、女性が「母親」としておこなう実践のなかでも、とくに「ふつうの」母親の日常的実践に着目することの理由が、うまく説明できていたなら嬉しい。

また、ここでおこなった議論が、フェミニズムと現場とのディス・コミュニケーションの解消に、少しでも役立つことを願う。

第Ⅱ部　託児にふみきる

――二〇〇〇年代、認可外保育施設の「一時保育」を利用する女性

二条城にほど近い、京都市内のとある無認可の託児所。社団法人京都市シルバー人材センター北部支部の女性会員が自主的に運営する、子ども一時預かりの託児施設である。入口には、「子ども一時預かり所 ばぁばサービスピノキオ」と書かれた、可愛い絵入りの看板がかけられている。

午前八時の開所時刻を過ぎると、子どもを連れた母親がつぎつぎと訪れる。子どもの年齢は一歳から二歳が多い。迎えるのは、薄いピンクのエプロンをつけた、高齢の女性スタッフである。これらのスタッフは、「ばぁば」という愛称で親しまれている。広さ四〇畳ほどの託児室に着くと、母親はその日の子どもの体調やお迎えの予定時刻、連絡先を記入し、「お願いします」とあいさつをして、建物をあとにする。行き先や、利用理由についての会話はなされない。

こうした風景は、見方によってはきわめて現代的で、殺伐としたものと映るかもしれない。二〇〇〇年代初頭に少子化対策の一環としてはじまった「在宅児を含む子育て支援」のなかの「一時保育」と呼ばれる取り組みは、一時間いくらといった料金設定と手軽さから、ときに「コインパーキングの論理」などと揶揄され、結局のところ、就労以外の理由による利用の伸び悩みにもつながっていた。

そうした状況にあって、「ばぁばサービスピノキオ」(以下、ピノキオと略す)では、「利用理由を問わない」という方針に象徴される、徹底した利用者本位のサービスにより、これまで公的な保育から取りこぼされてきた層の利用を引き出すことに成功している。

以下、第Ⅱ部では、二〇〇三年四月から二〇〇五年三月にかけて実施したフィールドワークをもとに、著者自身の経験や感情にもそのつど必要に応じてたちかえりながら、ピノキオを利用する女性たちの実践について記述することをこころみる。

はじめに、第4章では、調査の概要について説明する。つづいて第5章では、「在宅児を含めた支援」としてはじまった、「一時保育」というサービスの特性やそれへの批判について確認したうえで、第6章では、メディアや政策言説における高齢者の託児の語られ方をみる。第7章では、サービスの提供者である「ばぁば」の経験に焦点を当て、メディアや政策言説で語られるのとは異なる、ピノキオの実践の近代的側面をみる。さいごに第8章では、ピノキオを利用する女性たちの実践のフェミニズム的な意義を考察する。

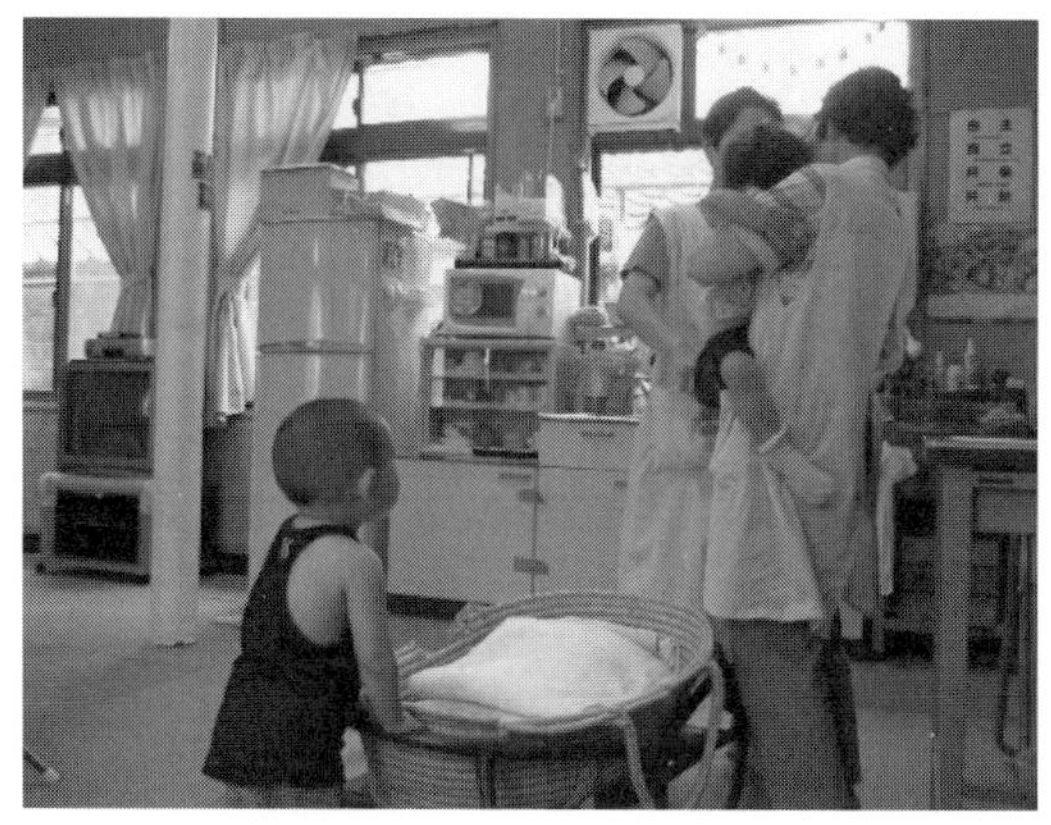

ピノキオの保育の様子

ピノキオの外観

ほら
あーん
して
あーん

どうして
泣いてる
の〜
ェエエエエ
ウエエエエエ
アアア
アアアアァ

ザザーーン

第4章　認可外保育施設「ばぁばサービスピノキオ」のフィールドワーク

本章では、第Ⅱ部の議論のベースとなる、「子ども一時預かり施設 ばぁばサービスピノキオ」のフィールドワークの概要を説明する。

1　ピノキオとの出会い

調査のきっかけは、二〇〇二年五月、新聞でピノキオが紹介されているのを目にして、直感的に、いい！と感じたことだった。

序章で述べたように、当時、わたしは京都で大学院生をしながら、まだ乳児の第一子を自宅で育てていた。博士論文の執筆や非常勤講師の仕事など、落ち着いて取り組まなければならないもろもろのことがらはあったが、保育園にはあずける気になれず、つねに夫とは子守りの押し付け合いのようなことをしていた。そうした状況が、子どもにとっても自分にとってもよくないことはわかっていたが、状況を打破する方法がわからず、くるしんだ。ときおり子どもを連れて新幹線で岡山の実家に帰り、親やきょうだいに、可愛い可愛いと言ってもらえるのが唯一の楽しみだった。

そんななかで出会ったピノキオの記事は、わたしにはとても魅力的に映った。そこには、「ばぁばの知恵 生かしたい」、「保母さんはおばあちゃん」といった言葉がならんでいた。すごい。おばあちゃんが守りをしてくれるのか。この人たちなら大丈夫。この人たちにならあずけたい。瞬時にそんな気持ちになれた自分に驚きながら、電話をかけた。

2　調査の概要

調査は二〇〇三年四月から二〇〇五年三月にかけての約二年間、ピノキオの母体である公益社団法人京都市シル

京都市シルバー人材センター

一時託児所を31日開設

経験豊富、スタッフ40人

"保母さん"はおばあちゃん

手作り、昔のおもちゃ並べ

育児相談も気軽に

中京

ばぁばの知恵 生かしたい

31日から京都市シルバー人材センターが「託児所」

ゆったり子育て お手伝い

「低料金で安心」が魅力

写真 4-1　ピノキオを取材した新聞記事
（上）2002年 5 月28日 京都新聞
（下）2002年 5 月19日 朝日新聞

バー人材センター事業協会北部支部（以下、（社）京都市シルバー人材センター北部支部と略す）の許可を得たうえで、実施した。

調査方法の中心は、フィールドワークである。さいしょの一年間は週二回（月曜日と水曜日）、長いときで半日、短いときは二時間ほど、託児スペースに居させてもらい、スタッフと子どもたち、スタッフと利用者、またスタッフ同士のやりとりなどを観察した。二年目以降は頻度を落として実施した。

また、二〇〇三年八月には、ピノキオを継続的に利用する母親三五名の質問紙調査を実施した。あわせて、聞き取り調査への協力を承諾してくれた母親数名を含む一五名に、聞き取り調査を実施した。聞き取り調査は個別に利用者の自宅または喫茶店などで、一時間から二時間かけて行ったものもあるが、多くは現場で声をかけ、一〇分から三〇分程度の短時間で実施した。

二〇〇四年八月には、託児スタッフである「ばぁば」二三名の質問紙調査を実施した。参与観察中に、単独あるいは二、三人の少人数でお話を聞かせていただくことも多かった。

くわえて、（社）京都市シルバー人材センター北部支部の職員で、副事務長としてピノキオ立ち上げにたずさわったTさんにもお話をうかがった。またTさんからは、立ち上げに向けた準備会議の資料やスタッフ講習の資料、ピノキオを取材した新聞・雑誌記事などの資料を提供していただいた。

3　ゲートキーパーとしてのK先生

調査の実施にあたっては、ピノキオの立ち上げにおいて中心的な役割を果たした、保育士のK先生にゲートキーパーとなっていただき、全面的に助けていただいた。K先生との出会いがなければ、この研究はなされ得なかった

写真 4-3　子どもをおんぶするＫ先生

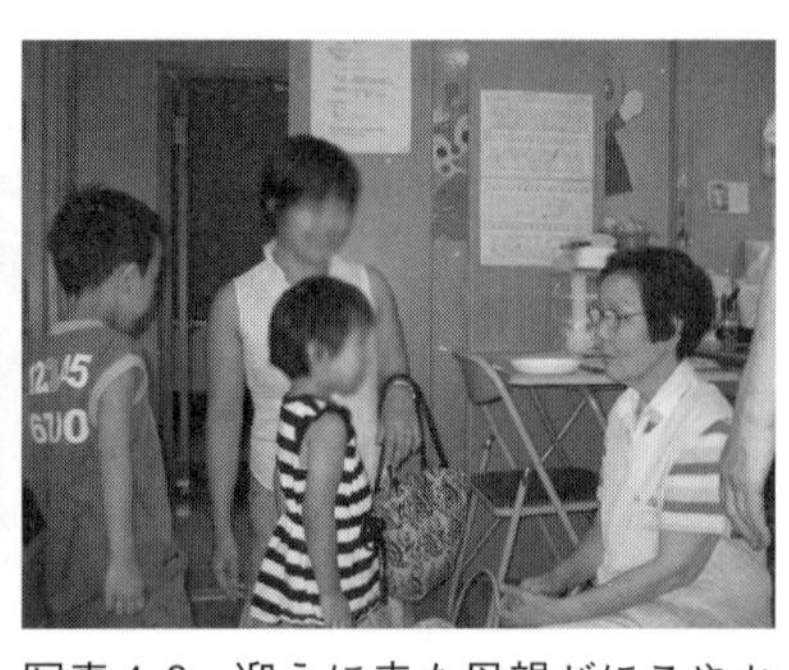

写真 4-2　迎えに来た母親がにこやかに見守るなか、あずかっていた兄妹とお話をするＫ先生

だろう。ここに記して感謝したい。

Ｋ先生は一九三四（昭和九）年、岡山の田舎に六人きょうだいの末っ子として生まれた。家が裕福ではなかったため大学には進学せず、一八歳のときに高校の先生の紹介で、京都にある「お寺の保育所」に就職した。以来、定年まで保育士として同じ職場に勤務し、退職後も六四歳まではフリーの保育士として勤務した。シルバー人材センターに入所したのは六五歳のときで、「また子どもにかかわる仕事ができるなら」との思いで入った。

Ｋ先生は、小柄だが、よく通る声ときびきびした話し方が印象的な女性である。現場にＫ先生がいるだけでみながしゃんとするというか、空気が違うと感じることがある。利用者のなかにもＫ先生のファンは多く、かつて自分自身がＫ先生の教え子であったという母親や、Ｋ先生がいるからピノキオに通っていると答える母親にも何人も出会った。

Ｋ先生とは偶然にも同郷であったこと、また、Ｋ先生もわたしも一八歳のときに故郷を離れ関西に出てきたことなども似ていて、勝手に親近感をいだき、仲良くしていただいた。Ｋ先生は、わたしがピノキオに通いはじめた当初は六八歳で、まだシルバー人材センターでは「若手」のスタッフだった。今、この原稿を書いている二〇二二年には八八歳になっておられる。

なお、K先生とは調査終了後も仲良くしていただき、何度か大学の授業に来ていただき、お話をしていただいたことがある。また、年に一度ぐらいは個人的にお会いして、近況をうかがいがてらランチをしたり、奈良の正倉院展にでかけたこともある。現在はピノキオを離れ、しばらくは学童保育などで子どもにかかわる仕事をつづけておられたが、コロナ禍をきっかけにそれも辞めたとうかがっている。

4　データの限界

なお、ピノキオ調査は、いろいろな意味で限界の多い調査であったことを認めなければならない。

第一に、調査の実施時期について、すでに述べたように、この調査はすでに開始から二〇年、終了から数えても一八年の歳月が経過している。その後もK先生をつうじてピノキオの近況を聞いたり、二〇一〇年にはゼミの学生を連れて訪問調査をさせていただいたりはしたことはあるが、本格的な追加調査はできていない。したがって、これからピノキオの実践について論じることは、基本的には、二〇〇〇年代前半の日本社会における実践についての分析として読まれるべきである。

ただしまた、ピノキオにおける実践の前提となっていた社会の状況には、現代にも通用する部分も大きいと感じている。その点については、第Ⅲ部「二〇〇〇年代以降の変化をめぐって」で、あらためて検討することとしたい。

第二に、質問紙調査の質問項目について、今になって思えば、これも聞いておけばよかったと思う項目がいくつもある。たとえば、スタッフと利用者ともに学歴や収入を尋ねなかったため、暮らし向きについては就労形態や職種などから推測するほかなかった。また、利用者の就労形態について、「フルタイム」、「パートタイム」「無職（専業主婦）」、「学生」の別は尋ねたが、「正規雇用」、「非正規雇用」の別については尋ねなかった。また、データの抜け落ちも多く、本調査の限界と言わねばならない。

第三に、この調査はＫ先生に頼っておこなった部分が大きく、Ｋ先生の目をとおしてみたピノキオの実践という側面がたしかにある。Ｋ先生は前職においても保育士として誇りをもってはたらき、ピノキオにおいても可能なかぎりボランティア精神にもとづき、利用者本位のサービスを提供すべきというかんがえをもっていた。そうではない、たとえば生計を立てるためにはたらかなければならないスタッフにとっては、ピノキオの実践には別の意義もあったかもしれない。

また、利用者を対象とした質問紙調査の実施にあたっては、Ｋ先生をつうじて質問紙を配ってもらったため、Ｋ先生とふだんから親交のある母親や、Ｋ先生がわたし（村田）にとって好ましい利用者とかんがえたであろう、社会経済的階層が高めの母親が多くあつまる結果となった。

以上、調査の限界を認めたうえで、ピノキオの実践について詳しくみていきたい。

第5章　「一時保育」をめぐる困難

はじめに、二〇〇〇年代初頭に「一時保育」と呼ばれる在宅児向けのサービスが広がった経緯と、その利用をめぐる困難な状況について確認しておきたい。

1　日本の保育制度と「母親の就労」という大前提

日本の保育制度は、戦後から現在にいたるまで、明に暗に「母親の就労」を基本的要件としてきた。以下、本書で「保育所」というときには、「児童福祉法」にもとづいて設置された児童福祉施設としての保育所（認可保育所）を意味するものとする。

戦後日本の保育所の入所措置基準の変遷について調べた大日向雅美によれば、一九四七年に「児童福祉法」が制定された時点では、いまだ「保育に欠ける」という表現は使用されていなかった。一九五一年の改正で、はじめて「保育に欠ける」という表現が盛り込まれたが、このときもまだ「保育に欠ける」具体的な事由は、母親の就労に限られていなかった。母子世帯など経済的理由のための就労のほか、社会参加をつうじた自身の成長や女性の地位向上を目的とした就労など、「就労」の解釈は今日よりはるかにゆるやかであった。また、保護者の育児知識の不足や育児経験の不足など、「就労」以外の事由も認められていた。一九五三年以降、徐々にその解釈がせばめられ、一九七六年の中央児童福祉会の答申では、「家計維持のために必須」の場合のみ保育所で対応すべきという方針が示された（大日向 一九八八：一一三―一一五）。

その後、二〇〇〇年代になっても、保育所入所のための第一要件は、「母親の就労」でありつづけた。児童福祉法では、「保育に欠ける」事由の第一に「昼間労働することを常態としていること」をかかげ、入所申請に当たっては雇用されていることの証明が求められる（就労以外の事由としては、「妊娠、出産」、「保護者の疾病、障害」のほかに、「同居親族の介護」、「災害復旧」が認められている）。なお、就労している場合でも、「同居親族その他の者が当該児童を保育することができないと認められ」なければ、「保育に欠ける」とはみなされない（児童福祉法施行令二七条）。

そのように入所の要件として「母親の就労」を問うしくみが撤廃されるのは、ピノキオの調査を行ったよりはるかのち、二〇一七年のことである。同年、「子ども・子育て支援新制度」の制定を受けて児童福祉法の大幅改定が行われ、「保育に欠ける」という文言は「保育を必要とする」に改められた。あわせて、従来入所がむずかしかったパートタイム就労や夜間の仕事、自営業、在宅勤務など、さまざまな働き方をしている人が利用できることとなった。さらに、求職活動や就学、育休中ですでに保育所を利用している子どもがいて継続利用が必要である場合、ＤＶのおそれがある場合なども、利用がみとめられることとなった。

ただしまた、とりわけ都市部など、保育所が恒常的に不足している地域では、結局のところ、多様な就労形態のうちフルタイム就労がもっとも優遇される状況は現在もつづいている。

2　「在宅児を含めた支援」の広がり

このように、制度上、「保育所は働くお母さんのためのもの」という前提が維持される一方で、一九九〇年代以降、少子化問題との関連で、従来育児支援からとりこぼされてきた層を支援するあたらしい動きも出てきた。

日本では、少子化現象そのものはすでに一九七〇年代後半からみられたが、これといって政府による対策はとられてこなかった。一九九〇年に、前年の合計特殊出生率が一・五七を記録し、その数字がいわゆる「ひのえうま」の年の記録的な低出生率を下回ったことから、ようやく政府も重い腰をあげ、「少子化問題」としての取り組みがはじまった。

一九九四年には、文部・厚生・労働・建設大臣の合意によっていわゆる「エンゼルプラン（子育て支援のための総合計画）」が、またその五年後には大蔵・自治大臣が加わり「新エンゼルプラン（重点的に推進すべき少子化対策の具体的実施計画について）」が策定された。

「新エンゼルプラン」では、取り組みの柱のひとつに「保育サービスの拡充」がかかげられ、従来ちからが入れられてきた「働く母親」向けの一連の施策（第Ⅳ部で検討する「低年齢児の受入れ枠の拡大」や「多様な需要に応える保育サービスの推進（延長保育・休日保育・病児保育など）」）とならんで、「在宅児を含めた子育て支援の推進」に取り組まれることとなった。「在宅児」、すなわち専業主婦家庭の子育て支援ニーズが、このように政策的に正式に認知されたのは、おそらくはこのときがはじめてであっただろう。

3 「一時保育」というあたらしいサービス

「新エンゼルプラン」では、具体的に、在宅児向けのサービスとして、地域の子育て支援拠点施設における支援や「ファミリー・サポート・センター」事業などとならんで、「一時保育」に取り組むとしている。「一時保育」は、「専業主婦家庭の休養・急病や育児疲れ解消、パート就労等に対応した一時預かり」と定義され、年間二〇億円の予算を投じ、実施施設の拡大に取り組むとしている。また、一九九九年の時点で全国に一五〇〇ヶ所あった施設を、五年間で三〇〇〇ヶ所に増やすとしている。

その後、二〇〇四年に出された「少子化対策要綱」においても、「一時保育」は、「特定保育」（パートタイム就労など、保育所入所対象とはならない家庭向けの保育）とならんで、推進すべき重要課題の一つにすえられている。「一時保育」と「特定保育」の実施施設はあわせて五九三五ヶ所であったものを、五年間で九五〇〇ヶ所に増やすとしている（厚生労働省 二〇〇四）。

このように書くと、いかにも政府が専業主婦家庭の子育て支援に本腰を入れはじめたかのようにみえるかもしれないが、次節にみるように、認可保育所はあくまで「働く母親」向けの場所であり、保育所運営に支障がないかぎりにおいて、一日一〇名程度の「一時保育」枠を設け、受け入れを行っているのが現状である。二〇〇三年時点で、京都市にある二四九ヶ所の認可保育所のうち、通常保育のかたわら「一時保育」を行う施設は二二ヶ所にとどまっていた。いま、原稿を書いている二〇二二年の時点でも、その数は五九ヶ所にとどまっている。

4　認可保育所における一時保育と「利用理由」の申請制度

ここで、認可保育所における「一時保育」の利用をめぐる困難について指摘しておきたい。

認可保育所における「一時保育」の強みは、保育の質の高さと利用料の安さである。通常保育同様、保育士がかならず一人は常駐している。また、公的財源による補助がうけられるため、地域によって若干のちがいはあるが、たとえば京都市では世帯収入により、一般世帯は一日二一〇〇円、市民税免除世帯は一日八〇〇円、生活保護世帯は無料で利用することができる。

一方、認可保育所の「一時保育」が、使いづらいという指摘もなされている。というのも、第一に、受け入れ枠が少なく、利用はつねに混み合っている。二〇〇五年四月から九月にかけて、京都市内の認可保育所一ヶ所の訪問調査と五ヶ所の電話調査を行ったところ、わずか一〇名の利用枠をめぐって、年間一五〇組の親子の新規登録がある園もあれば、二〇〇組を超える利用待ちの親子がいる園もあった。

第二に、利用するための手つづきの煩雑さがあげられる。認可保育所では、事前に保育所を訪れ利用登録をしたあと、利用の三〇日前に改めて電話で利用を申し込む、二段階の申し込み制度をとっている。そのため、急なニーズには対応することができない。

第三に、認可保育所特有の、「利用理由」の申請制度があげられる。訪問調査を行った私立の認可保育所では、事前の利用登録に際し、住所と氏名、緊急時の連絡先、利用期間、利用日、利用時間帯に加え、「利用理由」の申請が義務づけられていた。利用理由は、「ア　就労・自営手伝い　イ　求職活動・職業訓練　ウ　就学（通学）　エ　傷病（通院・入院）　オ　出産　カ　看護・介護　キ　冠婚葬祭　ク　ボランティア活動　ケ　育児リフレッシュ

児童の体験入所　サ　その他」のなかから一つを選ぶようになっていて、利用者は利用理由によって、「非定型型」、「緊急型」、「私的理由型」のいずれかに分類される。「非定型型」とはすなわち、「短時間労働等による一時的な保育」で、週三日以内の利用が認められる。「緊急型」は「保護者の疾病等による緊急を要す保育」で、月一四日以内の利用が認められる。さいごに「私的理由型」は「保護者の育児リフレッシュ目的の一時保育」で、週三日または月一四日以内の利用が認められる。[1]

このようなやり方で「利用理由」の確認がなされるのは、利用枠に限りがある以上、仕方のないことと思われるかもしれない。しかし、このような制度の存在により、利用者は知らず知らずのうちに、ある種の「呼びかけ（interpellation）」に身を委ねることになる。すなわち、自分にはどのような利用理由があるのかと問うことにより、果たして自分にはサービスを利用するに足る正当な理由があるかどうかを、検分することを余儀なくされているのである。

5　「育児放棄の温床」というまなざし

さらにこの時期、専業主婦の「一時保育」の利用をいっそうむずかしくしていたものとして、専業主婦の託児サービスの利用を「育児放棄」になぞらえる風潮があったことを指摘しておきたい。二〇〇〇年代初頭、日本初の児童虐待防止法の成立に向けて国会で審議がつづくなか、「育児放棄」あるいは「子捨て」といった言葉を用いて、専業主婦の託児サービスの利用を疑わしものとみなす言説が多くみられた。

たとえば、二〇〇〇年六月一日の『読売新聞』の記事では、専業主婦層の一時保育の利用が伸び悩んでいる現状が、つぎのように報じられている。

一時保育の利用は、ほぼ九割が就労、病気などみんなが納得しやすい理由からだ。一方、息抜きや学習など私的な理由では一割程度。保育所は敷居が高い、一時保育の実施園が少ないこともあるが、周囲の視線が険しいため、専業主婦の母親を子育て支援から遠ざけている面もある……（中略）……一日一八〇〇円の利用料をめぐって、夫は「何のために専業主婦で家にいるのか」「お金を使ってまで預けるのか」。かと思えば、「子捨て広場」などとやゆする関係者もおり、子育て支援に手をのばすこと自体を育児放棄とみる発想は根強い。

（二〇〇〇年六月一日『読売新聞』）

同様に、新潟県上越市が運営する「上越市ファミリーヘルプ保育園」を取材した二〇〇二年一二月四日の朝日新聞の記事では、「自治体運営の「無認可保育所」は県内初。乳幼児を二十四時間保育を含めて一時的に預かってくれるのは画期的なサービスだ。全国的にも注目を集め、各地の自治体から視察に訪れている」と持ち上げつつ、記事の後半では、「一方で、手軽に利用できることから本来の目的である緊急時以外に利用するなど、いわゆる『育児放棄』の温床になってはいないのだろうか」という疑問が口にされる。そして、記者の問いかけに対し、同園園長はつぎのように答えている。

利用目的を書いてもらっているので『育児放棄』はないはずです。仕事が理由の場合、勤務先の証明書を出してもらっています。ただ、厳密に審査しているわけではなく、あくまでも利用者のモラルに任せています。しかし、育児ノイローゼなど悩みから生じる放棄は無視できません……（中略）……今の仕事を否定するような言い方ですが、子供に

（i）二〇一二年六月に、当該の認可保育所のホームページで一時保育の利用方法を確認したところ、二〇〇五年調査時の内容と変化はなかった。

とってはやはり親に限らず慣れた人と一緒に居るのが一番です。社会は変化しているので、古き良き時代に戻せとは言いませんが、子育てをサポートし合える地域社会づくりをもう一度考え直すことも大切なのでは。本来は「ヘルプ保育園」が存在しないですむ社会が理想だと思うのです。

（二〇〇二年一二月四日『朝日新聞』）

このように園長は、記者からの「育児放棄の温床」という批判をかわすため、利用者には、切羽詰まった事情のある者（就労や育児ノイローゼ）とそうでない者（育児放棄）がいるとしたうえで、自分たちの園では就労証明書を出してもらうなどして、利用理由を確認しているから大丈夫だと答えている。また園長が、「子供にとってはやはり親に限らず慣れた人と一緒に居るのが一番」と、まさしく自身の仕事を否定するような発言に追い込まれていることも印象的である。

そうした言説は、サービスを提供する側だけでなく、利用する側の語りにおいてもみることができる。たとえば、自宅で一歳七ヶ月になる娘を育てているという二七歳の女性は、二〇〇六年、インターネット上の掲示板に、「一時保育について教えてください」というタイトルで、つぎのような書き込みをしている。

質問なんですが、当然お願いするとき理由を聞かれるでしょう？　主人は仕事からの帰宅がどうしても遅く、私自身が滅入ってしまうので、正直言って気分転換したいんです。一冊雑誌かって、私のお気に入りのガーデンカフェでアメリカンを一杯飲む。気分がスッキリしたら、さあ！美味しいお昼つくってあげて、娘を迎えに行って……。一〇：〇〇から二時間だけで良いんですけど……こんなのって理由になります？　育児放棄だの、怠惰だの、あるいは虐待なんていわれませんか？　迎えに行った後の保母さんの視線が気になって……。(ii)

このように、質問者の女性は、やはり「育児放棄」や「虐待」といった言葉を用いて、託児サービスの利用にまつわる不安を語っている。

これからみていくピノキオの実践は、このように、支援する側もされる側も、専業主婦の託児サービスの利用に未だ確信がもてないでいる、そうした二〇〇〇年代初頭に特有の言説的状況のなかで生まれた実践であることを、まずは確認しておきたい。

(ii) http://doujinkai.or.jp/czg.html（二〇〇六年アクセス）。

〈コラム〉　イギリスの保育制度

日本では長らく、保育所は「共働き家庭の子ども」のための福祉施設と位置づけられ、保育所の入所申請に際し、親、とくに母親の就労状況を問う仕組みが維持されてきた。しかし、ところ変われば、公的保育にまったく異なる意味付けが与えられ、入所に際し、母親の就労状況が問われない社会もある。

イギリスは、そうした社会のひとつである。イギリスではもともと、日本同様に、貧困地域にソーシャルワークの目的で保育所が設置され、主には労働者階級の家庭の子どもの世話を担ってきた。また、かつては保育所と幼児教育（幼稚園）の二本立てで就学前児童にケアを提供してきた点も、日本と似ている。

それが大きく変化したのは、一九九〇年代以降である。一九九七年の総選挙で一八年ぶりに政権の座に返り咲いた新労働党政権のもと、公的保育は一部の恵まれない子どものためのサービスから、すべての家族と子どもを対象とした、「普遍的なサービス（universal service）」へと位置づけが変化した。背景には、EU随一と言われたイギリスにおける子どもの貧困問題や、子どもの虐待・ネグレクトの問題を、家族への早期の支援的かかわりをつうじて予防しようとする、あたらしいアプローチの登場がかかわっている（村田 二〇二二）。

具体的に、新政権のもと、全英二五〇ヶ所の最窮乏地域に「シュアスタート・チルドレンズセンター」と呼ばれる拠点施設が建てられ、センター内に設置された保育所での無償保育を軸に、家族と子どもへの包括的なサービスが提供されることとなった。また二〇〇四年以降は、同事業は全英に拡張して実施された。

あわせて、幼児教育と保育の区分も見直され、両者は「幼年期（Early Years）」というあたらしいくくりのもと、〇歳から五歳までの、年齢ごとの学習面・発達面・ケア面における基準に沿って、一元的なものとして扱われている。また、Ofsted と呼ばれる政府機関をつうじて、すべての保育施設（チャイルド・マインダーなどの個人家庭における保育も含む）の安全性や質の監査も実施され、結果はすべて公表されている。その意味で、イギリスには「認可外」保育施設が存在せず、すべての保育施設は「認可」されたものとなっている。

また、保育料について、イギリスでは一九九八年より段階的に無償化が実施され、現在ではすべての三・四歳児が、親の就労状況にかかわらず、週に一五時間の無償保育を受けられるようになっている。保育無償化と言っても、年齢制限と時間制限があり、保育時間は日本の保育所に比べ、みじかい。

興味深いのは、女性の就労の捉え方で、かつてはイギリスでも、ミドルクラスを中心に、子どもが小さいうちは母親が家にいて、子育てに専念すべきという規範があったが、このあたらしい制度のもとでは、逆に、「就労からの排除」は人生最大のリスクとみなされ、とりわけシングルマザーには就労がつよく促される。二〇一四年以降はあらたに、年収一六、一九〇ポンド（二四〇万円）以下の家庭の子どもについては、二歳から前倒しで無償保育を受けられるようになった。この、二歳からの集団保育の取り組みは、言語や社会性の発達面で不利な立場に置かれやすい移民や貧困家庭の子どもたちの教育に、大きな効果をあげている。

なお、日本でも二〇一九年一〇月より幼児教育・保育の無償化が開始されたが、日本の場合、基本的にはすでに保育所を利用している層のみを支援する内容となっており、イギリスのように「すべての子どもの普遍的権利」という位置づけにはなっていない。したがって、主に「共働き世帯の子ども」が利用する認可保育所では全三・四歳児が無償化の対象となるが、「共働き世帯の子ども」と「専業主婦世帯の子ども」がともに利用する認可外保育施設では、利用者のなかに無償で利用できる子どもと有償で利用する子どもが、入り交じるという事態が生じている。

こうしてイギリスの制度と比較してみると、日本の制度が、「保育所は共働き家庭の子どものための福祉施設」という旧来的なパラダイムから抜けきっておらず、無償化が行われたのちも、いまだ本当の意味で、小さい子どものいるすべての家族が安心して使うことのできる、「普遍的サービス」にはなっていないことに気づく。

第6章　高齢女性による託児への期待とその背景

つづいて第6章では、そのように専業主婦の託児利用に疑いのまなざしが向けられる状況にあって、メディアや政策言説においては、ピノキオの実践が奇妙に美化して語られていることを確認する。「ばぁば」による託児は、現代家族の危機を救ってくれる、魔法の薬であるかのようだ。

しかしまた、現場において実際に提供されているサービスは、そのように美化して語られるものとはまた異なっていることも事実である。「ピノキオ」におけるサービスが、大方の予測をうらぎり、利用者のプライバシーに最大限に配慮した、近代的側面をもつことを指摘したい。

1　新聞記事にみる、「ばぁば」による託児への好意的まなざし

はじめに、わたし自身がピノキオを知るきっかけにもなった、地元メディアによるピノキオの記事をみていきたい。(社) 京都市シルバー人材センター北部支部職員のTさんによれば、二〇〇二年五月三一日の開所から八ヶ月で、新聞のべ七回、ラジオのべ三回、テレビのべ三回の取材を受けた。

表6-1は、Tさんから提供いただいた新聞記事に、二〇〇二年五月から二〇〇五年二月のあいだにわたし自身が収集したものを加えた、計一二件の新聞記事の見出しと記事内容を抜粋してまとめたものである。

これら新聞記事におけるピノキオの語られ方には、いくつかの決まったパターンをみてとることができる。

まず、ほぼすべての記事で、保育スタッフである「ばぁば」の知恵や経験に光が当てられ、「ばぁば」による託児は、「ゆったり子育て」や「慣れた手つき」、「優しい笑顔」、「ゆとり」、「経験豊富」、「ベテラン」など、余裕があり、あたたかく、信頼のおけるものとして好意的に描写されている。また、「ばぁば」による託児を特徴づけるものとして、「牛乳パックやビニール袋を再利用した手作りのおもちゃ」や「すごろく、めんこなど昔のおもちゃ」などがあげられている。

また、興味深いことに、保育者である「ばぁば」と利用する子どもとの関係性は、しばしば本物の祖父母―孫関係になぞらえて語られている。子どもたちは保育者に「『ばぁば、ばぁば』と甘え」、また保育士も「自分の孫のように可愛がって」いると書かれた記事もあれば、子どもを預ける母親の声として、「本当のおばあちゃんに預けているよう」という声を紹介する記事もある。

あるいは、ピノキオにおける保育者と子どもの関係性を、むかしながらの村落共同体における「自然な」助け合いの再現とみる記事もみうけられる。「おばあちゃんが地域の子供をみるのは、昔は普通だった」、「おばあちゃんが地域の子どもをみる――。昔は自然だったことが、見直されている気がしました」、「昔なら家にいるおばあちゃんやおじいさん、または近所の人に面倒を見てもらうこともできましたが、最近では核家族化で難しくなっているようです」。これらの記事においては、「ばぁば」による託児は、地域におけるある種の「親密財」として語られている。

表 6-1　ピノキオを取材した新聞記事一覧

記事番号	新聞・雑誌名	見出しと記事内容の抜粋
1	朝日新聞 (2002年5月19日)	見出し：ばぁばの知恵 生かしたい　ゆったり子育てお手伝い 「低料金で安心」が魅力 記事内容の抜粋：子供への虐待事件が相次ぐ中、「年寄りの知恵が役に立たないか」と、センター会員で一年前から検討してきた／スピード重視の世の中で、おばあちゃん的なゆとりで接したい／おばあちゃんが地域の子供をみるのは、昔は普通だった。そのよさが見直されている。各地で広がりそうだ
2	京都新聞 (2002年5月28日)	見出し：京都市シルバー人材センター 一時託児所を31日開設 記事内容の抜粋：経験豊富　スタッフ40人 “保母さん”はおばあちゃん／子や孫を育てたり、保育園や幼稚園で長年働いたりした経験豊富な「おばあちゃん」ばかり。メンバーは「子供を預かるだけでなく、育児に悩むお母さんたちの相談にも応じられる場にしたい」と意気込んでいる／牛乳パックやビニール袋を再利用した手作りのおもちゃ、すごろく、めんこなど昔のおもちゃも用意した／元保育士の小林市子さん(62) ＝西京区＝は「子供を預かってくれる知り合いや親類がいない場合のおばあちゃん代わりになりたい」と話す
3	京都リビング (2002年6月29日)	見出し：リフレッシュしたいお母さんの強い味方！　安心して利用できる託児サービスが増えてきました／経験豊かな“おばあちゃん” 記事内容の抜粋：手作りのオモチャが並ぶ明るい部屋で、“おばあちゃん”たちが慣れた手つきで赤ちゃんをあやしたり、子どもと遊んだり
4	読売ファミリー京滋版 (2002年7月10日)	見出し：夏休み、ワーキングママに心強い手助け　保育ボランティア活躍“ばぁば”の豊かな経験生かす シルバー人材センター 記事内容の抜粋：60歳以上の人の経験を生かして、子育ての手伝いをする託児所。実施しているセンターは全国で4か所、近畿では京都市だけだが、需要の声が大きく、準備を進めるセンターも多い／“ばぁば”の優しい笑顔に子どもたちはすぐなじむ。夏休みになると小学生のお兄ちゃん、お姉ちゃんが仲間入りする
5	日本経済新聞 (2002年8月4日)	見出し：保育施設で働く高齢者　人生経験、育児に生かす　子供と接し心に張り 記事内容の抜粋：人生経験や育児経験を活かし、幼児たちの「おじいちゃん」「おばあちゃん」として保育施設で働く高齢者が登場している／京都市ではシルバー人材センターが一時預かり事業を始め、登録した女性がスタッフになって子供の面倒をみている。いずれも報酬はわずかだが、社会貢献しているという充実感を味わっているようだ／育児経験が豊富な女性会員の力を生かせば、母親と子供両方の心を受け止められる場をつくれると思った／特にピノキオは、保育園ではカバーできない親の急な外出に対応するなど、保育システムに開いた穴をふさぐ役割も果たしている。両者とも、親や社会のニーズとやりがいを求める高齢者の意欲を無理なく両立させているといえそうだ
6	朝日新聞 (2002年8月20日)	見出し：孫世代の世話お助け　シルバー人材センター、地域に派遣へ 記事内容の抜粋：厚生労働省は少子化対策として、高齢者に短期の仕事を提供する全国のシルバー人材センターを活用し、働く親の子育て支援に乗り出す／高齢者の経験・知識を活用した地域活性化にもつなげる考えで、来年度予算に約17億円を要求する

7	朝日新聞 (2002年11月21日)	見出し：不況下、受注額ぐんぐん　シルバー人材センター　知恵の宝庫　育児から講師まで 記事内容の抜粋：大阪府橿原市シルバー人材センターの子育てヘルパー……（中略）……台所仕事から掃除、スイミングスクールの送迎まで、まさにおばあちゃん役。共働きの妻千恵子さん（45）は「いてもらったら安心です」。小西さんも「孫の世話をしているみたいで」と笑った／京都市では５月から、シルバー人材センターの施設内に「託児所」を設けた……（中略）……共働きの若いお母さんの中には「留守中、他人が家に入ることに抵抗がある」との声もあり、開設に踏み切った
8	ニュースレター京まち工房 No.21 (2002年12月)	見出し：ばぁばの笑顔が子どもを見守る 記事内容の抜粋：なんといっても特徴的なのは、シルバー人材センターの会員である60歳以上の女性が子どもの面倒を見てくれることです。経験豊富な「ばぁば」なら安心とお母さんの信頼も高いようです／子育て中のお母さんが一番苦労するのは突発的な用事で子どもを見てもらう必要ができたときです。昔なら家にいるおばあちゃんやおじいさん、または近所の人に面倒を見てもらうこともできましたが、最近では核家族化で難しくなっているようです
9	生活情報誌マイシティーライフ (2003年２月 No. 171)	見出し：子ども預かります 記事内容の抜粋：１日平均5.4人の子供さんを、常に２人以上の会員さんがお世話されています。共働きの若いお母さん方からは、『本当のおばあちゃんに預けているよう』と大変に好評で、また会員さんも『孫の世話をしているよう』と毎日張り切っておられます
10	京都リビング (2003年３月８日)	見出し：“孫の子守”を楽しむ方法 記事内容の抜粋：へとへとにならないよう、“おばあちゃん”流をあみだそう！／手作りのおもちゃを使うのもおばあちゃんならではの子守の秘けつです
11	京都新聞 (2004年９月７日)	見出し：シニア子育て支援 記事内容の抜粋：「60歳過ぎた女性が子育てに関わるケースが、京都市内で増えている。子育ての経験豊かなベテランが、子どもの成長や若い母親の育児に一役買い、子育てを通して輝きも取り戻している」
12	朝日新聞 (2005年２月１日)	見出し：ばぁばの経験　子育てを支援　一時預かりの人気上々　見直される昔流 記事内容の抜粋：訪れたのはお昼過ぎ。５人の会員が１～３歳の子ども７人の世話をしていた。一緒にパズルをして遊んだり、眠くなった子どもをおぶったり、ベッドに寝かしたり……。子どもたちは「ばぁば、ばぁば」と甘えていた／施設を訪ねると、子どもたちがセンターの会員さんになついている姿が目に飛び込んできました。会員さんも自分の孫のように可愛がっています。おばあちゃんが地域の子どもをみる――。昔は自然だったことが、見直されている気がしました
13	読売新聞 (2008年５月12日)	見出し：子にも母にも「ばぁば」優しく 知恵袋は“現役” 記事内容の抜粋：部屋を駆け回る子どもたちを、ピンクのエプロンを着けたおばあちゃんたちが目を細めて見守っている。「ばぁば、ばぁば」。おばあちゃんたちに駆け寄ってきた子どもたちは、その手に抱かれ、眠り始めた／「すぐに子どもが打ち解け、びっくり。近くに両親がいないので、私も「ばぁば」に甘えたい気持ち」／幼いころに感じた祖母のぬくもりを思い出し、日々健康に、仕事に励める我が身に感謝した

（(社) 京都市シルバー人材センター北部支部職員Ｔさんの協力による）

2　政策言説にみる、高齢女性による託児への期待

このようにメディアにおいて「ばぁば」による託児が良きものとして語られる背景には、歴史上、日本社会において、（子どもからみた）祖父母、とくに祖母が、子育てにおいて大きな役割を果たしてきたことがかかわっている。しかしまた、現代社会では、祖父母頼みの育児支援ではもはや立ち行かない状況となっていることは明らかで、にもかかわらず、政府は高齢女性による託児に過大とも言える期待を寄せている現状がある。

日本の古きよき伝統としての「高齢女性による託児」

戦前の、農耕をもととする社会においては、老若男女、働ける者はみな畑に出て働くのが一般的で、年を取って働けなくなった者が、小さい子どもの世話をすることは当たり前の風景だった。

また、血縁関係のある者ばかりではない。戦前の村落共同体における産育にまつわる習俗をしらべた民俗学者の大藤ゆきによれば、「生まれてくる子の周囲には、生みの父母をはじめとして、一族一村、すべてその生存を承認しようと待ち受ける者で満ちていた」。そこでは、親族はもちろんのこと、産婆や名づけ親、拾い親、乳つけ親など、多種多様な疑似的な親子関係がむすばれ、子どもの生育を見守った（大藤　一九六八）。

また、戦前の日本文学には「乳母もの」と呼ばれるジャンルがあるが、夏目漱石の『坊ちゃん』における「清（きよ）」や太宰治の『津軽』における「たけ」のように、子どもの守りとして雇われた高齢の女性が子どもと親密な関係をはぐくみ、子どもが成長したのちも親密な交流をつづけることは珍しいことではなかった。

戦後、社会が近代化し、核家族化がすすんだのちも、祖父母は長いあいだ、子育て支援の重要な与え手でありつ

づけた。一九七〇年代ごろまでは、いまだ七割を超える高い同居率を背景に、育児や介護は社会的にサポートせずとも、家庭内でまかなうことができた。

一九八〇年代半ばに落合恵美子が兵庫県で実施した核家族の育児援助にかんする調査でも、三世代同居が多い郡部のみならず、核家族が多い都市部においても、祖父母が子育てにおいて闊達な支援を提供している現状が明らかになった。具体的に、郡部では、二歳未満児のいる家庭の五割強が夫方祖父母と同居、一割が妻方祖父母と同居し、支援を受けていた。また同居の少ない都市部でも、四割強が妻方・夫方いずれかの祖父母と車で三〇分以内で行き来できる距離に近居し、闊達に支援を受けていた（落合 一九八六）。

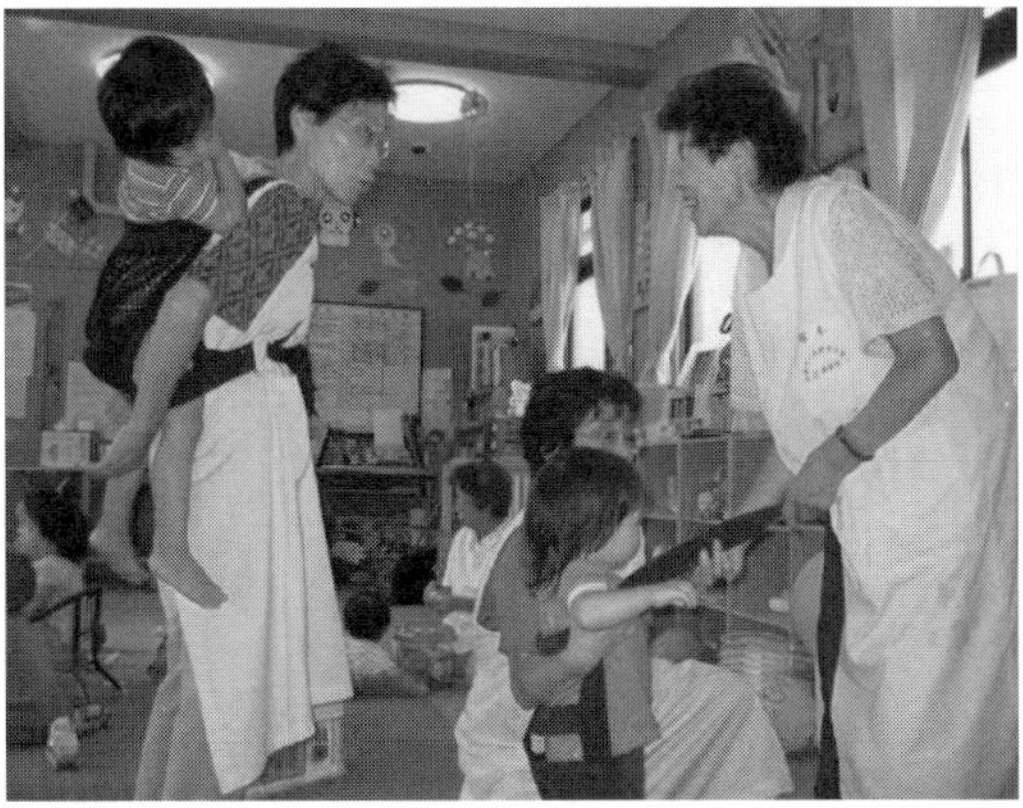

しかしまた、その一方で、落合の調査では、かつてはきょうだいやいとこ、おじおばなど、多様なメンバーから構成されていた親族による支援的ネットワークが祖父母に極限化していること、また、都市部を中心に、近くに頼ることのできる親族がいない、「完全孤立核家族」も出てきていることなど、いくつかの気になる兆候が示されていた（落合 一九八六）。

そうした状況は、ピノキオの調査を実施した二〇〇〇年前後には、いっそう深刻なものとなっている。

『日本の家族 一九九九～二〇〇九 全国家族調査［ＮＦＲＪ］による計量社会学』によれば、二〇〇〇年代以降、生活に困りごとがあった際に、「定位家族」すなわち生まれ育った家庭の親やきょうだいに頼るひとが増えている。男女ともに若いうちは、困りごとがあったときには親

写真 6-1　保育の様子

やきょうだい（とくに親）に頼ることが多いが、男性は結婚すれば妻から世話的サポートを受けるようになるのに対し、女性は結婚後も、家事や育児などのケアを遂行するうえで生じるさまざまなニーズを満たすため、親に頼る傾向が強い（大日・菅野 二〇一六：八七）。それは裏を返せば、親以外の社会的サポートがないことを意味している。

同様に、家族社会学者の松田茂樹は、二〇〇三年から二〇〇七年にかけて首都圏と愛知県で育児サポートにかんする調査を実施し、首都圏で〇歳から三歳の子どもを育てる母親の約四割が、親族のほかには、外出する際などに子どもの世話を頼める人がいないことを明らかにした。さらに、首都圏・愛知県ともに、〇歳から三歳の子どもを育てる母親の七人に一人が、親族を含め、外出する際などに子どもの世話を頼める人が一人もいなかった（松田茂樹 二〇一〇：九八―一〇〇）。

これらの実証的な調査結果が示すように、現代社会では、「高齢女性による託児」は、子育てにおいてほかに頼れる先がないなかの、最後の切り札となってきつつあり、その切り札さえもたないひとも増えている。

政策言説にみる期待

にもかかわらず、政策言説においては、「高齢女性による託児」に、相変わらず現代家族の危機を打破する「特効薬」としての役割を期待する動きがみられる。

すでに一九七〇年代末より、七割を超える当時の高い同居率を背景に、育児や介護など福祉分野における高齢者のはたらきを日本社会の特質・強みとみなす言説はでてきていた。昭和五三（一九七八）年版の『厚生白書』では、老親と子の同居は「我が国のいわば『福祉における含み資産』」であるとして、「諸条件が整えば、それは核家族にはない家庭機能の安定に寄与するとともに、同時に老人にとっても生きがいと安心につながるものである」という見解が打ち出された（厚生省 一九七九）。

そうした「日本型福祉社会」の理想は一九八〇年代をつうじて維持されてきたが、介護分野では、二〇〇〇年の介護保険法の成立を機に、ようやく国費による介護負担の一歩がふみだされることとなった（落合二〇一八）。

それに対し、育児分野では、高齢女性にケアの担い手としての役割を期待する動きはなくなっていない。たとえば、一九九四年に労働省の補助事業としてはじまった「ファミリー・サポート・センター」事業は、地域に住まう子育てを終えた女性が、「有償ボランティア」として、子育てや介護で忙しい世代の家事や育児のサポートを担う仕組みである。もともとこの事業は、一九八〇年代に、子育てを終えた女性の能力をどのように活用するかという課題と、また、地域における相互扶助機能の衰退にともない、都市部核家族世帯の子育てや介護をどのように支援していくのかという二つの課題を同時に解決する秘策として、労働省によって考案されたものだった（東根 二〇一三：一一四）。その後、一九九九年の新エンゼルプランのもと、「ファミリー・サポート・センター」事業はあらたに「地域において子育ての相互援助活動を行う会員制の組織」と位置づけられ、拡充が図られることとなった。

また、時代は少しあとになるが、二〇一五年に発足した第三次安倍内閣は、少子高齢化対策の一環として「三世代同居」を推進する方針を打ち出した。そこでは、ふたたび臆することなく「家族による支え合い」がうたわれている。具体的には、三世代同居を希望し、三世代同居に対応する木造住宅を建てた人にたいし、（木造住宅の整備に対する補助に上乗せするかたちで）一戸当たり上限三〇万円の補助金が、リフォーム工事の場合には上限五〇万円の補助金が支給される。また、賃貸の場合でも、子育て世帯がUR賃貸住宅で支援してくれる親族と近居する場合、家賃を五年間、二〇％割引いてもらえることとなった（内閣府二〇一六）。

そうした動きは、近年、かずかずの社会調査において報告されている、子育て家族の「血縁回帰」ともいうべき傾向を、政策的に後押しするもののように思われる。第1章でみたように、二〇〇〇年以降、生活において困りごとがあった際に、実家に頼ると答えたひとが増え（大日・菅野 二〇一六：八七）、また、同居や近居の祖父母、とりわけ祖母による子育て支援に頼るひとが増えている（西村・松井 二〇一六）。

しかし、そうした「血縁回帰」の傾向は、見方を変えれば、そもそもほかに頼る先がないから、やむなく親族に頼っているとみることもできる。すでに一九八〇年代から、都市部を中心に、近くに頼ることのできる親族がいない、いわゆる「孤立核家族」の存在が指摘されてきた（落合 一九八六）。近年、複数の研究において、その深刻化が報告されている（原田 二〇〇六、松田茂樹 二〇一〇）。そのような現状にあって、政策として、地域の高齢者を動員した「相互扶助」や「親族」による支援を推進することの意味はなんだろうか。それによって、現行の保育制度の改革という重要な仕事が、またしても先延ばしにされているのではないか。

作家のよしもとばななは、雑誌『marie Claire』に二〇〇四年に掲載されたインタビュー記事で、祖父母と住む、あるいは近所で助け合うといった、むかしながらの親密圏を復活させようとする動きについて、作家らしい言葉で、つぎのように違和感を表明している。

> 人間って過去には戻れないものです。個人史ではなく、社会的な意味ですが。たとえば祖父母と一緒に住んで、近所の人と親しくお付き合いして、という過去の家族の形態に戻ることは無理なんですよ。無理にやろうとしている人たちもいるけれど、わたしには古く見えるんですね。なにか目をつぶっているような気がしてならない。
>
> （よしもと 二〇〇四：四六）

わたし自身、「ばぁば」による託児に対し、直感的に「いい！」と感じた自身の感覚のなかに、過去へのノスタルジックな憧れがあったことを認めなければならない。実家を離れて子育てをしていると、どうしても、保育所の送迎などでおばあちゃんの手が借りられる人をうらやんでしまうことはあるが、かといって、今さら「三世代同居」

がしたいかと言えば、答えはノーである。

ピノキオの実践においても、その実践の最良の部分は、じつは、「むかしながらの」やり方にあるのではなく、むしろ現代のニーズに合わせて、あらたに発案された部分にあるとわたしは考えている。以下につづけてみていきたい。

3　「ばぁば」による託児所の誕生

ここからは、ピノキオにおいて提供されているサービスの具体的な中身に目を向け、それが、いかに「むかしながら」というイメージを裏切り、近代的な配慮に満ちているのかを確認したい。

はじめに、ピノキオの母体である（社）京都市シルバー人材センターの活動内容と、ピノキオ設立の経緯を確認する。

シルバー人材センターは、日本に百余りある高齢者団体の筆頭に掲げられる団体である。その前身は、いわゆる「老年期」が長引くなか、一般就労をしていない高齢者に就労機会を提供することを目的として設立された「高齢者事業団」で、一九八〇年代以降は国の補助のもと活動している。調査時（二〇〇一年度）の全国のセンター数は一七〇〇ヶ所、会員数は六八万人で、国の助成額は一四〇億円に上っている。政府と自治体が資金を半分ずつ出し合い、事業所や個人から請け負った仕事を「会員」と呼ばれる高齢者にまわす活動を行っている。

その京都支部にあたる（社）京都市シルバー人材センターでは、他センター同様、「会員」として登録した四〇〇〇人ほどの男女高齢者に、これまでもさまざまの仕事を提供してきた。センター職員のTさんによれば、男性会員には「草取り」や「庭木の剪定」、「駐車場管理」といった軽作業を中心とする仕事が、女性会員には「福祉・家事援助サービス事業」と呼ばれる在宅の仕事がわりふられることが多かった。「福祉・家事援助サービス事業」は、ひとことで言えば「主婦業の代行」のような仕事で、掃除や炊事、子守り、病院の世話など、おおよそ一般的な主婦がする仕事のほとんどが含まれる。

そうしたなか、あらたに託児所を設置する動きが出てきたのは、一つには、センターにおいて、在宅での子守りサービスの利用が伸び悩んでいたことがかかわっている。職員のTさんによれば、当時、在宅での子守りは「会社経営者やお医者さん」など富裕層か、もしくは母子ひとり親世帯など福祉的ニーズのある層にかたよっていた。また、近年、他人に家のなかに入られることを好まない母親が増えていること、密室育児への不安があることなどから、従来の「子守り」に代わる、あたらしい方法が模索されていた。

その一方で、会員たちのほうからも、「子育てに悩むお母さんたちを助けたい」、「自分たちにできることはないか」という声が上がっていた。こうして二〇〇一年七月、両者の思惑が一致するかたちで、託児所の設置に向けて動き出すこととなった。同種の事業を行っている他府県センターの視察をへて、九月には、準備委員会である「子育て委員会」が発足した。保育経験のあるK先生が委員長を務め、ほかに、保育の有資格者や教職、ベビーシッターの資格を持つ人など、女性ばかり一〇名があつまった(1)。

なお、開始から数年間は、ピノキオの事業は、会員による「自主事業」として行われることとなった。自主事業とはすなわち、会員有志によって営まれる、ボランティア事業ということを意味している。そのため、シルバー人材センターが実施する通常の事業とは異なり、運営や保育にかかわるあらゆるルールを、スタッフ同士で一から話し合って決めていくこととなった。

「子育て委員会」はあわせて一四回開催された。Tさんからいただいた「子育て委員会」の資料からは、「当センターの一時預かりとしての特色を考案する」、「一時預かりの運営形態について検討」、「名称決定『ばぁばサービスピノキオ』」、「利用申込書作成」、「近隣医師への協力お願い」など、毎回議題を決めて検討をかさねた様子をみてとることができる。

また、講師を招いて、スタッフのための保育講習会も開催された。やはりTさんからいただいた講習会資料をみると、利用者は、「自分たちと違う世代に育った今の母親」であることが強調され、「母親の話を聞くことが成功の鍵」、「説教するのはタブー」、「母親の良いところを誉め、心のケアをする」、「若い母親の心を癒し、楽しい気持ちにしてあげることが出来なければ駄目」など、接する際のポイントが挙がっている。なお、第一回講習会には三三名のスタッフが参加した。

4　活動が軌道にのるまで

こうして約一年間の準備期間を経て、二〇〇二年五月三一日、無事に「ピノキオ」の立ち上げにいたった。当時の様子をK先生は、「保母経験は長いけれど、事業立ち上げの経験はないので、もう無我夢中」だったとふり返っている。

なお、立ち上げ当日はPRが不十分だったこともあり、利用者は一名しかいなかったらしい。その一名も、スタッフの知り合いの母子だったらしい。

その後、活動が軌道にのるまでの約一年のあいだ、ピノキオの活動は、K先生をはじめとする会員有志のボランティア的献身によって支えられていた。当時をよく知るスタッフは口をそろえて、K先生の貢献が大きかったと

（ⅰ）法律上、託児事業を行うには保育士または看護師が常駐する必要があり、保育士の確保に苦労したという。

語っている。早朝や深夜の申し込みがあったときなど、なかには「家のこと」を理由に就労をしぶるスタッフもいたが、K先生はひとり暮らしで時間の融通がききやすかったこともあり、いとわず引き受けた。また、K先生はシフトのはいっていない日でも、毎日のように自転車で来ては、建物の周囲を掃いたりしていたという。

加えて、報酬面においても、初期の活動はやはり「ボランティア的」側面がつよかった。通常のシルバー人材センターの「在宅子守り」であれば、一時間七五〇円という決まった報酬が支払われ、交通費も出るのに対し、ピノキオでは、月ごとの売り上げ（利用料）をもとにスタッフの報酬を算出する仕組みが取られ、交通費も出なかった。開所した月、スタッフが受け取った報酬をこっそり教えていただいたが、まさに「ボランティア」というべき金額で、そのような状態が一年ほどはつづいたという。

そうした賃金体系のあり方をめぐっては、当然のことながら批判も存在する。たとえば社会学者の上野千鶴子は、育児や介護といったケア労働は骨の折れる仕事であるにもかかわらず、「もともと女が行ってきた無償労働だから、つまり利用者から見ればタダで手に入るはずだったサービスだから」（上野 二〇〇五：九七―九八）という理由で、不当に賃金が低くおさえられる傾向にあると指摘している。たしかに、システム全体の改革という観点からすれば、ピノキオやファミリー・サポート・センターにおいて提供されている一時間数百円という安価なサービスは、低賃金での就労をいとわない高齢者をはたらかせることで、従来の賃金設定をくずさぬまま、保育分野における人手不足の問題を切り抜けようとするものとみることもできるだろう。

ただしまた、ピノキオの実践を、ただたんに「高齢者のやりがい搾取」として片づけるのであれば、大事なものを見落としてしまうだろう。K先生らスタッフは、「わたしたちが犠牲になっても、保護者の方を助けてあげましょうという熱い思い」をもって活動を立ち上げ、その独自のサービスをつうじて、あたらしい社会的価値を創造することをこころみている（くわしくは次節以降、論じる）。

なお、その後は地元メディアによる好意的な報道のお陰もあり、順調に利用者も増えていった。わたしが調査を開始した二〇〇三年四月には、日によって、あるいは時間帯によって、予約がいっぱいで、電話がかかってきても受けられないこともあるほどだった。スタッフの報酬も、二〇〇三年暮れごろには「在宅子守り」とほぼ同じ水準の金額が支払われるようになっていた。ピノキオの活動はそのころまでに軌道にのり、地域のなかで一定の役割を果たすようになっていたと言うことができる。

5　ピノキオの特色――利用者本位のサービス

つづいてここからは、ピノキオにおいて提供される「一時保育」（ピノキオでは「一時預かり」と呼んでいる）のサービス内容を確認しておきたい。

ピノキオは、保育施設の種別でいえば「認可外保育施設」で、制度上は「ベビーホテル」に分類される（ただしピノキオでは宿泊をともなうサービスは行っていない）[ii]。

通常、認可外というと、安全面などでマイナスのイメージがもたれやすい。認可外施設は設置にあたり自治体による審査を経る必要がなく、自治体による補助の対象外となっている施設も多い。また、監査はおこなわれるものの、保育従事者の資格要件や保育室等の面積基準も認可施設にくらべゆるやかに設定されていることなどから、保育の質を心配する声もあがっている。

(ii) 認可外保育施設には、ベビーホテルのほかに、自治体が運営する認証保育施設や企業内保育所、院内保育所、ベビーシッターなどの訪問保育事業などが含まれる。

内閣府が公表している教育・保育施設における子どもの事故統計によれば、件数は多くないが、死亡事故の多くが、認可外保育施設で起きている。平成三〇年の時点で認可・認可外あわせて約二三〇万人の児童が利用しており、死亡事例は九件、うち四件が〇歳児、四件が一歳児の午睡中の事故で、うち八件は認可外施設で起きている（内閣府子ども・子育て本部 二〇一九）。

しかし、その一方で、認可外施設には、認可施設にはみられない運営面での自由さがある。二〇一二年から二〇一三年にかけて、心理学者の桂田恵美子らとともに兵庫県西宮市・宝塚市で認可外保育施設の調査をおこなった際にも、公的補助が受けられないため資金面できびしい状況におかれるなか、認可外であることの強みをいかし、子どもの送迎やピアノ・体操・英会話等のレッスン、「お受験」のサポートなど、認可にはみられない、手厚いサービスを提供している施設が一部にみられた（桂田・村田・高橋 二〇一四）。

ピノキオもまた、そのように、特色のあるサービスを提供している認可外保育施設のひとつである。そのサービスの一番の特徴は、「ばぁば」と呼ばれるシルバー人材センターの女性会員が保育をになう点である。そのうち一人は、保育の有資格者でなければならないが、あとは資格などもたない、ふつうの高齢女性が保育にあたっている。ピノキオでは、一人の会員が一度にみることのできる子どもの数は二人まで、一度にあずかることのできる子どもの数は一〇人までとしている。これは、国が定める基準よりも手厚い。厚生労働省「児童福祉施設の設備及び運営に関する基準（第三十三条）」では、一人の保育士が一度にみることのできる子どもの数は、〇歳児は三人、一〜二歳児は六人、三歳児二〇人、四・五歳児三〇人としている。

また、図6-1のチラシにあるように、ピノキオでは利用時間や利用料金についても、認可保育所の一時保育にくらべ、かなり利用者本位の、融通の利くサービスを提供している。

まず、開所日時について、年末年始の四日間をのぞく毎日、午前八時から午後八時まで、希望があれば前後二時

図 6–1　ピノキオのチラシ（表と裏）

間ずつ延長して預かっている。つまり実質、午前六時から午後一〇時まで開いていることになる。認可保育所が日曜・祝日は閉所し、原則一日八時間、延長保育を利用しても最大一一時間の保育時間であることにくらべても、いかに融通が利くかがわかるだろう。

また、利用方法はきわめてシンプルで使いやすい。利用は必要なとき、必要な時間だけ、一時間から利用できる。利用理由は問わない。利用するためには基本的には事前の申し込みが必要だが、当日申し込みの場合でも空きがあれば受け付ける。また、当日キャンセルにも快く応じており、キャンセル料は課されない。また、初回利用時のみ保険証のコピーを提出し、住所も書いてもらうが、二回目からはそれも必要ない。ただし緊急連絡先だけは書いてもらうことにしている。

利用料金は一時間六〇〇円で、早朝・深夜の二時間は二〇〇円増しの八〇〇円となる。ピノキオのホームページで確認したところ、その料金設定は二〇二二年現在も変わっていない。むろん、公費による補助の出る認可保育所の一時保育（一日二一〇〇円、半日一一〇〇円、生活保護世帯は無料、その料金設定は二〇二二年現在も変わらない）に比べれば割高とならざるを得ないが、民間の託児所のなかでは随一の安さと言っていいだろう。また、保育所が一日か半日という区切りでしか利用できないのに対し、ピノキオでは、一時間から利用できるのも魅力である。また、料金は三〇分単位で計算し、一五分未満は切り捨てとしている。ちなみに、六〇〇円という料金設定は、ピノキオを立ち上げるとき、京都市がやっているファミリー・サポート・センター事業が一時間七〇〇円で子どもの預かりをやっていたため、それに対抗して決めたとのことである。

預かる子どもの年齢は、生後六ヶ月から小学校高学年までで、いわゆる「就学前」の子どもだけでなく、小学生のお兄ちゃん、お姉ちゃんも一緒に利用することができる。きょうだいで利用する場合、二人目以降半額となる。

6　「利用理由を問わない」サービス

このように、ピノキオでは、ほかに例をみない徹底した利用者本位のサービスをつらぬいているが、なかでも興味深いのは、会員で話し合って決めたという、「利用理由を問わない」という独自の方針である。

先にみたように、認可保育所では、実質的には「母親の就労」が条件となり、勤務証明などの証明書の提出が求められるのが一般的だった。それに対し、ピノキオでは、「利用理由を問わない」という真逆の対応がとられている。

図6-2は、ピノキオの利用申し込み書である。

写真をみてわかるように、ピノキオの利用申し込み書には、「利用理由」を書かせる欄が設けられていない。したがって、就労や疾病、第二子の出産などを証明するための書類の提出を求められることもない。利用したいとき

一時預かり申し込み書

年　月　日(　)

保護者名	(　才)
住所	〒
電話	自宅／携帯／緊急時
子供の名前	(愛称)　男・女
生年月日	平成　年　月　日(　才)
利用日	平成　年　月　日
利用時間	：　〜　：　まで　(基本時間外)　：　〜　：　まで
健康保険	(その他の証明書)
連絡事項	平熱　℃・アレルギー　有(　)無　興味のあるもの
既往症	
その他	

＊アンケート　ピノキオを何でお知り頂きましたか？

＊視診

＊今日の様子

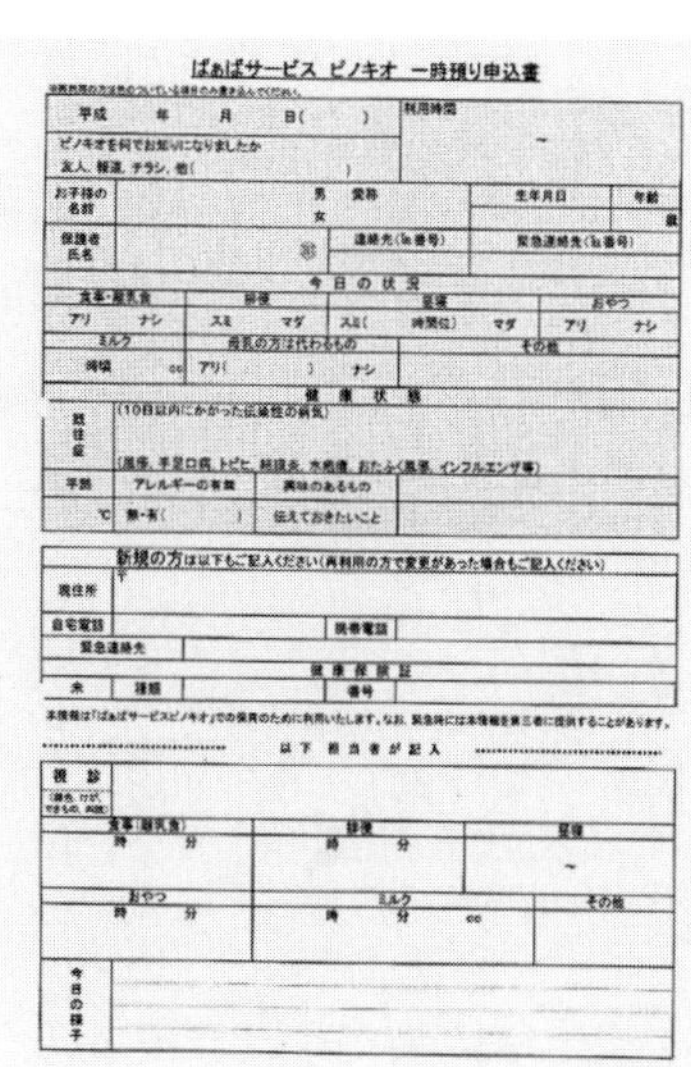

ばぁばサービス ピノキオ 一時預り申込書

平成　年　月　日(　)

利用時間

ピノキオを何でお知りになりましたか

友人、報道、チラシ、他(　)

お子様の名前　男　女　愛称　生年月日　年齢　歳

保護者氏名　連絡先(№番号)　緊急連絡先(№番号)

今日の状況

食事・離乳食　アリ　ナシ　排便　スミ　マダ　午睡　スミ(　時間位)　マダ　おやつ　アリ　ナシ

ミルク　母乳の方は代わるもの　アリ(　)　ナシ　その他

健康状態

既往症　(10日以内にかかった伝染性の病気)

(風疹、手足口病、トビヒ、結膜炎、水疱瘡、おたふく風邪、インフルエンザ等)

平熱　℃　アレルギーの有無　無・有(　)　興味のあるもの　伝えておきたいこと

新規の方は以下もご記入ください(再利用の方で変更があった場合もご記入ください)

現住所　〒

自宅電話　携帯電話

緊急連絡先

健康保険証

本　種類　番号

本情報は「ばぁばサービスピノキオ」での保育のために利用いたします。なお、緊急時には本情報を第三者に提供することがあります。

以下担当者が記入

視診

食事(離乳食)　時　分　排便　時　分　午睡　〜

おやつ　時　分　ミルク　時　分　cc　その他

今日の様子

図 6-2　ピノキオの利用申し込み書

(左：2006年当時のもの、右：2010年代に改正されたもの)

に、子どもを連れて来所し、子どもの名前や年齢、利用時間、緊急連絡先などを記入するだけで、利用できるのである。なお、利用申し込み書は二〇一〇年代に改正されたが、改正後のバージョンでも、やはり利用理由を尋ねる欄は設けられていない。

このような方針は、K先生によれば、事前の会員同士の話し合いにおいて、かなり早い段階から決まっていたということである。「理由を尋ねるということは、母親のプライベートに踏み込むこと」という考え方を、会員の多くが共有している。利用者のなかには、「私的理由」のために利用する人もいるかもしれないが、「お友だち同士でお茶を飲みましょうっていうことだって、それはそれで、お母さまのリフレッシュだったら構わないじゃないですか」との考えから、理由はいっさい問わない方針が決められた。

この、「利用理由を問わない」という方針にみられるように、ピノキオでは、日々の保育実践においても、「現代の母親」に非常に気をつかって保育を行っている。母親が子どもを迎えにきたとき、スタッフから母親にその日の子どもの様子などが報告されるが、その内容は、「今日もよく食べはりました」、「今日はお昼過ぎに一回うんちをされました」といった報告や、「育てやすい、ほんにいいお子さんですね」といったポジティブな声かけがほとんどで、利用理由について尋ねられることは一度もなかった。

このように、利用者のプライバシーに最大限配慮した保育のあり方は、民間の商業目的の託児所においてはめずらしいものではないかもしれない。しかし、ピノキオのように公的性格がつよく、しかも、高齢者が主体となって運営する託児所において、このように徹底して行われていることは、珍しいのではないだろうか。というのも、高齢者による託児について、メディアではそのポジティブな側面ばかりが取り上げられがちだが、その他なる側面として、「どこに行くの？」、「誰と出かけるの？」、「何時に帰るの？」などと個人のプライバシーを詮索し、母親の至らない点を責めたり、叱責したりするような態度ともセットになっているからである。

実際、他府県のシルバー人材センターがやっている同種の託児施設を訪問した際には、母親に対し、ある程度きびしく接するべきという意見もきかれた。たとえば、中国地方のあるセンターでは、「利用理由」は問わないが、利用時間は一日五時間までという規定を設けて託児を行っていた。その理由について尋ねたところ、つぎのような答えが返ってきた。

お母さんを一〇〇％支援してしまうと、「お母さんになる力」が育たない。自分で工夫して、夫や地域の人と向き合ってしないと。「親づくり」という観点から、うちはしてるんですよ……（中略）……（利用理由は）聞きません。わたしも遊びたかったから。五時間ですから、それで遊んで幸せと思ってくれたら、いいと思う……（中略）……五時間以外の部分は、ほかの預け先を、頭を下げて探すことが大事なんじゃないですか。

つまり、こちらの施設では、母親をサポートしつつも、一定のライン以上のサポートは控えることで、親としての力を養ってもらいたいという理念のもと、運営されている。

ピノキオの実践とこちらの施設の実践と、どちらがいいかということではない。おそらく、それぞれの実践にそれぞれのよさがあるのであり、それぞれの実践を気に入って使っている母親はいるだろう。ただここで言いたいのは、ピノキオは数あるシルバー人材センターの託児所のなかでも、かなり特色のあるサービスを提供しているということである。

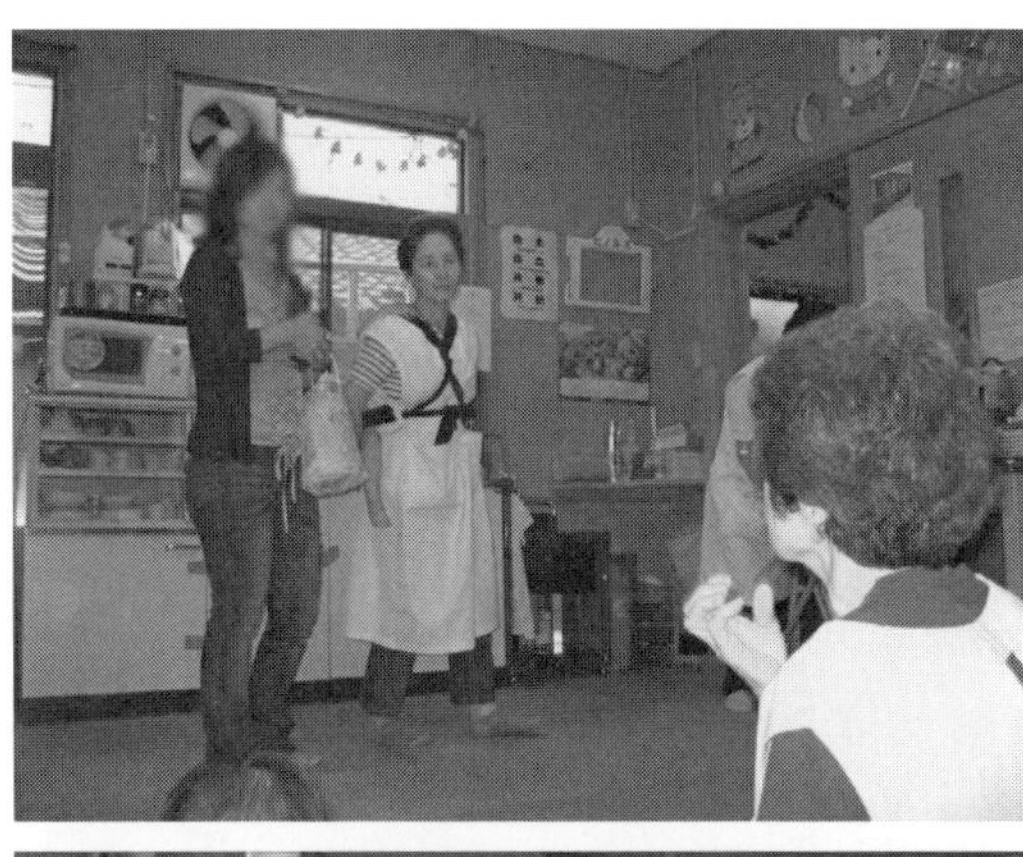

写真6-2　ピノキオの保育風景

第7章 「移行期世代」の子育てからかんがえる、ピノキオのサービスの近代性

ここからは、ピノキオの実践を特徴づける「利用理由を問わない」サービスに焦点をあて、保育スタッフである「ばぁば」二三名の質問紙調査ならびフィールドワークにもとづき、このユニークな取り組みを「ばぁば」自身の過去および現在の経験に関連づけて理解することをこころみたい。

先にみた新聞記事では、「ばぁば」による託児は、むかしながらの共同体的な育児、もしくは血縁にもとづく育児になぞらえて語られていたが、いわゆる「移行期世代」に属する「ばぁば」たちの多くは、実際には、「むかしながら」の育児と「近代的」な育児が混在する時代に子育てをした経験をもつ。そうした経験は、ピノキオの実践にどのようにいかされていただろうか。

1 「ばぁば」二三名の基本的属性――「移行期世代」という特徴

はじめに、スタッフ二三名の質問紙調査をもとに、二三名の出生年ならびに調査を行った二〇〇四年当時の年齢、出身家庭のきょうだい数、自分自身が産んだ子どもの数、第一子の出生年を確認しておきたい。

スタッフの名前は「B（ばぁば）」というイニシャルを用いて、「B1」から「B23」と表記することにする。結果をまとめると、二三名の平均年齢は七〇・一歳で、生まれ年でいえば昭和九年前後に生まれた人が多い。また、表には載せていないが、そのほとんどが、戦後一九五〇年代から六〇年代にかけてのいわゆる「高度経済成長期」にさしかかる時期に結婚し、子どもをもうけている。なお、子どもを産んでいる人は全員結婚している。

つづいて子産みについて、二三名の子産みには、つぎのような興味深い特徴がみられる。

すなわち、自身の生育家庭におけるきょうだい数は概して多く、平均して五・三人（回答なしの五名を除く）となっている。もっとも多いのは最年長のB4さんで、一二人きょうだいの末っ子だった。またB11さんのように、きょうだい数は七人だが、父方の叔父が早逝したため、いとこ三人が同居して、きょうだい同然に育ったという人もいる。

ところが、彼女たち自身が親になり、子どもをもうける段になると、平均して二・二人しか産んでいない（出産経験のない二名を含む）。このことは、スタッフの大多数（じつに、大正生まれのB4さんをのぞく全員）が、人口学的にみて、「移行期世代」と呼ばれる特殊な世代に属していたことを考慮にいれれば、説明がつく。

一般的に、先進社会では、社会が近代化し、人口のあり方が多産多死型から少産少死型へと移行する過程で、先に死亡率が下がる（にもかかわらずひとびとは多く子どもを産みつづける）ことにより、一時的に「多産少死」型の人口学的特徴をもつ世代が登場する。これを「移行期世代」とよんでいる。

「多産」とはすなわち、たくさんのきょうだいとともにこの世に生を受けること、「少死」とはすなわち、そのほとんどが、医療や栄養、衛生状態の改善といった社会の近代化の恩恵をうけて、死ぬことなく育ち上るということを意味している。日本では、このような人口学的特徴は、「昭和ヒトケタ生まれから団塊の世代まで」の一世代、すなわち一九二五（昭和元）年から一九五〇（昭和二五）年生まれのひとびとにおいてのみみられた（伊藤達也　一九

八九、落合 一九九四b：四一）。

なお、「移行期世代」は、日本の高度経済成長を支えた世代であることが知られているが、同時に子産み行動においても、後続の世代に先がけて、少産化という社会的変化をなしとげた世代でもあった。家族社会学者の落合恵美子は、「移行期世代」のなかでもとくに昭和ヒトケタ生まれの女性について、この世代こそが、一九五〇年代にはじまる「まるでジェットコースターに乗ったよう」（落合 二〇一九：五一）な急激な少子化を実践した世代であったと指摘している。彼女たちの上の世代の女性は、結婚すればたいがい四人以上子どもを産み、また結婚しない女性も相当数いた（その意味では多様性があった）が、移行期世代をさかいに、「誰もが結婚し、誰もが二人か三人の子を産む」という画一化された社会がおとずれた。その意味で、「ばぁば」たちの子産み行動には、単純に「伝統的」というだけではとらえきることのできない、近代的な要素が含まれていた。

2　伝統と近代のはざまにおける子育て

では、そのように多くで生まれて少なく産んだ「ばぁば」たちは、「母」としてどのような経験をしていただろうか。ここではそれを、伝統と近代のはざまにおける子育てとしてまとめてみたい。

二つのライフスタイルの混在

表7-2は、ばぁば一三名のうち、出産経験のある一一名の育児期の夫と本人の職業と就業形態、そして育児期の保育所の利用の有無と親との同居／別居の別についてまとめたものである。

まず、育児期の夫との関係性について、一一名全員、夫がおり、夫は仕事に就いていた。

表 7-1 ばぁば23名の属性

イニシャル	出生年・調査時の年齢	きょうだい数	産児数	第一子出生年
B1	1926（昭和１）年・78歳	回答なし	２人	1952（昭和27）年
B2	1933（昭和８）年・71歳	回答なし	２人	1953（昭和28）年
B3	1932（昭和７）年・72歳	回答なし	２人	1969（昭和44）年
B4	1922（大正11）年・81歳	12人	３人	1947（昭和22）年
B5	1932（昭和７）年・72歳	８人	２人	1958（昭和33）年
B6	1934（昭和９）年・70歳	６人	０人	――
B7	1935（昭和10）年・69歳	３人	１人	1963（昭和38）年
B8	1934（昭和９）年・70歳	６人	３人	1961（昭和36）年
B9	1934（昭和９）年・70歳	３人	３人	1958（昭和33）年
B10	1940（昭和15）年・64歳	４人	３人	1966（昭和41）年
B11	1930（昭和５）年・74歳	７人	３人	1949（昭和24）年
B12	1934（昭和９）年・70歳	回答なし	２人	1956（昭和31）年
B13	1938（昭和13）年・66歳	３人	２人	1960（昭和35）年
B14	1940（昭和15）年・64歳	３人	２人	1962（昭和37）年
B15	1931（昭和６）年・74歳	２人	３人	1956（昭和31）年
B16	1938（昭和13）年・67歳	７人	０人	――
B17	1930（昭和５）年・75歳	回答なし	２人	1955（昭和30）年
B18	1938（昭和13）年・66歳	５人	２人	1966（昭和41）年
B19	1939（昭和14）年・66歳	９人	３人	1965（昭和40）年
B20	1936（昭和11）年・68歳	４人	３人	1959（昭和34）年
B21	1935（昭和10）年・69歳	５人	３人	1961（昭和36）年
B22	1935（昭和10）年・69歳	５人	２人	1961（昭和36）年
B23	1937（昭和12）年・67歳	４人	３人	1961（昭和36）年
結果	平均年齢70.1歳	平均5.3人（回答なしの５名を除く）	平均2.2人（１人も産んでいない２名を含む）	

また育児期の夫の職業について、「自営業」一一名にたいし「非自営業」一〇名と、自営の多さが目につく。自営の中身としては、「手描き友禅」三名、「板場友禅」一名、「染色」一名と、呉服関連の仕事が多い。

このことは、ピノキオが位置する、京都市中京区付近の地域の特性ともかかわっていただろう。この地域は、ふるくは二条城の城下町としてさかえた場所で、二条城の北には一二〇〇年以上つづく織物の町として知られる「西陣」が位置している。また、堀川の上流部には、呉服地の染色に特化した家が軒を連ねていた。「ばぁば」たちが子育てをした一九五〇年代から六〇年代にかけては、いまだ複雑多岐にわたる分業体制のもと、手作業による生産が行われていた。長年西陣の町を撮りつづけた写真家の松尾弘子によれば、当時の西陣は、「人々は、仕事をした分だけの収入を得ることができる。西陣織の付加価値にくらべ、人々の手にする収入は十分ではないが、それぞれが腕をもち、老若男女を問わず西陣に住み、『糸』にかかわる仕事ができれば、生計を立てることができる」ような社会であったという（松尾 一九九九：九五）。

したがって、「家業」のある家では、女性が育児期を含め、生涯をつうじて何らかのかたちで「仕事」に従事するのがふつうのことだった。「ばぁば」二三名のうち夫の職業「自営業」の一一名は、一名をのぞき、家業にたずさわる仕事をしていたと答えた。なお、就業形態について、「フルタイム」「パートタイム」の別をたずねたが、あとの聞き取り調査において、実質的にそうした区分は大きな意味をもたない（職住の分離がなされてない状態にあって、たとえば「パートタイム」と答えた人でも、実際には朝から晩まで家業にかかわる仕事をしていた）ことが判明したため、分析からは省くことにした。

なお、夫「自営業」であるが仕事をしていなかった一名（B8さん）は、お子さんに障がいがあり、自宅で二四時間世話をしていたためと話してくれた。

一方、育児期の夫の職業が、会社員や公務員、教員など非自営の仕事であった場合、育児期は働いていなかった

表 7-2 育児期の「ばぁば」21名の職業と育児支援

イニシャル	育児期の夫の職業	育児期の本人の就業の有無（就業ありの場合は仕事内容とフルタイム・パートタイムの別）	育児期の保育所利用	育児期の親との同居／別居
B1	砥石販売（自営）	砥石販売（フルタイム）	あり	同居
B2	会社員	洋裁（内職）	なし	別居（隣居）
B3	手書き友禅（自営）	弟の会社の手伝い・手描き友禅（パートタイム）	なし	別居
B4	中学校教員	就業なし	なし	同居
B5	染色（自営）	染色・洋裁（パートタイム）	なし	同居
B6	——	——	——	——
B7	公務員	就業なし	あり	別居
B8	店舗経営（自営）	就業なし	なし	別居
B9	大学教員	就業なし	なし	別居
B10	手書き友禅（自営）	手描き友禅（パートタイム）	なし	別居
B11	歯科医（自営）	歯科事務（パートタイム）	なし	同居
B12	砂糖問屋（自営）	染色（フルタイム）	なし	同居
B13	会社員	就業なし	なし	別居
B14	会社員	就業なし	なし	同居
B15	薬局（自営）	薬局の配達（パートタイム）	なし	別居
B16	——	——	——	——
B17	板場友禅（自営）	板場友禅（フルタイム）	あり	同居
B18	会社員	保育士（フルタイム）	あり	同居
B19	会社員	就業なし	なし	別居
B20	会社員（映画製作）	就業なし	あり	別居
B21	会社員（映画製作）	就業なし（パートタイム）	なし	同居
B22	手描き友禅（自営）	自営業（フルタイム）	あり	同居
B23	大工（自営）	和文タイプ（内職）	なし	同居
結果	自営業11名、非自営業10名	就業あり13名、就業なし（専業主婦）８名	保育所利用６名	同居12名（隣居１名を含む）、別居９名

人が多い。夫が非自営業で妻が仕事をしていたのは、夫会社員、妻内職のＢ２さんと、夫映画製作の会社員で妻がパートタイムの仕事をしていたＢ21さんのみである。なお夫自営・非自営をあわせた全体でみると、仕事をしていた人が一三名、専業主婦が八名だった。

さいごに、育児期の支援の状況について、保育所を利用していた人は六名と、そう多くはない。代わって、育児期に親と同居していたと答えた人は一二名（隣居一件を含む）で、その多くが夫の親との同居だった。なお、親と同居していない場合でも、近くに住む親や親族からかっ達な支援を受けたと答えた人が多くいた。

以上、整理すれば、「ばぁば」二三名の育児期のライフスタイルは、つぎの二つに大別される。一つは、家業のある家で、夫の親と同居しながら、家業を手伝いながらの子育てで、もう一つは、夫はサラリーマン、妻は専業主婦という、近代家族的なライフスタイルのもとでの子育てである。数のうえでは前者が多いが、どちらか一方というよりは、両者の混在こそが「ばぁば」の子育てを特徴づけていたとひとまずは結論づけておきたい。

「染めの家」での子育てと「嫁」の仕事

つづいてここからは、それぞれのライフスタイルのもとで女性が担った役割に焦点をあて、考察をこころみたい。はじめに本節では、家業のある家での子育てのあり方について、「染めの家」に嫁いだ「ばぁば」二名の語りをもとに考察する。

最初にとりあげるのは、ピノキオ立ち上げにもたずさわった、Ｂ17さんの語りである。Ｂ17さんは一九三〇（昭和五）年、大阪の生まれで、調査時の年齢は七四歳、子ども時代には戦争も経験している。勉強がよくできたので奨学金をもらって女学校に進学し、卒業後は半年間ほど代用教員として働いたのち、見合いをして、「板場友禅」とよばれる染色工場をいとなむ家に嫁いだ。結婚当初の家族構成は、夫と夫の両親、夫の妹、それに「丁稚」と呼ばれる住み込みの職人が大勢いたそうである。

「板場友禅」というのは友禅の技法の一種で、糊に染料をまぜて布地に捺染したあと、高さ六メートルほどもある板にかけて乾かした。一連の工程は、男の仕事と女の仕事に分かれていて、「五枚なり一〇枚なりの板を上から降ろしてきて、色つけて、また上げる」仕事は、B17さん曰くかなりの重労働で、B17さんはそれを、「男の人やなかったら、女にはできしません」と説明している。

女性であるB17さんの仕事は、夫の母親の指揮のもと、工場と隣接する自宅とを行き来し、家族や職人の食事や身の回りの世話をすることだった。B17さんは食事どきの風景について、「ちゃぶ台に、おじいさん座って、主人に、ぺらぺらぺらっと職人さんですわ、お弟子さん座って、そしておばあちゃんとあたしですわ、そいでよそいもって食べはるんですね。あたし、よそいもってご飯食べれるやろか、思てましたよ、お嫁に来たころはね」と語っている。

ただしB17さんは、いわゆる「主婦業」のような仕事だけしていたわけではなく、同時に染めの仕事もしていた。B17さんに子育て期の就業形態をたずねた際には、「フルタイム」と答えている。なお、二五歳のときに長男を、二七歳のときに長女を出産した際にも、産後だからといって仕事が完全に免除されることはなかった。B17さん曰く、「家の仕事ですから、少しずつしました」。

なお、そのように職住が分離していない環境にあって、「子どものお守り」は、母親であるB17さんよりも、夫の母親が担うことが多かったという。若いB17さんには、より体力のいる仕事が任された。

同様に、「生まれも染め屋やったし、嫁入りしたところも染め屋やった」というB5さんも、子育ては母親である自分よりも、夫の母親が多く担ったと話している。

B5さんは一九三二（昭和七）年、中京の染め屋に生まれた。調査時の年齢は七二歳である。八人きょうだいの長女で、幼いころから弟や妹たちの面倒をみた。「母親と二〇、末の妹と二〇違うてたから、たらい風呂までみな入れて、幼稚園の遠足もみなついて行った」そうである。戦時中は疎開生活も経験した。厳格な父親で、言葉遣いなどは厳しくしつけられたという。

Ｂ５さんは一九五七（昭和三二）年、二六歳のとき、同じ中京で、染めや呉服の地直し、シミ直しなどをいとなむ家の長男である夫と結婚した。夫の父親は早くに亡くなっており、Ｂ５さんは夫と夫の母親が暮らす家に、あとから入るかたちで結婚生活をスタートさせた。夫の母親は、「口答えはぜったい（にダメ）、わたしの言うことは間違うてへん、聞きなさい」というような人で、夫もまた、「僕とお母ちゃんの両方が呼んどったら、お母ちゃんのほう行ったって」と言うような人だったため、苦労は絶えなかったという。

Ｂ５さんの一日は、毎朝五時に起きて、「寝泊まりさん」とよばれる住み込みの職人と家族の食事を作ることからはじまった。炊飯器のない時代であったから、ご飯は大きな鉄窯で炊いていた。日々の献立は夫の母親が決め、買い出しまで行い、Ｂ５さんは主に炊事を担当した。ある年の大みそかの前日、夫の母親から、「明日は正月の仕込みするから早めに起きて」と言われて朝四時に起きたところ、夫の母親が先に餅つきの準備やらはじめていて、「一晩ぐらい寝えへんでもええやろ！」と怒られた。それ以来、大みそかの前日は繕い物などして徹夜するようになったそうである。また、炊事のほかにも、内職や繕い物、掃除、洗濯（当時はまだ洗濯機がなく、たらいで手洗いした）、布団の打ち直しなど、休むひまもなくはたらいた。

当時の生活について、大変だったこと、苦労したことを尋ねたところ、Ｂ５さんは、お金の自由がなかったことが一番大変だったと話してくれた。Ｂ５さんの家では、夫の母親がすべてのお金を管理しており、Ｂ５さんは内職のお金もすべて、夫の母親にわたしていた。夫の母親が亡くなるまでの三四年間、財布をもたされたことがなく、ブラウス一枚作るにも、夫の母親のところに行って、「こんなん作りたいんやけど」と相談しなければならなかったという。

もっとも、Ｂ５さんもだんだん「こすく（ずる賢く）」なり、内職で得たお金をこっそり自分のために取り分けたりもするようになった。

あとになったら、こすいてわたしも、ちょびっと、ほんとの少うし、あの、洋裁の先生に少うしだけこっちハネといてって、二つ作ってもうたことあったわ。せやなかったら、やり繰りが。自分の化粧品とか。

また、お金の問題に加え、夫や子どもと「家族だんらん」の時間がもてないことも、Ｂ５さんにとってつらいことだった。Ｂ５さんは、一九五八（昭和三三）年に長女を、一九六〇（昭和三五）年に長男を産んだが、ある年のお正月、Ｂ５さんがこたつに入ってくつろいでいたところ、当時幼稚園に通っていた息子が、つぎのように言ったという。

息子が、お正月でうちでテレビ観てたら、こないして観てたら、おばあちゃんに何も言われへんか、怒られへんか、言うんですわ。幼稚園ぐらいのときやわ。いや、お正月ぐらい、何も言われへんわ、言うたんですわ。いつも仕事してるでしょう、そうでしょう。そういうのみてるから、息子が。

また普段の日でも、夕飯をおえ、夫とつかの間の団らんを楽しみたいと思ったときにも、夫の母親につぎのような言葉で止められたらしい。

「あたし、お茶碗はちゃんと片付けるから、あんた自分のことして」ってお義母さんに言われたら、うちは仕事するしかないでしょ。ご飯食べて作ってから、「あとの片付けはあたしがするし、あんたのことして」って言われたら……。別に、遊びにも行けん、やっぱり仕事が……。せやさかいに、外行ってするだけのことが仕事とちごてね。家業やね、家業やし。

そのように、生活全般にわたり、夫の母親に気をつかわねばならなかったことについて、Ｂ５さんは、「むかしはみんな、そうやったから」、「そんなに苦にはならへんかったけどね。それが当たり前やと思うてたもん」と語り、合理化することをこころみている。しかしその一方で、子育てをしていて嬉しかったこと、楽しかったことを尋ねた際には、休みの日に子どもたちと「町内のレクリエーション」に参加したこと、「たまにお姑さんと離れて車で遠出したり、一泊したりしたこと」と答えており、Ｂ５さんが近代的な意味での「自由」につよいあこがれをいだいていたことはわかる。

なお、Ｂ５さんは、一九七七年に夫を、一九九一年に夫の母親を看取り、現在は家業を継いだ息子家族と暮らしている。家のことはお財布もふくめ、すべて「息子の嫁」に任せているといい、そのことについて、「おばあさんと同じことをしてたらあかんやろ」と笑った。現在の生活についてＢ５さんは、「今ちょっと青春してます、気持ち……友だちとちょっとお茶行ったり、自分の青春」とも語っている。

以上みてきたように、家業のある家に嫁いだ女性たちは、いわゆる前近代的な、イエ制度的な人間関係のもと、しばしば「嫁」としての務めを「母」としての務めに優先させながら、子育てを行った。そこでは、近代的な自由やプライバシーがない反面、子育てにおいては放っておいても多くの人が手や口を出してきてくれ、そういう意味では風通しのよい子育てであったと言えるかもしれない。

近代的な「母」としての育児責任にかんする語り

　つづいて、自営組の「ばぁば」たちが「あこがれの対象」として語った、近代的・近代家族的な子育てを現に実践した女性たちの語りをみていこう。その多くは、夫が非自営の仕事につき、自身は専業主婦として子育てを行った女性たち、もしくは専業主婦に準ずるような働き方（パートタイムや内職など）をしていた女性たちである。彼女たちの語りのなかには、すでにこの時代、女性の役割が、徐々に近代的な「母」としての役割にせばめられてゆきつつあった様子をみてとることができる。

「ばぁば」一三名のうち、育児期に仕事をしていなかったと答えたのは八名で、夫の職業は教員や会社員、公務員など、ホワイトカラー職が多い。うち五名は親世代とは同居せず、また、六名は保育所も利用していない。保育所を利用していたと答えた二名（Ｂ７さんとＢ20さん）は、当時住んでいた地域に幼稚園が設置されていなかったため、幼稚園の代わりに保育所の三年保育を利用したということだった。

　このように、親や保育園の助けを借りず、自分ひとりで子育てをしていた「ばぁば」たちは、「母としての育児責任」についてつぎのように語っている。たとえば、Ｂ７さん（六九歳）は、夫は公務員で、自身は仕事をしていなかった。子どもが三歳になり、保育所に行くようになってからは、午前九時から午後三時のあいだは機械編みを習いに行ったり、自宅で編みものや手芸をしたりして過ごした。外に働きに出ることについては、夫が「それをやると両立ができない」と言って反対したため、しなかった。

　また、西陣で織り屋を経営する夫実家のとなりに住居をかまえ、夫は会社勤め、自身はときおり内職で洋裁の仕事をしながら子育てをしていたＢ２さん（七一歳）は、子育てについて、「子育てはやはりお母さんが主体ですし、わたしはやっぱり三歳までは親の手でって思います」と語っている。

さらに、短大卒業後、小学校の臨時教員としてつとめたのち、結婚を機に仕事を辞め、夫の手描き友禅の仕事を手伝いながら子育てをしたB10さん（六四歳）も、女性が働くことについて、「わたし自身は生活の流れとして受け止めていた。主人は（B10さんが）仕事をするのを当然だと思っていた」と語る一方、子どもが小さいうちはあくまで子ども中心の働き方をしている。

B10さん夫婦は、夫の両親と同居せず、実家から車で一〇分ほどのところに居宅兼工場を構えて暮らしたため、子育てにおいて夫の両親からサポートを受けることも少なかった。B10さんは教員の経験をいかし、ふだんから子どもに絵本を読み聞かせたり、音楽を聴かせたりした。第一子を授かるまえ、二度の流産の経験があったこともあり、「発育の様子すべてが喜び」であったと語っている。

このように、専業主婦、または専業主婦に準ずるような生活を送っていた「ばぁば」を中心に、現代の母性言説を先取りしているかのような、「母親としての育児責任」にかんする語りがみられた。

3　現在の子ども・孫との関係

さいごに、現在の子ども・孫との関係について、二三名の回答をみておきたい。

表7-3をみてわかるように、「ばぁば」二三名のうち、孫と日常的に交流をしている人はじつはそう多くはない。二三名中、孫のいる人は一七名で、孫が一人もいない人も五名いた。孫の平均人数は二・六人だった（孫が一人もいない人を含む）。

また、現在の居住形態について、夫または子どもと同居しているのは一四名で、そのうち、孫も一緒に同居していると答えたのはわずか三名だった。また、七名はひとり暮らしだった。

表7-3 「ばぁば」23名の現在の子ども・孫との関係

イニシャル	現在の居住形態	孫の人数	孫の世話 (頻度と内容)
B1	ひとり暮らし	3人	たまに来て、遊ぶ
B2	夫と同居	6人	頻繁にみた
B3	ひとり暮らし	2人	たまに娘の家でみる
B4	夫と同居	4人	まったくみなかった
B5	長男夫婦・孫3人と同居	6人	頻繁にみた
B6	ひとり暮らし	0人	——
B7	夫と長女（未婚）と同居	0人	——
B8	長女夫婦・孫1人と同居	1人	頻繁にみる
B9	ひとり暮らし	3人	週1回程度みる
B10	夫と次男（未婚）と同居	0人	——
B11	長女（既婚）と孫と同居	5人	1人目は3年間頻繁に面倒をみて、2人目以降はたまにみた
B12	回答なし	1人	みなかった
B13	夫と同居	1人	頻繁にみた
B14	ひとり暮らし	3人	たまにみる
B15	ひとり暮らし	4人	内孫は頻繁にみたが、外孫はみていない
B16	実姉と同居	0人	——
B17	夫と同居	4人	あまりみなかった
B18	夫と夫の母親と同居	1人	頻繁にみる
B19	夫と次女（未婚）と同居	2人	月2回程度みる
B20	ひとり暮らし	2人	たまに会って楽しむ
B21	夫と同居	0人	——
B22	回答なし	回答なし	回答なし
B23	次男（未婚）と同居	3人	ほとんどみていない
結果	夫または子どもと同居14名（うち孫も同居3名）、ひとり暮らし7名、回答なし2名	孫の平均人数2.6人（回答なしの1名を除く）、孫のいない人5名	

また、孫の世話について、孫と同居している三名をのぞき、頻繁にみている人ばかりではなかった。たとえば大正生まれのＢ４さん（八一歳）は、子育て期こそ専業主婦だったが、子どもの手が離れてからは保育士として三五年間働いた経験をもつ。にもかかわらず、四人いる孫の世話は、「みたことない。おむつもミルクも、替えたことない。やったことない」と言う。Ｂ４さんによれば、三人いる息子の嫁は全員専業主婦で、「孫の面倒は、嫁と、嫁の母がみますから、わたしは敬遠されて」しまって、ということらしい。同様に、専業主婦だったＢ８さん（七〇歳）も、「わたしのときは嫁さんが全部して、わたしには触らせなかったです」と回答し、Ｂ23さん（六七歳）も、「どっちもお嫁さんの親のほうに近いところに住んでいて、わたしの出番がない」と語った。

三人はいずれも、子どもが息子で、主に「お嫁さん」との関係で孫育てに携わってこなかったと語ったが、子どもが娘であっても、やはり配偶者に気を遣うという声は聞かれた。たとえば、ひとり暮らしのＢ３さん（七二歳）は、たまに娘夫婦の家に行って孫の面倒をみるが、「スープの冷めない距離ゆうのも近すぎるでしょ。二ヶ月前まではバイクでおかずなんかよく作って運んでたけど、あまりべったりするゆうのも（娘の）主人の手前、よくないし。娘も来て欲しいときは言うし。そういうとき以外は行かない」ようにしているそうである。

その一方で、Ｂ11さん（七四歳）のように、自分のほうから孫の世話を断った人もいる。Ｂ11さんには五人の孫がいて、長女と孫と同居しているが、「一人目はみたけど、二人目もみさそうとするから、そんなんかなわん言うて」断ったそうである。また、Ｂ９さん（七〇歳）は、「くるのも嬉しいが、帰ってくれるのも嬉しい」と語った。

つまり、「ばぁば」というだけで、日常的に孫と親密な交流があると考えるのは間違っている。「ばぁば」たちは実生活においては、孫家族との関係にこころを砕きつつ、適度な距離を置きながら付き合っている。

4　「ばぁば」の経験はピノキオの実践にどういかされていたか

以上みてきたように、伝統と近代が入り交じるなかで子育てをした「ばぁば」たちの経験は、一枚岩ではなかった。では、そうした「移行期世代」に特有の経験は、ピノキオの実践にどのようにいかされていただろうか。わたしは、「ばぁば」たちの経験は、少なくとも二つの点で、現在の実践に役立てられていたと考えている。すなわち、「現代の母親」への配慮と、託児への肯定的な態度の点である。

「現代の母親」への配慮

第一の点について、むかしながらのイエ制度的な家族関係のもと、「嫁」として制限の多い生活を送った経験をもつ「ばぁば」たちは、たとえ専業主婦であっても自由がほしいと考える現代の母親のニーズをすんなりと理解し、サポートに努めている。

たとえば、育児期、となりに夫の両親が住む環境で、専業主婦として子育てをしたＢ２さんは、「利用理由を問わない」サービスについて、つぎのようにコメントしている。

お母さんの雰囲気で、だいたい。直接尋ねたりはしないです。何とはなしに、聞かしてもらうとかはあれしますけど。（そうした配慮は）自然に、自分の娘や息子の嫁と接しているうちに生まれるもので、あんまり踏み込まない。大まかな把握はしますけど、個人の性質によりますね。

またB2さんは、子育てをしていた当時の自分自身について、いささか自虐的につぎのように語っている。

むかしのお母さんは、自分を殺してたから。暗かったかもわからん。わたしらは、子どもと家庭だけ。自分は「無」。今は、自分と子どもと家庭と、三本柱。自分が楽しくないと、子どもに当たるから。

同様に、夫の両親とは別居していたが、染めの仕事や子育てにおいて夫実家と付き合いも多かったB10さんは、「利用理由を問わない」サービスについて、つぎのようにコメントしている。

理由はやっぱり聞けないですよ。いろんな事情の方がいてはるし。なかにはねえ、お友だちと遊びに行かはる人とか、言いづらいんちゃいます?

託児への肯定的な態度

第二に、ピノキオの実践には、子育てにおいて人手を借りることを悪いこととみなさず、大勢でわいわいと子どもの守りをすることをむしろ楽しむような、不思議な開放的な雰囲気がある。

そのことは、おそらく、スタッフの多くが子ども時代、大家族的な、きょうだい数の多い環境で育ったこと、また、結婚後も家業のある家に嫁ぎ、つねに多くの出入りするなかで子育てをした経験などに由来するものと推察される。

先にみたように、「ばぁば」たちの生育家庭におけるきょうだい数は平均五・三人で、多くは成人するまでに、さまざまなかたちで子どもの世話にたずさわった経験をもつ。きょうだい数八人のB5さんは、年の離れた弟や妹を世話した経験について、「母親と二〇、末の妹と二〇違うてたから、たらい風呂までみな入れて、幼稚園の遠足もみなついていった」と語った。またB8さんは、「昭和二一、二三と四男、五男の弟が生まれて、中学二年のわたしと中学三年の兄とで毎日子守りをした」と語った。またB14さんは、「餅つきや地蔵盆で近所の子らと遊んだ経験」があり、B4さんは疎開先で、農繁期の子守りの手伝いをした経験があった。

そのように幼少期より、血縁関係のない子どもも含めて、たくさんの子どもの世話をして育った「ばぁば」たちは、他人の子どもをみることに抵抗がない。それどころか、託児所という現代的なセッティングを用意され、さまざまな生活経験を共有する仲間たちとまたこうして子守りをして過ごす時間を、こころから楽しんでいるようにみえる。

したがって、利用者の母親に対しても、「育児放棄」の主体を探し出すような、あのいやらしいまなざしが向けられることはない。

あるとき現場では、スタッフ同士で、母親たちの利用理由について、つぎのような会話がなされたことがあった。

（連絡先や行き先は）お母さんがおっしゃってくださったら、それはもう確実に連絡事項としてメモしておきますけれども、こちらからは（聞かない）。それと、お母さんのリフレッシュ、あれは大事で、リフレッシュで来ていらっしゃるのは何となくわかりますから、あまりそういうことは聞かないですね。まあそれこそ、「ちょっと美容院に行ってきます」とか、お母さんが、「犬の散歩に行ってきます」とか。犬の散歩行くのに預けんのって！ってあたしら思いますけどね（笑）。それでも、ほんとに一時間で、ぴたっと帰ってきますからね。

これを聞いた他のスタッフたちは、「この前はジョギングもあったで」、「ほれあの国際ホテルで親戚の結婚式に出席するから一日だけって」と応じ、ひとしきり会話がもりあがった。

また、べつの日には、「生まれも嫁入りした先も染め屋」で、ブラウス一枚つくるのにも苦労したというＢ５さんが、ピノキオの常連である一歳男児の母親について、こんな風に述べたことがある。Ｂ５さんの会話の相手は、大正生まれで元保育士のＢ４さんである。

Ｂ４さん：今の三〇代のお母さまと四〇代のお母さまと、また考えが違いますもんねえ。ここへいらっしゃる〇〇ちゃんね。〇〇ちゃんとこ、まあどういうようなご家庭かは知りませんがね、自分が美容院に行くと言うては預けていらっしゃいますね。

村田　：〇〇ちゃんは、あの、全身バーバリーとか着せてるお母さんですね。

Ｂ４さん：あの方なんかのお母さまみてると……。

Ｂ５さん：ははは、そうやな、どっかお友だちと遊びに行かはるいうような気がしますなあ、お母さんが。そりゃ、「あたしとこは金持ちや」、言わはんねん。こんだけあずけられるのは金持ちやな言うたら、「ふうん」いうて言わはんねん、ははは。せやかて、そんな人ばっかりやないねんなあ。

ここで、年配のＢ４さんは、母親が子どもをあずけて美容院に行くという事実を、若干、声をひそめて語らなければならないことと捉えているようである。それに対し、「こんだけ預けられるのは金持ちやな」というＢ５さんの口ぶりからは、託児という行為を悪ととらえるまなざしは感じられない。Ｂ５さんは、自分自身の若いころと比較し、現代の母親について、つぎのようにも語っている。

まあ、（自分は）いろんなことしてきた。今の人みたら、あー、ははははは、あー、ぜいたくやなあ、食べるもんいろいろあるし。わたしら百姓もしてきたもん、高校生のとき、疎開してたし、戦時中やったし。京都から、五年生の終わりからやさかい、六年生まで。

わたし自身、ピノキオに惹かれ、二年もフィールドに通いつづけたのは、そうした世代間の経験のギャップがもたらす、不思議な風通しのよさに惹かれてであったような気がする。よく、「年寄りと子どもは相性がいい」などと言うが、わたし自身、自分の母親よりも一まわり上の「ばぁば」たちと話すことは楽しく、専業主婦が多かったわたしの母世代とは、明らかに異なる感覚をもっていると感じることはよくあった。

以上みてきたように、ピノキオでは、「移行期世代」に属する「ばぁば」たちの経験に裏打ちされるかたちで、「利用理由を問わない」、ユニークなサービスが提供されていた。スタッフたちは決して、母親たちの利用理由に関心をもっていないわけではなかったが、自分たちで決めた方針にしたがい、決して本人に対し、利用理由が尋ねられることはなかった。

たとえ腹のなかでどのようなことを思おうとも、本人のまえで決してそれが口にされないということは、重要である。このルールがあるお陰で、利用者は、利用者のなかに「育児放棄の主体」を探し出そうとするあの忌まわしい視線にさらされることなく、利用することが可能になっているからである。

第8章　託児にふみきる——ピノキオを利用する女性たちの実践

いよいよピノキオにかんするさいごの章となる第8章では、ピノキオを利用する女性たちの実践に目を向ける。「ばぁば」たちによって考案されたサービスは、女性たちによってどのように使い返されていただろうか。

本章の記述は、ピノキオを定期的に利用する母親三五名を対象に実施した質問紙調査と一五名の聞き取り調査、ならびに現場での参与観察にもとづいている。分析に入るまえにふたたび確認しておくと、本章の記述はいかなる意味においても、「現代の母親」の全体を代表するものではないし、その標準的な姿を指し示すものでもない。この少数ではあるが、稀少で興味深いサンプルをつうじてわたしが検討したいのは、「母性」という支配構造のただなかに身を置き、「母親」という主体的ポジションを無批判に引き受けているとみえる女性たちが、日々の育児実践をつうじて、みずからの置かれた状況に対し不満を表明したり、状況を変えようと能動的に働きかけたりする、そうした可能性についてである。

具体的に、調査では、ピノキオでは決して尋ねられることのなかった「利用理由」について敢えて質問し、専業主婦やパートタイム就労の女性など、従来公的保育からの取りこぼされてきた層の女性たちが、利用に際しどのような不安や葛藤を抱いていたのか、またそうした不安や葛藤に対し、どのように対処して利用にふみきったのかを語ってもらった。

なお、利用者には少数の祖母や父親も混じっていたが、序章で説明したように、本書は、現代日本社会における母性についての支配的言説のもと、「母親」として主体化される女性たちの経験について記述することを目的としているため、調査対象からは除外した。なお、Ｍ４さんとＭ29さんの二名は、父親が母親に代わって記入していたが、母親の状況について回答されていたため、回答に含めることとした。

1　利用者三五名の基本的属性

表8-1は、利用者三五名の年齢と、子どもの数、末子の年齢、本人の就業の有無（就業ありの場合はフルタイム・パートタイムの別と職業）、夫の職業の五項目についてまとめたものである。年齢はいずれも、二〇〇三年八月時点のものである。また、母親のイニシャルは「マザー（mother）」のＭを頭につけて、「Ｍ１さん」と表記している。

結果について、まず、回答者の平均年齢は三四・二歳（回答なしの一名を除く）で、三〇代がもっとも多く、全体の四分の三強を占めた。のちほど第Ⅲ部であらためて考察するように、世代的には、一九七一（昭和四六）年から一九七四（昭和四九）年にかけての四年間に出生した、いわゆる「団塊ジュニア」世代に属する人が九名含まれている。最年少は二七歳で、最年長は四六歳だった。

平均子ども数は一・七人で、一人目の子どもを養育中の「新米ママ」がじつに二〇名に上った。残る一四名は二人ないし三人の子どもを育てていて、Ｍ33さんのみが四児の母だった。一人目を養育中ということは、子育てに不慣れで、また上に子がいないため、幼稚園や保育所などでの付き合いもないことが推測される。

また、末子の平均年齢は一・五歳と思いのほか低く、〇歳が五名、一歳が一六名、二歳が九名と、〇歳から二歳の子どもを育てている人がじつに三五名中三〇名にのぼった。実際フィールドにいても、平日の昼間など、託児室にいる子どもが全員一、二歳児という日も少なくなかった。この年齢は、発達面では一人歩きが始まり、いっときも目が離すことができないが、多くの場合、公的保育の対象からは外されるため、母親の育児負担度はもっとも大きいことが指摘されている（落合 一九八六、原田 二〇〇六）。

つづいて母親本人の就業の有無について、「就業している」と答えた人が二一名と全体の六割を占めた。また、就業者二一名の内訳は、フルタイム就労（慣らし保育中・育休中を含む）が一一名、パートタイム就労が一〇名である。

就業している場合の職種は、フルタイム就労層では会社員や公務員、事務職、販売職などの職種があがった。一方、パートタイム就労層では、「英会話講師」や「ピアノ講師兼大学講師」、「茶道講師」、「ビオラフォン奏者兼大学講師」、「鍼灸師」、「ピアノ講師兼販売員」など、いわゆる「先生」と呼ばれる職種の多さが目立った。なかでも音楽系や伝統芸能系の講師など、高い文化資本を必要とする職種に就いている人が多かった。

今回このように、とくにパートタイム就労層に特定の職種が多くみられた理由として、第5章でみたように、小さい子どものいる女性がわざわざ保育料を払ってまで働くことに対する否定的風潮があるなか、これらの職種であれば、時給換算した際に、保育料を上回る時給を稼ぐことができるからだろうか。あるいは、「音楽講師なら」、「茶道講師なら」と、周囲を説得しやすかったということもあるかもしれない。また、第4章でものべたように、K先生が質問紙を配布してくださる際に、K先生からみて「好ましい」と思われる利用者を選んで配布してくださったというバイアスも働いていたかもしれない。

なお、「就業していない」と答えた人は一三名で、「学生」も一名いた。

最後に、配偶者の有無について、三五中三三名が「配偶者はいる」と答えた。また、配偶者ありの場合、配偶者

表 8-1　利用者35名の基本的属性（年齢はすべて調査時のもの）

本人のイニシャル	本人の年齢	子どもの数	末子年齢	本人の就業の有無（有業の場合は職種とフルタイム・パートタイムの別）	配偶者の有無と有りの場合は就業の有無（有業の場合は職種）
M1	30代後半	3人	1歳	無業	自営業
M2	30代前半	1人	1歳	販売職（フルタイム）	団体職員
M3	30代後半	1人	3歳	無業	会社員
M4	30代前半	2人	0歳	会社員（慣らし保育中）（フルタイム）	会社員
M5	30代後半	1人	2歳	回答なし（フルタイム）	サービス業
M6	40代前半	1人	2歳	無業	公務員
M7	20代後半	1人	1歳	歯科衛生士（フルタイム）	建築業
M8	30代前半	1人	2歳	英会話講師(パートタイム)	会社員
M9	30代前半	1人	2歳	司会業（パートタイム）	銀行員
M10	30代後半	2人	1歳	ピアノ講師兼大学講師（パートタイム）	自営業（医師）
M11	30代後半	3人	2歳	家業の手伝い（パートタイム）	自営業
M12	30代前半	1人	1歳	茶道講師（パートタイム）	団体職員
M13	30代後半	1人	1歳	会社員（フルタイム）	会社員
M14	30代前半	1人	1歳	無業	歯科医師
M15	40代前半	3人	4歳	飲食業手伝い（パートタイム）	自営業（飲食業）
M16	30代前半	2人	2歳	無業	公務員
M17	30代後半	3人	1歳	無業	回答なし
M18	30代前半	1人	1歳	保健師（育休中）（フルタイム）	会社員
M19	30代前半	1人	1歳	無業	公務員
M20	30代前半	2人	1歳	無業	自営業
M21	20代後半	1人	1歳	事務職（フルタイム）	調理師
M22	30代後半	2人	2歳	実家の販売業手伝い（パートタイム）	会社員
M23	20代後半	1人	1歳	学生	なし（未婚）
M24	30代後半	2人	0歳	会社員（育休中）（フルタイム）	自営業
M25	30代後半	2人	2歳	無業	会社員
M26	30代前半	2人	0歳	無業	公務員
M27	30代後半	1人	0歳	ビオラフォン奏者兼大学講師（パートタイム）	会社員
M28	20代後半	1人	1歳	鍼灸師（パートタイム）	鍼灸師
M29	30代後半	1人	0歳	無業	会社員
M30	30代後半	3人	2歳	無業	自営業
M31	20代後半	1人	3歳	会社員（フルタイム）	会社員
M32	30代後半	1人	1歳	会社員（育休中）（フルタイム）	公務員
M33	40代後半	4人	3歳	無業	会社員
M34	30代前半	1人	1歳	ピアノ講師兼販売員（パートタイム）	飲食業
M35	回答なし	3人	5歳	事務職（フルタイム）	会社員
結果	平均年齢34.2歳（回答なしを除く）	子ども数の平均1.7人	末子の平均年齢1.5歳	就業している21名（フルタイム11名、パートタイム10名）、就業なし13名、学生1名	配偶者あり33名、配偶者なし1名、回答なし1名

は全員就業しており、職種は会社員や公務員、団体職員、サービス業、飲食業などのほか、自営業も七名いた。

以上まとめれば、回答者三五名について、つぎのようなことが言えるだろう。すなわち、結婚して、仕事に就いている夫がいるという点では均質性が高く、生活も安定している人が多い。しかしその一方で、本人の就労形態という点においては多様性があり、認可保育所のようにフルタイム就労層ばかりが集まっているわけではない。ピノキオの利用者には、フルタイムで働く主婦とパートタイムで働く主婦、そして専業主婦が入り交じって存在している。

2　就労状況ごとの利用方法と利用理由――「フルタイム就労」、「パートタイム就労」、「専業主婦」

以上のことを確認したうえで、ここからは、本人の就業状況によって利用者を三つの集団にわけ、集団ごとの利用のパターンをみていきたい。それぞれの集団は、どのような利用頻度あるいは利用時間、そしてどのような「利用理由」で、ピノキオを利用していただろうか。

下記では順に、フルタイム就労層（一一名）、パートタイム就労層（一〇名）、専業主婦（一三名）の三つの集団について、それぞれの集団ごとの、機関による育児援助、親による育児援助、その他育児援助の利用状況と、ピノキオの月の利用回数、一回あたりの利用時間、「利用理由」をみていく。なお、学生のM23さんは本節での分析からは除外した。

フルタイム就労層

はじめに、フルタイムではたらく一一名についてみていこう。この集団の特徴として、普段、平日の昼間は認可保育所の通常保育をフルに利用し、主に夜間や休日などに、保育所の補完的存在としてピノキオを利用していることがわかる。

まず、機関による育児援助について、一一名中九名が認可保育所を利用している。保育所を利用していない二名について、一名は近居の夫の母親に子どもをあずけ（Ｍ21さん）、あとの一名は現在第一子の育休中のため保育所は利用していないが、育休明けには入所が決まっていた（Ｍ18さん）。

親による育児援助を受けている人は思いのほか少なく、三名のみだった。親以外の親族や友人、知人による援助を挙げた人も三名と少なかった。

ピノキオの利用方法については、月に平均して四・三回、一回あたり平均五・七時間利用していた。これらの数字だけをもって多いとか少ないとか論じることはできないが、九時間（Ｍ２さん）、八時間（Ｍ13さん）、七・五時間（Ｍ35さん）、六・五時間（Ｍ７さん）、六・五時間（Ｍ18さん）、六時間（Ｍ24さん、Ｍ32さん）など、他の二つの集団と比べ、一回あたりの利用時間がかなり長い人が目に付く。

利用理由は、圧倒的に多く「仕事」があげられている。ふだん仕事のときはメインで保育所を利用しているが、「土日に仕事のとき」（Ｍ２さん）、「日曜日に仕事のとき」（Ｍ７さん）、「夕方から夜の仕事のとき」（Ｍ31さん）など、主に保育所が開いていない曜日や時間帯に、第二のあずけ先としてピノキオを利用している様子がうかがえる。また、「保育所であずかってもらえないとき」（Ｍ35さん）、「子どもに微熱があるとき」（Ｍ７さん）など、いわゆる「病児保育」に近い使い方をしている人や、「上の子の学校行事などで下の子の保育所送迎が困難なとき」（Ｍ24さん）に利用していると答えた人もいた。さらに、現在育児休業中で、保育所に慣れさせるために利用していると答えた人も二名いた（Ｍ４さん、Ｍ18さん）。

これらの回答から、ふだんから就労を理由に保育所による育児援助を長時間受けることのできる立場にあるフルタイム就労層の女性たちは、ピノキオのサービスの融通のきくところをよく理解して、認可保育所の補完的存在として活用している様子がうかがえた。一回の利用時間の長さや、微熱程度なら利用しているといった回答からは、利用に対する心理的障壁の低さがうかがえもした。

その一方で、フルタイム就労層では、「私的理由」による利用の少なさが気になった。「私的」とみなされ得る理由をあげたのは、「病院や美容院に行くため」（M5さん）と「私用のとき」（M13さん）の二名のみである。ふだんから就労のため子どもを長時間預けている彼女たちは、すでに仕事において十分にリフレッシュやストレスの発散ができているのか、はたまた、「私的なこと」に目をむける余裕もないほど、仕事と家庭の両立に追われているのだろうか。

パートタイム就労層

つづいて、パートタイム就労ではたらく一〇名の利用の仕方をみていこう。今回調査した一〇名の特徴として、一般的な「パート主婦」のイメージと少し異なり、社会的階層が高めの人が多いことはすでに述べたとおりである。

ピノキオの利用の仕方としては、就労の際のメインのあずけ先の一つとしての利用が中心だった。

まず、機関による育児援助について、保育所の通常保育を利用している人はおらず、幼稚園を利用している人が一名いるのみだった。一時保育については、ピノキオのほかに、「認可・認可外の一時保育」（M8さん）や「認可外の一時保育（M11さん、M15さん）を使っている人や、自治体が運営する「ファミサポ（注：ファミリー・サポート・センター）」（M8さん）を使っている人がいた。機関による育児援助から取りこぼされたパートタイム就労層に、これらフレキシブルな利用ができる新しいサービスが広がりつつある様子をみてとることができる。

また、親からの育児援助を受けている人は半数の五名で、その他の育児援助としては「女性の友人」（M8さん）、

表8-2　フルタイム就労層（11名）の利用状況

イニシャル	就業状況	機関による育児援助（保育所）	親による育児援助	その他育児援助	ピノキオの月の利用回数	ピノキオの１回の利用時間	ピノキオの利用理由
M2	販売職（フルタイム）	保育所	なし	なし	３回	９時間	土日に仕事のとき
M4	会社員（慣らし保育中）（フルタイム）	保育所	あり（近居の実父母）	あり（認可外一時保育、実姉）	18回	３時間	現在母親が体調を崩しているため／保育所の慣らし期間中のため
M5	回答なし（フルタイム）	保育所	なし	なし	1.5回	４時間	病院や美容室に行くため
M7	歯科衛生士（フルタイム）	保育所	なし	なし	１回	6.5時間	日曜日に仕事のとき／子どもに微熱があるとき
M13	会社員（フルタイム）	保育所	なし	なし	４回	８時間	仕事のとき／私用のとき
M18	保健師（育休中）（フルタイム）	なし	なし	実妹、市の有償ボランティア	1.5回	6.5時間	趣味の音楽活動のため／保育所に慣れさせるため
M21	事務職（フルタイム）	なし	あり（近居の夫の母親）	義姉	４回	２時間	普段子どもを預けている義母が外出するとき
M24	会社員（育休中）（フルタイム）	保育所	なし	なし	回答なし	６時間	上の子の学校行事などで下の子の保育所送迎が困難なとき
M31	会社員（フルタイム）	保育所	なし	なし	2.5回	４時間	夕方から夜の仕事のとき
M32	会社員（育休中）（フルタイム）	保育所	なし	なし	３回	６時間	仕事のとき
M35	事務職（フルタイム）	保育所	あり（実父母、夫の父母）	あり	回答なし	7.5時間	保育所で預かってもらえないとき
結果					月平均4.3回（回答なしを除く）	１回当り平均5.7時間	

「義妹」（M12さん）、「義理の叔母」（M34さん）などが挙がった。

ピノキオの利用方法は月平均八・五回と他の二つの集団にくらべ回数がやや多いのは、それを主にメインのあずけ先として利用しているためだろう。一回あたりの利用時間は平均三・四時間と長くはない。

主な利用理由は、フルタイム就労層と同様「仕事」が多いが、「急な仕事のとき／保育所の一時預かりを利用できなかったとき」（M8さん）、「自営の仕事で配達に出かけるとき」（M11さん）、「実家の商売の手伝いを頼まれたため、一週間の集中的利用」（M22さん）、「仕事のとき／実家の両親が忙しくて預かってもらえないとき」（M28さん）、「仕事のとき／実家でみてもらえないとき」（M34さん）といった回答からは、パートタイム就労層の多くが、不定期で、予定を立てづらいはたらき方をしていること、また、主には保育所の一時保育や両親などにあずけるが、そちらが使えない場合に第二の選択肢としてピノキオを利用している様子がみてとれた。

いわゆる「私的」な理由を挙げていた人はやはり少なく、「月に一回か二ヶ月に一回は美容院に行くため」（M10さん）、「来客のとき」（M12さん）くらいである。

専業主婦層

さいごに、専業主婦一三名の利用の仕方をみていく。専業主婦の多くが、認可保育所においては優先順位が低いとみなされていた、「私的理由」のためにピノキオを利用していた。

まず、機関による育児援助について、保育所を利用している人はおらず、末子がすでに三歳になっているM33さんのみ、幼稚園を利用していた。

そのように機関による援助が受けられない分、親（子どもからみた祖父母）による援助を闘達に利用している人が多くいた（六名）。親以外の育児援助としては、認可・認可外の一時保育がもっとも広く使われていた（五名）。

表8-3　パートタイム就労層（10名）の利用状況

イニシャル	就業状況	機関による育児援助	親による育児援助	その他育児援助	ピノキオの月の利用回数	ピノキオの1回の利用時間	ピノキオの利用理由
M8	英会話講師（パートタイム）	なし	なし	女性の友人／認可・認可外（一時保育）／ファミサポ	2回	回答なし	急な仕事のとき／大学の試験のとき／保育所の一時預かりを利用できなかったとき
M9	司会業（パートタイム）	なし	なし	認可（一時保育）	6回	3時間	仕事のとき
M10	ピアノ講師兼大学講師（パートタイム）	なし	あり（近居の実父母）	なし	8回	5時間	仕事のとき／実両親の入院や手術の見舞いのとき／月に1回か2ヶ月に1回は美容院に行くため
M11	家業手伝い（パートタイム）	なし	あり（近居の夫の父母）	認可外の一時保育	8回	2時間	自営の仕事で配達に出かけるとき
M12	茶道講師（パートタイム）	なし	あり（近居の夫の母親）	義妹	3回	6時間	仕事のとき／来客のとき
M15	家業の飲食業手伝い（パートタイム）	幼稚園	なし	認可外の一時保育	4回	5時間	日曜日に仕事のとき、子どもが幼稚園に行きたがらないとき
M22	実家の販売業手伝い（パートタイム）	なし	なし	なし	5回	4.5時間	実家の商売の手伝いを頼まれたため、1週間の集中的利用
M27	ビオラフォン奏者兼大学講師（パートタイム）	なし	なし	なし	5.5回	3.5時間	仕事のとき／フリーの演奏活動のとき
M28	鍼灸師（パートタイム）	なし	あり（同居の夫の母親、近居の実母）	なし	4回	1.5時間	仕事のとき／実家の両親が忙しくて預かってもらえないとき
M34	ピアノ講師兼販売員（パートタイム）	なし	あり（別居の実母、夫の母親）	夫の叔母	3.5回	3時間	仕事のとき／実家でみてもらえないとき
結果					月平均8.5回（回答なしを除く）	1回当たり平均3.4時間	

女性の友人や夫の叔母を挙げた人もいたが多くはなかった（二名）。

興味深いのは、ピノキオを利用する際の「利用理由」である。就労していないという点で、おそらくはもっとも保育サービスの利用に対する心理的障壁が高いと想像される専業主婦だが、ピノキオでは決して尋ねられることのない利用理由を敢えて尋ねたところ、ほとんどの人が、主たる理由としていわゆる「私的理由」を挙げた。「私的理由」を挙げなかったのは、M14さん、M17さん、M25さんの三名のみである。

具体的に、認可保育所の一時保育で利用理由を尋ねる際に用いられる「リフレッシュ」という言葉を用いて、「テニスなどリフレッシュのため」（M1さん）、「友人とのランチなどリフレッシュのため」（M6さん）、「たまに映画などリフレッシュのため」（M19さん）と説明した人もいれば、「ストレス」という言葉を用いて、「私用のため、育児ストレス解消のため」（M20さん）、「義父母との同居でまったく自分の時間がないことによるストレス解消のため」と説明した人もいた。

また、単なるリフレッシュやストレス発散ではなく、もう少し継続的かつ、自身にとって大切な活動のために利用していると答えた人もいた。たとえば、「趣味の音楽活動のため」（M18さん）、「ボランティア活動のとき」（M26さん）といった回答である。通常、職業をもっている女性の場合、出産後も継続して、職業が個人のアイデンティティのひとつの核となり得るが、専業主婦の場合そうした核がもちづらい。そうした状況にあって、出産により職業から切り離された女性たちが、ピノキオのようなサービスを利用して、自分が自分でいるための活動をつづけることができていることは重要である。

また、これは専業主婦だけでなく、就労層の回答にも見られたことだが、病院や美容室など、小さい子どもを連れて行くことが絶対に不可能というわけではないが、連れて行くと通常「迷惑」とみなされてしまうような場所に行く際に、ピノキオを使うという回答もみられた。たとえば、「病院、歯医者、美容室など子どもを連れて行けな

表 8-4　専業主婦（13名）の利用状況

本人のイニシャル	本人の就業状況	機関による育児援助	親による育児援助	その他育児援助	ピノキオの月の利用回数	ピノキオの一回の利用時間	ピノキオの利用理由
M1	無職	なし	あり（同居の夫の母親）	なし	４回	3.5時間	テニスなどリフレッシュのため
M3	無職	なし	あり	なし	0.5回	2.5時間	病院、歯医者、美容室など子どもを連れて行けない用事のとき／祖父母に頼めないとき
M6	無職	なし	なし	認可の一時保育	１回	2.5時間	友人とのランチなどリフレッシュのため
M14	無職	なし	あり	認可外の一時保育	８回	４時間	現在アメリカから帰国中で、用事をしたり会合に出席したりするため
M16	無職	なし	あり（同居の夫の母親）	女性の友人	2.5回	４時間	義父母との同居でまったく自分の時間がないことによるストレス解消のため
M17	無職	なし	なし	認可・認可外の一時保育	1.5回	２時間	上の子を習い事に連れて行くため
M19	無職	なし	なし	なし	１回	3.5時間	病院へ行くため／たまに映画などリフレッシュのため
M20	無職	なし	なし	なし	2.5回	4.5時間	私用のため、育児ストレス解消のため
M25	無職	なし	なし	認可の一時保育	回答なし	3.5時間	上の子の通院のため／保育所の一時預かりは時間が長すぎるため
M26	無職	なし	なし	なし	1.5回	3.5時間	ボランティア活動のとき／知人と会うとき
M29	無職	なし	あり（近居の実父母）	なし	８回	３時間	実家の両親が忙しく、疲れが溜まったとき／たくましく育って欲しいため
M30	無職	なし	あり（近居の夫の父母）	認可外の一時保育	1.5回	3.5時間	家の新築のための打ち合わせ／小学校・幼稚園の行事／美容院
M33	無職	幼稚園	なし	イベント時の託児	回答なし	回答なし	子どもを連れて行くと迷惑になる場所へ行くとき
結果					月平均3.6回（回答なしを除く）	１回当たり平均4.8時間	

い用事のとき」（M3さん）、「家の新築のための打ち合わせ／小学校・幼稚園の行事／美容院」（M30さん）、「子どもを連れて行くと迷惑になる場所へ行くとき」（M33さん）などである。K先生の話では、多くの利用者から、「昔は歯医者さんなんかにも連れて行っていたが、こういうところがあるから助かります」と喜ばれており、利用するときには、あわせて次の予約を入れてくれる人も多いという。

以上みてきたように、それぞれの就労層の女性は、ピノキオのサービスの特性をよく理解して、それぞれの目的のために役立てていた。とくにその「利用理由を問わない」サービスは、従来公的なサービスからもっとも遠ざけられていた層の利用を引き出すのに役立っただろう。

つづいてここからは、ピノキオを利用する女性たちの日々の託児実践に焦点をあて、これらの女性たちが、実践をつうじて自身と子どものおかれた状況にたいし主体的に働きかけ、変えていこうとする、能動的な側面について検討する。以下では順に、「託児にまつわる不安を払拭する」、「家族に内緒で利用する」、「「ばぁば」による託児への冷静なまなざし」について考察する。

3　託児にまつわる不安を払拭する

さいしょに検討するのは、それまで託児サービスを利用した経験の乏しい専業主婦や一人目養育中の母親が、利用に際してどのような不安や葛藤をいだき、またそれをどのようにしてのりこえたかである。

K先生によれば、母親がはじめてピノキオに子どもを預けにくるときの態度には個人差がみられる。「うちの子は大丈夫、泣いてもいいんです」とあっさり去っていく母親もいれば、「心配で心配で」と、出先からわざわざ電話をかけてくる人もいるそうである。ここでとりあげるのは、主に後者の、託児サービスの利用に不安をいだく女性たちの経験である。

あずけることへの不安

質問紙調査では、「子どもをピノキオにあずけることに対して、あなたご自身にはどのような不安や期待がありましたか」という質問をもうけ、利用に際し、母親自身がいだいていた不安や期待について自由に記述してもらった。その結果、専業で子育てをしている母親や子育て経験の浅い母親を中心に、つよい不安を経験していたことがわかった。

下記はいずれも、専業主婦で、自宅で〇歳から三歳の子どもを育てている母親の回答である。

私自身はもちろん不安のほうが強く、特に子どもに（預ける際に）泣かれるとつらかった。
（M６さん、専業主婦、末子一歳）

一回目はうしろ髪がひかれて、預けてから、出口からしばらく動けませんでした。
（M１さん、専業主婦、末子三歳）

私自身の不安は、（一）まだ一歳にも満たない時期である事（早すぎないか？）、（二）けがなどしないか、という事でした。
（M29さん、専業主婦、末子〇歳）

M６さんとM１さんは、ふだん誰の手も借りず、たった一人で子育てをしている。また、M29さんとM６さんは、一人目を育てている「新米ママ」である。そのような状態で子育てをしている母親が、利用に際し不安をいだいたとしても無理はないだろう。

自分自身、納得する

では、そのように利用に際し不安をいだいていた母親たちは、そうした不安をどのようなプロセスを経て解消していただろうか。ここでは聞き取り調査に協力してくれたフルタイム保健師のM18さん（三〇代前半）の語りをもとに、考察したい。

M18さんは現在育休中で、自宅で一歳一ヶ月になる息子を育てている。ずっと臨床の仕事をしており、結婚後しばらくは「幻の専業主婦期間」を過ごしたのち、やはり思い直して復職したというエピソードからもわかるように、家庭生活を第一に考えつつ自分の仕事も大切したいと考える、まじめな性格である。また、保健師という職業柄もあり、子どもの発達や健康にかんし、豊富な知識をもっている。

京都には、結婚後に移り住んだため知り合いは少ない。夫は会社員で、遠方に単身赴任をしている。夫にたまに「育児が大変」と訴えるが、離れていることもあり、わかってもらえている気はしていない。M18さんはご両親を早くに亡くしており、また、夫の両親も遠方にいるため子育ての手助けは頼めない。となりの市に妹が住んでおり、たまに行き来したり、電話で話したりはする。

このように支援が少ないなかでの子育てで、託児サービスの利用を検討したこともあるが、やはり産後一年間ぐらいは利用にふみきることができなかった。その理由をつぎのように語っている。

最初は不安じゃないですか、自分があずけるのって。でも、やっぱり自分の用事があるときに、どうしても出ないといけないとか、職場の関係で。……（中略）……やっぱり他者にお金を出してまであずけるのはどうかなって。今から思うとあれですけど、うーん、自分の都合のために、仕事でもそうじゃないですか、自分の都合のために子どもがしんどい思いをするのはどうかなっていう。

このようにM18さんは、子どもをあずけることは「自分の都合」によるもので、さらにそれは「子どもがしんどい思いをする」ことと捉え、利用をためらっていた。なお、産後、食品の買い出しなどをしてくれる行政のサービスの利用を検討したときも、「わたしだけのもののために、一時間八〇〇円も出して」と思い、結局利用することはなかった。家事や育児は「ちょっと無理すればやれちゃう」ことなので、とも話した。

唯一、子どもをあずけたことがあるのは、夫婦で趣味の演奏活動に出かけるときで、あずけた先はとなりの市に住む妹だった。しかし子どもが動き回るようになってからは、そのような機会もなくなっていった。

子どもが一歳にちかづいたころ、M18さんが託児サービスの利用にふみきったのは、自身の職場復帰を控え、たびたび出かける必要が出てきたことと、また、育休明けの保育所入所に向けた「慣らし保育」をさせたいとかんがえたためだった。

興味深いことに、M18さんは、ピノキオを利用するまえ、行政や民間の三つのサービスを実際につかってみて、使い勝手など比較検討している。一つ目は、民間の有償ボランティアで、利用料は一時間八〇〇円と良心的だったが、予約が取りづらく、「何かこう、パチッとニーズに合うものがなくて」、つづけて利用するにはいたらなかった。

二つ目は、民間の託児所で、近かったからできればそこにあずけたいと思ったが、「電話対応がよくなく」、行く気が失せてしまった。

三つ目は、居住する市のファミリー・サポート・センター制度に似た支援サービスで、ここでは三人の支援者と面談をし、一人、近くに「いい人」がいたので、何かあるときにはまずその人に依頼し、だめならピノキオを利用するようにしているという。ピノキオを選んだ理由は、「ばぁば」の人柄と、「電話対応が素晴らしくよかったため」とのことだった。

このように、みずから納得し、「ここなら大丈夫」と思えるサービスを選んで利用するなかで、M18さんの託児に対する考えかたは、徐々に変化していった。M18さんはピノキオに行きはじめてからの子どもの変化について、つぎのように語っている。

しばらくあずけてみて、彼（注：息子）がイヤがったらあれだけど、やっぱり月齢が大きくなるにつれて、だんだん「ここは僕が知ってるとこや」っていうのが思うようになってきたので、安心して。

またM18さんは、それまでの自分自身の子育てをふり返り、子どもの成長という面では「限界」にきていたとも語った。

ぼちぼち、まったく一人、一対一っていうのは、そういう意味でも、彼の成長のためにも、限界かなと思って。出て行ってもっと遊びたいし、もっと知らない人とも接したいんやろなって……（中略）……遊びって言っても、ずうっと遊んでいられへんし、子どものテンションに数分までは耐えられるけど、あとはもうついていけないじゃないですか。でも、彼はずっとテンションが高かったりするじゃないですか。で、ついていけない。で、そうするとすごく退屈がったりとか、ぐずぐず言い出したりとか。

このように、かつては「子どもがしんどい思いをする」とマイナスに捉えられていた託児が、ここでは「彼の成長」にむすびつけて、肯定的に語られている。

さいごに、M18さんは、二ヶ月後に控えた保育所入所について、「かわいそうかな」という気持ちもあるが、「行ってしまえばまた、ばぁばサービスと同じで」、何とかなると思っていると語った。ただ、職場の都合上、朝七時半から一八時一五分までと、今よりずっと長時間保育になることについて不安もあると言い、「ずーっと一緒に居たとしても、でききれない部分もあるし」と、葛藤している様子がうかがえた。

以上みてきたように、M18さんは、ピノキオと出会うことにより、「納得」という大切なプロセスを踏んで、託児にふみきることができた。こうした変化は、個人の内面に生じる、ごくわずかな変化であったかもしれないが、それなしにはいくら新しい制度やサービスができても利用にはつながらないという意味で、とても重要な変化であったと思う。

4　家族に内緒で利用する

つづいて、利用に際し家族や知人などから反対されたが、その後も家族に内緒で、利用をつづけている女性たちの実践をみていこう。

家族からの反対

質問紙調査では、「子どもをピノキオにあずけることに対して、周囲の反応はいかがでしたか」という質問をもうけ、自由に記述してもらった。その結果、多くの利用者が、夫や両親、あるいは知人などから、利用に反対された経験をもつことが明らかになった。

家族からの反対理由は、「世間体」によるものと「金銭的理由」によるものに大別される。まず、社会経済的な階層が高い層では、主に「世間体が悪い」という理由で反対されたという声があがった。たとえば、ピノキオの常連で、フィールドでもたびたび会って話を聞かせてくれたパートタイム音楽講師兼大学講師のM10さんは、音大を卒業後、地元で開業医をしている夫と結婚し、現在は大学と自宅で週に二回ほどピアノを教えながら、二人の子どもを育てている。M10さんによれば、それまで子育てを助けてくれていた夫の両親や自身の母親が高齢になり子どもをみることができなくなったため、下の子どもが一歳になったころから、仕事のときや病院に通うとき、自身の美容院に行くときなどに、ピノキオを使うようになった。それに対する夫や夫の両親の反応は、つぎのようであったという。

ピノキオに限らず、主人は他人に預けるということに関しては消極的で、とくに近所だと知っている人が多いんじゃないかと思い込んでいますので、ほかに仕方がないとわかっていてもできれば預けないで欲しいようです。ただ、上の子のときと違い、主人の母も、わたしの両親も、頼りにならなくなってしまったので、今は本当に、ほかにどうしようもないと黙認しているような状態です。わたし自身は家庭的な雰囲気で、ゆったりと見ていただけるのではという期待を持っていましたし、今もそう思って感謝しています。（M10さん、ピアノ講師兼大学講師・パートタイム、末子一歳）

同じく、音大を出て、現在は年数回のビオラフォン演奏の仕事と週一回の大学講師の仕事をしながら自宅で七ヶ月の娘を育てているM27さんも、会社員の夫から、あずけることについてははっきりと反対されたわけではないが、つぎのような消極的な反応を受けたという。

実家が四国なので娘を預けることができず、仕様がないね‼という反応でした。仕事だからどうしようもないね、と言われました。わたしの周りには仕事をしている人が少ないので、あまり好意的な感じではありませんでした。

（M27さん、ビオラフォン奏者兼大学講師・パートタイム、末子〇歳）

これに対し、夫自営層を中心に、金銭面での負担を理由に反対されるケースがみられた。たとえば、夫が自営業をいとなみ（職種は不明）、自身は専業主婦として自宅で三人の子どもを育てているM30さんは、「主人は以前は預けることに対して、金銭面であまりよい顔をしていなかった」と述べている。同様に、夫が飲食店を経営し、いそがしい時間帯は自身も店を手伝いながら自宅で三人の子どもを育てているM15さんは、夫について、「お金を払って預けるので文句を言いそう」と語っている。

このほか、専業主婦として自宅で二人の子どもを育てているM26さんのように、夫から、「小さな保育室に入れて、退屈しないのか？」、「本当に大丈夫？」と、設備面について指摘された人もいた。夫の職業は公務員である。

さらに、フルタイムで就労し、すでに保育所を利用している場合であっても、ピノキオの利用に当たり、家族から反対を受けたケースもみられた。たとえば、会社員としてフルタイムで働きながら、一歳の子どもを育てているM32さんは、家族や周囲の友人から、「保育園にも行き、ピノキオにも行き、そこまでしてなぜ働くのか？　仕事をするなんて?!」と言われ、「自分自身、心身ともにくたくたになるのではないか」と不安にかられた。同様に、フルタイムで働きながら三歳の子どもを育てているM31さんは、周囲から「そこまでして仕事しなあかんの?!　大変だね」と言われた。

このように、一人や二人ではない、ピノキオを継続的に利用している女性たちの半数近くが、何らかのかたちで周囲から利用を反対されたり、利用を咎めるような発言をされたりした経験をもっていた。

家族に内緒で利用する

では、そのように周囲から反対された女性たちは、どのようにして反対を押し切り、利用を継続するにいたっていただろうか。

何人かの母親は、家族にピノキオのよさを説明する、家族をピノキオに連れてきて実際の保育の様子をみてもらうなど、いわゆる「正攻法」で利用継続にこぎつけたと答えた。その一方で、つぎの五名の回答にみられるように、さいしょから説得すること自体をあきらめ、家族に内緒で利用していると答えた母親もいた。

家の人には、言っていません。理解してもらえないと思います。三人目で、甘やかされているので、誰にでも、なついてくれればと思っています。（M１さん、専業主婦、末子一歳）

だれにも相談せず自分で確かめてとても安心できると思ったのでお願いしました。（M11さん、家業の手伝い・パートタイム、末子二歳）

正直言って自分（私）の実家にはあずけることを言いましたが、（私の両親も忙しいからいいのではないかと言っていました）義父母には言っていません。なんとなく子供をあずけてまで……と言われかねないため。（M14さん、専業主婦、末子一歳）

いつもと違う園でいやがらないかと思いました。父親にはいいませんでした。お金を払って預けるので文句をいいそう。

夫や夫の親には言っていない。子供は母親がみるのが当たり前と思っている人達なので知られると何を言われるか分からない。子供が楽しく過ごせるか不安だった。家に帰って皆に言うのではないかと不安だった。

（M15さん、飲食業手伝い・パートタイム、末子四歳）

（M16さん、専業主婦、末子二歳）

五名はいずれも、専業主婦、もしくは夫自営で家業の手伝いをしているパートタイム就労の母親である。そのことは、これらの集団が、従来託児サービスの利用から、もっとも遠ざけられてきた集団であることとかかわりがあるだろうか。

また、内緒にしている相手には、「夫」または「夫の親」が多くあがっていた。託児のように大切なことを、同じ子どもの親である夫にさえ相談せず、母親が一人でひっそりと解決している現状について、わたしたちはどのように考えるべきだろうか。

政治の不在か、「退出の政治（politics of exit）」か

「家族に内緒で利用する」という実践をめぐっては、フェミニズムの視点からみて、少なくとも二つの見方がなりたつだろう。一つは、これを自身にあたえられた「母」という性役割に、ただ従順にしたがっているとみなす見方、もう一つは、これを社会に対する異議申し立てをおこなう、フェミニズムの実践とみなす見方である。

第一の見方を支持するひとは、つぎのように言うだろう。すなわち、これらの女性たちは、自分ひとりが子育てを担う現状にたいし、多少の不満はいだきつつも、根本的にそれを変えようとは思っていない。仮に現状に不満が

あったのならば、選挙やデモをつうじて保育所の増設を訴えるなど、社会にたいし不満を表明する方法はいくらでもあったはずだ。そうした方法をとらず、ピノキオのような託児所を一時的に利用して、ひっそりと不満を解消しているということは、結局のところ、彼女たちが現状の育児システムを受け入れているということにほかならない。

しかし、表立った現状の育児システムのあり方をめぐって、表立った政治的主張や行動がなされていないことは、すぐさま、現場で子育てを担う女性たちが、現状に対し、何の不満や要望ももたないということを意味しはしない。というのも、すでに論じたように、日本社会では長らく、女性が公的な場で意見を申し述べる機会はいちじるしく制限され、とくに「子育て」のように個人が私的に対処すべきとされることがらについて、政治の問題として取り上げる伝統が存在してこなかったからである。

したがって、本書は第二の見方、すなわち、「家族に内緒で」ピノキオを利用する女性たちの実践を、社会に対し異議申し立てをするという意味での、フェミニズムの一実践とみなす立場をとりたい。

ピノキオの実践が示唆するのは、現行の育児システムのもっとも熱心な信奉者であるかにみえる「専業主婦」の女性たちでさえ、実際に親になり、子どもを育ててみて、それまでのやり方に限界を感じ、変化を求めたというその事実である。彼女たちはたとえ短時間でも、子どもと離れることが自分にとって必要とかんがえ、それを実践した。その際、古き良き「親密圏」の残滓ともいうべき「ばぁば」たちの託児所に出会えたことは、彼女たちにとって幸運だったと言うべきだろう。

なお、一見したところ政治的行動にみえないピノキオの利用者たちの実践は、ドイツの政治学者のアルバート・O・ハーシュマンが提起した「退出の政治」という概念に照らし、つぎのように整理しなおすことができる(1)。ハーシュマンによれば、政治・経済システムの衰退の危機に際し、成員たちが不満を表明するやり方には「発言（voice）」と「退出（exit）」、そして「忠誠（loyalty）」の三つのやり方がある。

「発言」とはすなわち、システムの管理者に対し、直接的に意見を述べる行為を意味している。たとえば、経済システムを例にとるなら、企業の業績が悪化した際、企業のメンバーや消費者は経営陣に対し、品質やサービスの改善を要請したり、より上位の権力層にうったえかけたりすることで、業績の回復を図ることができる。それに対し、「退出」（日本語で「離脱」と訳されることもある）とは、企業のメンバーが組織に見切りをつけて立ち去る、消費者がもはやその製品を買わなくなるなど、「そこから身を引く」というかたちで実践される（ハーシュマン 二〇〇五：四）。

なお、「発言」は、組織がそれをきちんと受け止め、対処したなら組織の発展につながり得るが、「退出」については注意が必要である。「退出」ばかりが増え、発言する人がなくなれば、組織は衰退するほかない（ハーシュマン 二〇〇五：四三）。[ii]

ひるがえって、家族に内緒でピノキオを利用する女性たちの実践もまた、システムの危機に際して編み出された、

（i）ハーシュマンの議論はもともと一九七〇年代に発表され、主に経済分野で受容がすすんでいたが、一九九〇年一〇月、ベルリンの壁が崩壊し、旧東ドイツが国家として消滅したプロセスを鮮やかに説明する議論として、あらたに政治学の分野で脚光を浴びた。ハーシュマンは、東ドイツの崩壊について、国民による「発言」行動が成功する可能性がきわめて低い社会の状況にあって、多くの国民が西ドイツへの移住という「退出」行動を選択し、また、そうした行動に対し、国家によって対処がなされなかったことの結果によるものと論じている（Hirschman 1993）。

（ii）ここでは触れなかったが、ひとびとのあいだにシステムに対する「忠誠（loyalty）」という第三の要素が存在するとき、「退出」が増えすぎることを予防するとも述べられている。企業の例で言えば、ある製品や組織につよい愛着を抱いているメンバーがいれば、離脱ではなく発言をつうじて、組織を改善する道が選択されるというのである（ハーシュマン 二〇〇五：八六―八七）。

ひとつの「退出」のポリティクスとして読むことが可能である。子育てを家族に丸投げにして、個々の女性の「母性」だのみでやっていくような旧来的な育児システムは、とうのむかしに限界にきている。にもかかわらず、政治家も男性（夫）たちも、そのことを理解しようとしない。そうした状況にあって、女性たちはシステムに見切りをつけ、静かにそこから立ち去ろうとしているのではないか。

女性たちが、子育てのように大切なことを、パートナーに相談することすらできていないという現状に、政治家たちはもっと危機感をもつべきである。それは、単なる「母役割からの一時的な休憩」よりは、深厚な事態である。そうした「退出」の行為が増えれば、やがてシステムの空洞化、衰退がもたらされるだろう。あるいは女性が子どもを産まなくなって久しい日本社会の現状は、すでにシステムが取り返しのつかないところまで衰退しきったことを示しているのかもしれない。(iii)

5 「ばぁば」による託児への冷静なまなざし

さいごに、「「ばぁば」による託児への冷静なまなざし」と題して、ピノキオを利用する母親たちが、そこで提供されているサービスをどのようにみているのかを考察したい。メディアや政策言説にみられた過去を美化する語りとは異なり、母親たちは「ばぁば」による託児のよい点はみとめつつ、同時にその限界も冷静にみている。

「ばぁば」への信頼

基本的には母親たちもまた、「ばぁば」による託児を本物の祖母―孫関係になぞらえ、「自然」で、安心できるものとみなす語りのパターンを踏襲している。

たぶん皆さん育児の経験者で、子どものこともよくわかっておられるし、自分の母親に預けるような気持で、安心して預けました。また、わたしの母親をみていても、わたしより丁寧に子どもに接していて、気負いもないので、子どもがのびのびと遊ばせてもらえるんじゃないかと期待しておりました。

（M17さん、専業主婦、末子一歳）

（iii）アメリカの政治学者 Leonard J. Schoppa（2006）は、*Race for the exits: the unraveling of Japan's system of social protection*（『退出のレース：日本の社会保障システムの崩壊』）と題された著作（未邦訳）において、二〇〇〇年代日本の止まらない少子化を、産育からの「退出」行動として読み解くことをこころみている。Schoppa は、戦後日本の資本主義の特徴は、政府が企業に保護を与える一方、企業の経済活動に広範な規制を課す、「護送資本市議（convoy capitalism）」（Schoppa 2006: 2）にあったと説明する。政府は企業に対し、その雇用する社員に生涯にわたる雇用や家族を扶養するに足る賃金、住宅、医療や年金といった社会保障を提供することを求め、それによって福祉予算の節減に成功した。一方、家庭においては、女性が実質的な社会保障（育児や介護）を担った。このように企業と女性という二つの社会集団に重い負担を課すシステムは、一九九〇年代以降の長引く不況と働く女性の増加により、もはや成り立たなくなっている。企業はその負担に耐えかねて生産拠点を海外に移し、女性たちは少なくとも二つの方法で現状から部分的に撤退している。一つは、キャリアを断念し、完全に「家庭に入る」選択をすること、もう一つは結婚や子どもを持つことそのものを断念することである（さらに極端な退出のオプションとして、日本という国そのものに見切りをつけ、海外に移住すること、外国人と結婚すること、外資系企業に就職することなども挙げている）（Schoppa 2006: 6）。

このように、現状のシステムに不満を抱く女性たちが、なぜ選挙や社会運動といった「発言（voice）」をつうじてシステムの変革を試みないのかについて、Schoppa はつぎのように論じている。すなわち、「発言」するためには、仲間を集め、会合に出席し、手紙を書き、志を同じくする仲間と同盟を結ぶなど多くの労力を要する。それに対し、「退出」するというオプションは、手軽で、たった一人で行うことができるし、周囲に波風を立てることもない（Schoppa 2006: 7）。

おんぶなどをして小さな乳児たちはうまく寝かしつけているなと思いました。自分のおばあちゃんちで遊んでいるように、子どもも自然になつく様に思う。

（M3さん、専業主婦、末子三歳）

またその際、「ばぁば」による託児のよさを、「経験のない医者」や「若い保母さん」、「独身の方」による保育と比較して、経験豊富で、よりあたたかみのあるものとみなす語りも多くみられた。

私を含め、現在の子育てや自分の子どもを持っていない若い人たちより、おばあちゃんの子育ては経験からのものなので、信頼しています。出産したのは病院でしたが、妊娠中の生活での注意はすべて祖母からのアドバイスを頭に置き、経験のない医者や本での知識で頭でっかちになることもなく、実際の子育て経験が一番だと思っていますので安心しています。

（M24さん、会社員・フルタイム、末子○歳）

現在の保育所よりも手をかけてもらっているような、若い保母さんよりゆとりをもった子どもに対するあたたかい視線を感じる。○歳児未満も当日予約でいけるのでありがたい。

（M4さん、会社員・フルタイム、末子○歳）

みなさん経験豊富な方ばかりで独身の方がみているよりも、ずーっといいと思います。だからこそ安心して預けられます。

（M14さん、専業主婦、末子一歳）

一言で「おばあちゃん」といっても、ピノキオの先生方は子どもが好きな方ばかりで、保母さんなど経験者ですから、ある意味専門的だと思いますが、やはり、子どもの気持ちを受け止める心の広さがありますよね。私情が入る親とか、未婚の若い保育園や幼稚園の先生とは、違うよさは当然あります。また、小さな子どもと先生方のペースが合っていて、いいなーと思います。でもやんちゃな男の子とかは大変そうですね、やっぱり。

（Ｍ９さん、司会業・パートタイム、末子二歳）

体力面での懸念

このように、「ばぁば」による託児に信頼をよせる一方で、体力面あるいは育児方法の面で、気になるところがあると述べた母親もいた。

まず、体力面の問題について、ふだんから高齢者と接する機会の多い母親を中心に、つぎのような声があった。Ｍ11さんは夫の両親が近くに住み、Ｍ10さんは実の両親が近くに住んでいる。またＭ１さんは、夫の母親と同居している。

いつも祖父、祖母は家にいますからお年寄りにみていただくことは何も思いませんが、体力的に本当に子どもさんが好きでないとこの仕事はなかなかできないでしょう。今までは子守りをしてくれたのですが、面倒みるのがしんどいと言われたのでおばあちゃんたちは体の方は大丈夫なのかなと心配しています。

（Ｍ11さん、家業の手伝い・パートタイム、末子二歳）

不安はそれ程ありませんでしたが、強いて言えば、年配の方々ですのでお疲れになってくると注意力が少し落ちたり、そんな時にタイミング悪く誰かが危険な行動や遊び方をしたら、素早く止められるのかなということぐらいです。でも今のところ子どもの人数が多いと人数を増やしてみてくださるので、とくに心配なくなりました。
（M10さん、ピアノ講師兼大学講師・パートタイム、末子一歳）

子どもの面倒をみるのは結構きついと思うので、身体に気を付けて一緒に遊んでいただければと思います。
（M1さん、専業主婦、一歳）

実際、フィールドでも、スタッフ同士で、腰がいたい、膝がいたいといった会話は聞かれるし、保育中、膝がいたいのをかばって、脚をのばして床にすわって子どもとあそぶ光景もみられる。しばしばむかしながらの子育ての象徴として語られる「おんぶ」や「だっこ」についても、好んでおんぶ紐をつかって、おんぶで子どもを寝かしつけるスタッフがいる一方で、「おんぶなんかやめとき。肩に食い込むよ」と声をかけるスタッフもいる。ついにピノキオでは、スタッフ会議で、「おんぶやだっこはしなくてもいい」と言い渡されたそうで、「おんぶ」や「だっこ」問題は、高齢者による託児のむずかしい問題として横たわっている

保育内容への不満

また、ピノキオの保育内容について、実際にあずけてみて、意外にも「むかしの遊び」が少なく、テレビやビデオ視聴が多い、昼寝をさせてくれないといった不満を述べた母親もいた。

京都の一時保育をしてくれるところをたくさん調べまして、電話の対応、様子、パンフレットなどで、こちらに決めました。わたしの母も自分と同世代のおばあちゃんがみてくれるなら安心だねと言っていました。わたしの不安は、むか

しの育児法にもいいところと悪いところがあると思うので、少し心配していました。期待していたことは童謡やわらべ唄、本の読み聞かせやむかしの遊びを意識的にしているのかなと期待していましたが、ＴＶをよくつけていたので少し残念に思いました。（Ｍ23さん、学生、末子一歳）

おばあちゃんなのでやさし過ぎて、昼寝をさせてくれなかったことが少し不満……（中略）……子どもが寝なかったこともあると思いますが、ずっとビデオがついていては寝ないのも当たり前。寝る時間をつくって、ビデオはやめてほしい。家に帰ってからが大変です……（中略）……幼児なので親が昼寝を希望したらそのような環境は作ってほしい。ビデオばかりじゃなくて絵本の読み聞かせなどしてほしい。（Ｍ15さん、飲食業手伝い・パートタイム、末子一歳）

実際、わたしがフィールドにいるときも、ビデオがみせられることはよくあった。とはいえ、つけっぱなしということでは決してない。たいていは昼ごはんを済ませたあとの大人も子どもも眠くなる時間帯に、子どもがぐずったり、ハイパーになりすぎたりしたのを、スタッフの誰かが、「ほれ、○○ちゃん、ビデオ何観るか?」、「アンパンマン好きやろ?」などと声をかけ、テレビのまえに小さな椅子がならべられた。ビデオの効果はてきめんで、さわいでいた子どもたちも黙って大人しく観はじめる。そうして保育室が、つかの間、静寂に包まれると、スタッフはやれやれといった感じでおもちゃを片付けたり、事務仕事をしたり、ほっと一息ついたりする。

それはちょうど、わたしたち母親が、子どもに静かにしてもらいたい場面で、スマホで動画をみせるのと同じことだ。「ばぁば」だからと言って特別ではない。いやむしろ、体力面で限界のある「ばぁば」だからこそ、そうした道具を使うことも必要だろう。

この点についてＫ先生は、「一時保育」というサービスの特性に触れ、つぎのように説明している。Ｋ先生によれば、ピノキオのような一時保育の保育所と一般の保育所では、できることが異なっている。毎日同じ年齢の同じ子どもが同じ時間に来所して過ごす通常保育とは異なり、ピノキオでは、「八時ごろ来て夕方までいる子どももいれば、一〇時に来て二時間で帰る子ども」もいれば、「紙芝居などしても、それを見ることのできない乳児もいる」。そのため保育所のように、何時に一斉に昼寝をさせるといった設定保育をすることはむずかしい。

同様に、別のスタッフも、「うちは一時預かりなんですよ。毎日同じ子が来るわけやないから。機嫌よう過ごしてもらって、ケガもないよう、安全に、またばぁばんとこ行こうなって思ってもらえたら」と、「一時保育」の託児所としてのピノキオの役割を強調した。

なお、利用者のなかにも、「一時保育」というサービスの特性を理解したうえで、つぎのようにコメントした母親もいた。

（ピノキオのスタッフは）とにかく優しくて慎重だと思いました。二〜三時間預けるのにはおばあちゃんは一番よいです。でもフルタイムで働くお母さんであれば、ピノキオさんではやはり子どももかわいそうだし、おばあちゃんもかわいそうだと思います。

（M22さん、実家の販売業手伝い・パートタイム、末子二歳）

実際ピノキオでも、月曜日から金曜日まで、毎日九時から五時まで、フルであずかって欲しいといった依頼が寄せられることがあるが、そうした依頼に対しては、「それはうちではなくて保育所さんのほうになります」と説明し、断っているとのことだった。

6　まとめ――「親密圏」の残骸の寄せあつめから生まれ出たもの

以上、第Ⅱ部では、京都市にある認可外保育施設「ばぁばサービスピノキオ」でのフィールドワークをもとに、保育スタッフである「ばぁば」ならびにそれを利用する母親たちの実践をつうじて、現行の母親専従の育児システムが相対化される可能性について考察してきた。

第5章でみたように、一九九〇年代末以降、少子化対策の一環として広がった「一時保育」の取り組みは、家庭で子どもを育てる女性の支援ニーズに光をあてた点であたらしかったが、同時にその手軽さと、おそらくは、専業主婦が託児サービスを使うことへの抵抗感から「育児放棄の温床」として非難されるなど、固有の困難もともなっていた。

ところが、第6章でみたように、ピノキオは、事業内容は「一時保育」でありながら、保育者が「ばぁば」と呼ばれる高齢の女性であることから、そうした批判をたくみにまぬかれていた。メディアや政策言説において、その実践は、本物の祖父母―孫関係になぞらえて「自然」なものとして語られたり、地域における相互扶助的な関係性の再現として語られたりするなど、しばしば好意的に表象されてきた。背景には、高齢者による託児に、現代家族の危機を埋め合わせる役割を期待したいという、政策的意図もみえ隠れしていただろう。

しかしまた、そうした表象は、現代の視点から都合よく語られた過去であったことを忘れてはならない。第7章でみたように、ピノキオの実践には、単に「伝統的」というだけでは説明することのない、近代的な側面が入り混じって存在していた。ピノキオの実践を「親密圏の残骸を寄せあつめた、不思議なもの」と表現したが（村田 二〇〇五）、社会学者の仲正昌樹は、「利用理由を問わない」方針に代表される、利用者のプライバシーに対する徹底した配慮こそが、ピノキオの実践を現代の視点からみて魅力ある実践にしていただろう。

なお、ピノキオにおいてみられた利用者本位のサービスは、「移行期世代」ならではの経験に裏打ちされていたという点で、一回きりの実践という色合いが濃い。すでにK先生も引退されるなど、スタッフの代替わりがすすみつつあり、今後、あらたに「少死少産世代」（一九五〇年代以降に生まれた世代）が、高齢女性による育児支援の主たる担い手となっていく過程で、ピノキオの実践も必然的に変化していくだろう。

なお、二〇一四年に行った追加調査では、「ピノキオ八年目の改革」を経て、すでにいくつかの変化が出てきているという話をきいた。たとえば開所時間について、立ち上げ当時は延長をふくめると朝六時から二二時まであずかっていたが、はたらく高齢者の安全や福祉にかんがみ、朝八時から二一時に改められた。また、多少の発熱があってもあずかるという方針についても、万一の事故の可能性をかんがみ、発熱のある子どもはあずからないことになった。さらに、敷地内であれば小さい子どもを手押し車にのせて散歩させていたのも、同じ理由からやらなくなった。こうしたあたらしい変化が意味するところについては、稿をあらためて考察したい。

さいごに、第8章では、ピノキオを利用する母親の実践に焦点をあて、そのフェミニズムの実践としての意義について考察した。ピノキオでは、保育者である「ばぁば」たちの献身に助けられるかたちで、それまで託児サービスを利用したことのない専業主婦や一人目養育中の女性たちが、利用にふみ切ることに成功していた。自分自身のなかにあった不安を払拭し、みずから「納得」して利用にふみ切ること、それはささいな変化であったかもしれないが、育児の社会化という大きな目標のためには不可欠な変化であっただろう。

また、ピノキオでは、少なからず数の女性たちが家族や知人から利用を咎められた経験をもっていたが、興味深いことに、一部の女性たちは、そのような状況に対し、「家族に内緒で利用する」ことで応じていた。他人とのコミュニケーションを拒むようなその態度は、あまりに非社会的・非政治的なものとみえたかもしれないが、子育てが女性に丸投げされ、またそれに対し異議申し立てをする機会もいちじるしく制限されているような現状にあって、彼女たちなりのやり方で不満を表明するとともに、そのような現状を変えようとしていたのではないだろうか。その意味で、その実践には、フェミニズムの実践としての意義があったとかんがえる。

第Ⅲ部　二〇〇〇年代以降の変化をめぐって

つづいて第Ⅲ部では、本書であつかう二つの実践のあいだに横たわる二〇年間という時間について、若干の考察を加えておきたい。

本書第Ⅱ部では、二〇〇〇年代前半に実施した「ばぁばサービスピノキオ」のフィールドワークをもとに、利用者の実践をフェミニズムの実践として記述することをこころみた。「ピノキオ」の調査は、わたしにとってその後の研究の核となる視座を形成した調査であり、ぜひとも本書に入れたいとかんがえたが、調査終了から一八年、調査開始から数えればすでに二〇年の月日が経っており、そこで得られた知見がどこまで現代に通用するのか、あらためて検討する必要がある。

そこで、以下では順に、「『団塊ジュニア世代』と産み育ての個人化」、「母親の就労の増加と『専業主婦』をめぐる社会的認識の変化」と題して、二〇〇〇年以降、女性の母親業をめぐって生じた社会の変化を整理し、ピノキオの実践の「一回きり」の実践としての側面を確認するとともに、第Ⅳ部であつかう二〇二〇年代の「乳児保育」の実践と地つづきの部分があることも指摘したい。

第9章　「団塊ジュニア世代」と産み育ての個人化

はじめに、二〇〇〇年代前半に「ピノキオ」を利用していた女性三五名のうち九名が属していた「団塊ジュニア世代」と呼ばれる世代の世代的特徴に注目し、一九九〇年代半ばにはじまる先のみえない経済的不況と、不況のなかで確立された不安定な雇用のあり方が、二〇〇〇年代以降、女性の母親業に与えた影響について検討する。

「団塊ジュニア世代」は一般的に、一九七一（昭和四六）年から一九七四（昭和四九）年にかけての四年間に出生したひとと定義される。その親世代であった「団塊世代」が「第一次ベビーブーマー」と呼ばれるのに対し、団塊ジュニア世代は「第二次ベビーブーマー」と呼ばれる。団塊ジュニアとその後継世代である「ポスト団塊ジュニア世代」（一九七〇年代後半生まれ）には経験や意識、行動の面で共通する部分も多く、一九七〇年代生まれの人を総称して「ロスト・ジェネレーション（ロスジェネ）」と呼ぶ用法もある。

後述するように、団塊ジュニア世代は、不況や雇用の不安定化といった社会変化を、後続の世代に先がけて、また、備えがなかったという意味ではもっとも熾烈なかたちで経験した世代であり、産育においても数多の困難を経験している。なかでも、「産み育ての個人化」とよばれる困難は、第Ⅱ部でみた「ピノキオ」の実践だけでなく、第Ⅳ部でとりあげる「乳児保育」の実践にも影を落としている。

1　不況と雇用の不安定化

団塊ジュニア世代は、別名「格差世代」あるいは「就職難世代」とも言われ、大学を卒業してまさに社会に出んとするそのタイミングでバブル崩壊を経験した世代である。団塊ジュニア世代の最年長の者が大学を卒業し、社会に出た一九九三年にバブルは崩壊した。ニュースでは連日、企業の雇用調整や内定取り消し、大手証券会社の倒産騒ぎが報じられ、一九九八年には実質GNP成長率がついにマイナスに転じた。以後、日本経済は長いトンネルに突入した。一九七二（昭和四七）年生まれのわたしも、留学して卒業が一年遅れたことでまさに不況のただなかでの就職活動を余儀なくされ、しばらくやってみたが、一向に決まらなかった経験がある。

そうした事態にあって、政府は雇用を守るどころか、ぎゃくに非正規雇用の常態化を促進するような政策をとってきた。日本ではじめて「労働者派遣法」が制定され、派遣事業をビジネスとして行うことが可能になったのは一九八六年のことである。その後の度重なる改正により、今では一部業種を除き、事実上自由化されている。

これによって上の世代が、企業に勤めているかぎり当たり前のように享受できていた年功序列型賃金や終身雇用制度といった日本型雇用慣行は、もはや正規雇用の職につくことのできたひとだけの特権へと変化した。いまや非正規で働くひとの割合は労働者全体の四割を超え、その七割が女性である。女性三五～四四歳以上のすべての年齢層で、非正規雇用の割合は五割を超えている（内閣府男女共同参画局 二〇二〇）。

なお、日本で「非正規雇用」というとき、雇用期間が決められた、派遣社員や契約社員、パートタイムなどのはたらき方を指す。契約の更新もあり得るが、基本的には契約が切れるたびにあらたに仕事を探さねばならず、生活は不安定とならざるを得ない。平均給与は正規雇用で働く人の六割から七割で、雇用保険や社会保険は「条件を満たせば加入できる」となっており、事実上、雇い主の判断にゆだねられている。昇給や昇進、研修等の機会もほぼない。

また、日本では「新卒一括採用」という非常に特殊な仕組みをとっているため、新卒の時点でチャンスを逃せば、その後も回復することがむずかしい。団塊ジュニア世代が経験した新卒期の不遇は、中年期までつづいているという報告もある（ＮＨＫ「クローズアップ現代＋」取材班 二〇一九）。

2 強いられた未婚化

つづいて、若者の非正規化がもたらした、未婚化や晩婚化という社会変化について確認する。

団塊ジュニア世代の親世代に当たる団塊世代は、非常によく結婚したことで知られている。一九六〇年代半ばの累積婚姻率、すなわち一生のあいだに一度でも結婚したことのある人の割合は、男性で九七％、女性で九八％に上っている（上野・雨宮 二〇一七：九八）。

また、団塊女性の二〇代後半時の未婚率は二〇％、三〇代前半時の未婚率はわずか一〇％であった。それに対し、団塊ジュニア女性はとくに二〇代での結婚が減り、晩産化がすすんでいる。団塊ジュニア女性の二〇代後半時の未婚率は五四％、三〇代前半時の未婚率は三〇％である。二〇一〇年、団塊ジュニア世代が三〇代後半になったとき、男性のおおよそ三人に一人、女性のおおよそ四人に一人が未婚だった（須藤 二〇〇五）。

このように若い人たちが結婚しなくなった理由について、非正規雇用の増加により生活が不安定化し、将来設計が立てにくくなったことによる「強いられた未婚化」であることが指摘されている。

日本労働組合総連合会が実施した、二〇～五九歳の非正規雇用で働く女性一〇〇〇名を対象にした調査では、初

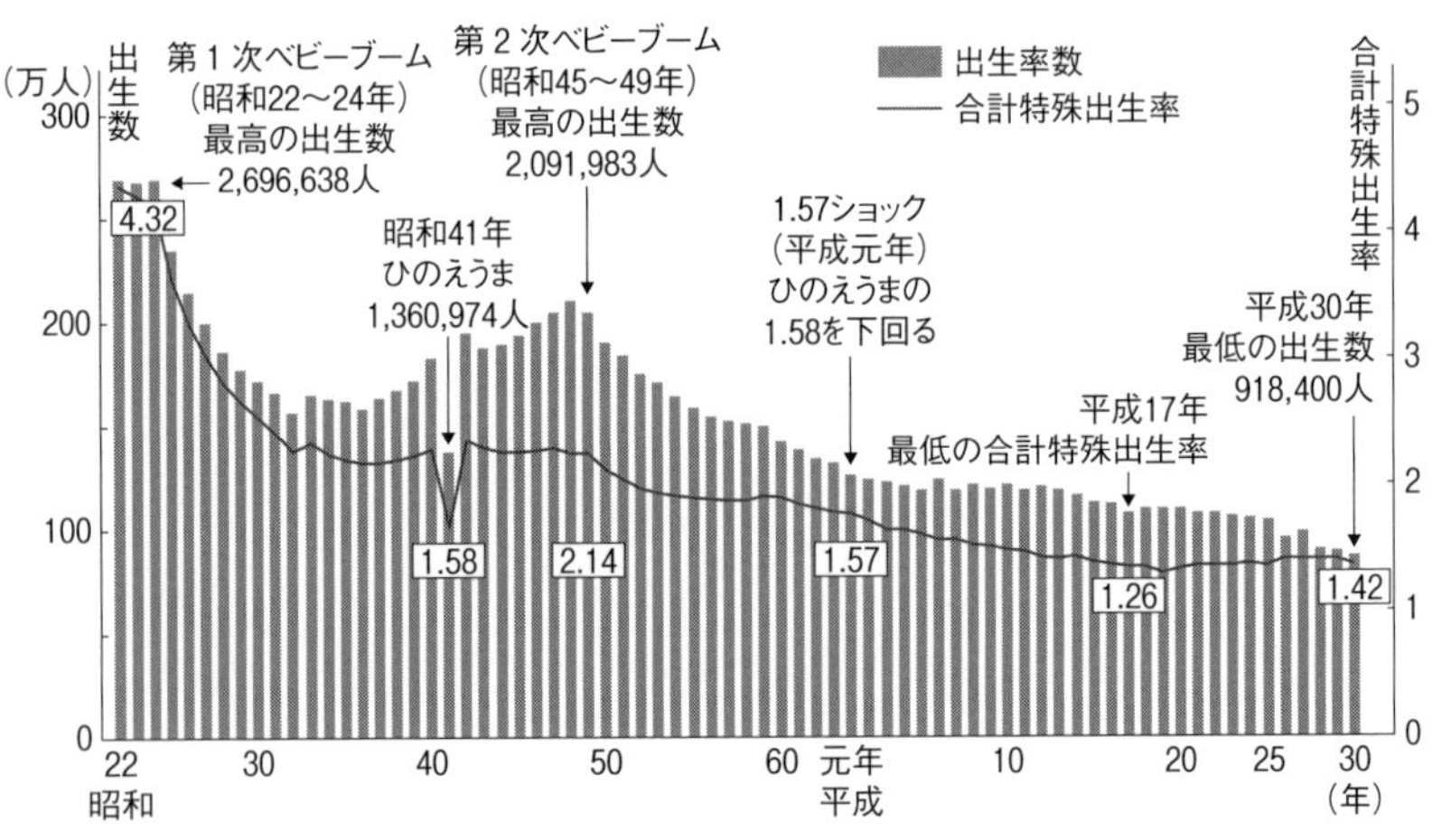

図 9-1　戦後日本の出生数と合計特殊出生率の推移

出典：厚生労働省「人口動態統計（確定数）」2018年。

職が正規雇用であった場合、配偶者がいたのは七〇・九％だが、初職が非正規だった場合、二六・九％にとどまっていた（日本労働組合総連合会二〇一七、NHK「クローズアップ現代＋」取材班二〇一九：八三―八五）。

3　来なかった「第三次ベビーブーム」

さらに、結婚と出産が強固に結びついている日本社会では、若者の未婚化・晩婚化は、晩産化・少子化という社会変化にもつながっている。

二〇一〇年の暮れ、メディアがこぞって「幻に終わった第三次ベビーブーム」について報道したことを憶えている人もいるだろう。

日本経済新聞は、「第三次ベビーブームは望み薄、三〇代女性の出生率一・一六に」という見出しのもと、厚生省の調査で、今や三〇代半ばにさしかかった第二次ベビーブーマーこと団塊ジュニア世代の女性が三四歳までに産んだ子どもの数は、平均一・一六人であったことが明らかになったと報じた。団塊ジュニア女性の半数以上が三〇歳の時点で子どもを一人も産んでおらず、また、それにつづく一九七五～七九（昭和五〇～五四）年生まれの女性が二九歳までに産んだ数も一人を下回っていた。

こうして、第一次、第二次ベビーブームにつづいて二〇〇〇年代末の到来が期待されていた第三次ベビーブームは、「訪れないことがほぼ確定した」（『日本経済新聞』二〇一〇年一二月九日）。

なお、ふたたび日本労働組合総連合会が実施した、二〇から五九歳の非正規雇用で働く女性一〇〇〇名を対象にした調査によれば、初職が正規雇用であった場合、子どもがいた人の割合は五四・一％だが、初職が非正規だった場合、その割合は二一・六％にとどまっていた（日本労働組合総連合会 二〇一七、NHK「クローズアップ現代＋」取材班 二〇一九：八四）。連合の調査結果は、少産化が、若者の非正規化とふかくかかわって進行していることを示唆している。

ちなみに、既婚者については、従来「『妻』は産んでいる」として長らくノーマークに置かれてきた。しかし、既婚カップルについても、団塊ジュニア世代以降、じわじわ少子化がすすんでいることが明らかになっている。初婚同士の夫婦が最終的にもうける子どもの数（完結出生児数）は、一九七〇年代から長らく二・二前後で推移していたのが、二〇一〇年にはじめて二を下回り、二〇一五年にはさらに数字を下げている（国立社会保障・人口問題研究所 二〇一五「第一五回出生動向基本調査（夫婦調査）」）。

4　産み育ての個人化と他者とつながることの困難

さらに、少産化には、子産み・子育てが個人の自己責任とされ、産育において他者と経験を共有したり、人間関係を切り結んだりすることがむずかしくなっているという意味での「産み育ての個人化」ともいうべき変化がともなっていた。ここにおいて、団塊ジュニア女性の産育における困難が生じている。

産育のリスクとコスト

すでに一九八〇年代から、社会学の分野では「リスク（risk）」あるいは「個人化（individualization）」といった概念を用いて、後期近代社会において、失業や離婚などあらゆるリスクが個人に押し寄せ、個人はこれらの問題に対しますます個人として選択を迫られるとともに、何かあったときには個人の自助努力による解決が求められていると論じられてきた（ベック 一九八六＝一九九八ほか）。

妊娠・出産や子育ても例外ではない。社会学者の元橋利恵は、日本でも一九八〇年代以降、新自由主義的な経済や社会のあり方を背景に、「産み育ての自己責任化」がすすんでいるとして、つぎのように論じている。「妊娠・出産、子育てに加えて、妊娠出産のための準備や環境づくり、妊娠出産子育てにより経済的基盤を失うこと、子育てをしながらも夫婦関係を良好に保つ努力、子育てを担うことによる社会関係からの孤立、シングルでの子育てにおける貧困リスク等、社会関係に関わることまでも、『自分で望み選択したこと』であるがゆえに、女性がリスクと負担を引き受けることが当たり前であり、他人や社会に迷惑をかけるなどもっての外という、まさに『自己責任』のロジックで、問題の自己解決が正当化されている」（元橋 二〇二一：一五）。

じつに、妊娠・出産や育児によって女性にふりかかるリスクは多岐にわたる。経済的なリスクだけかんがえてみても、公的助成によってまかなわれるのは妊婦健診にかかる費用（約一〇万円）と出産にかかる費用（約四二万円）くらいで、あとは基本的には個々の家庭で負担すべきとされている。もちろん、「児童手当」はあるが、三歳未満は月一万五〇〇〇円、三歳以上一五歳までは月一万円と金額は小さく、また親の所得制限がある。その意味で、日本では児童手当は子どもの普遍的権利とは位置づけられていない。

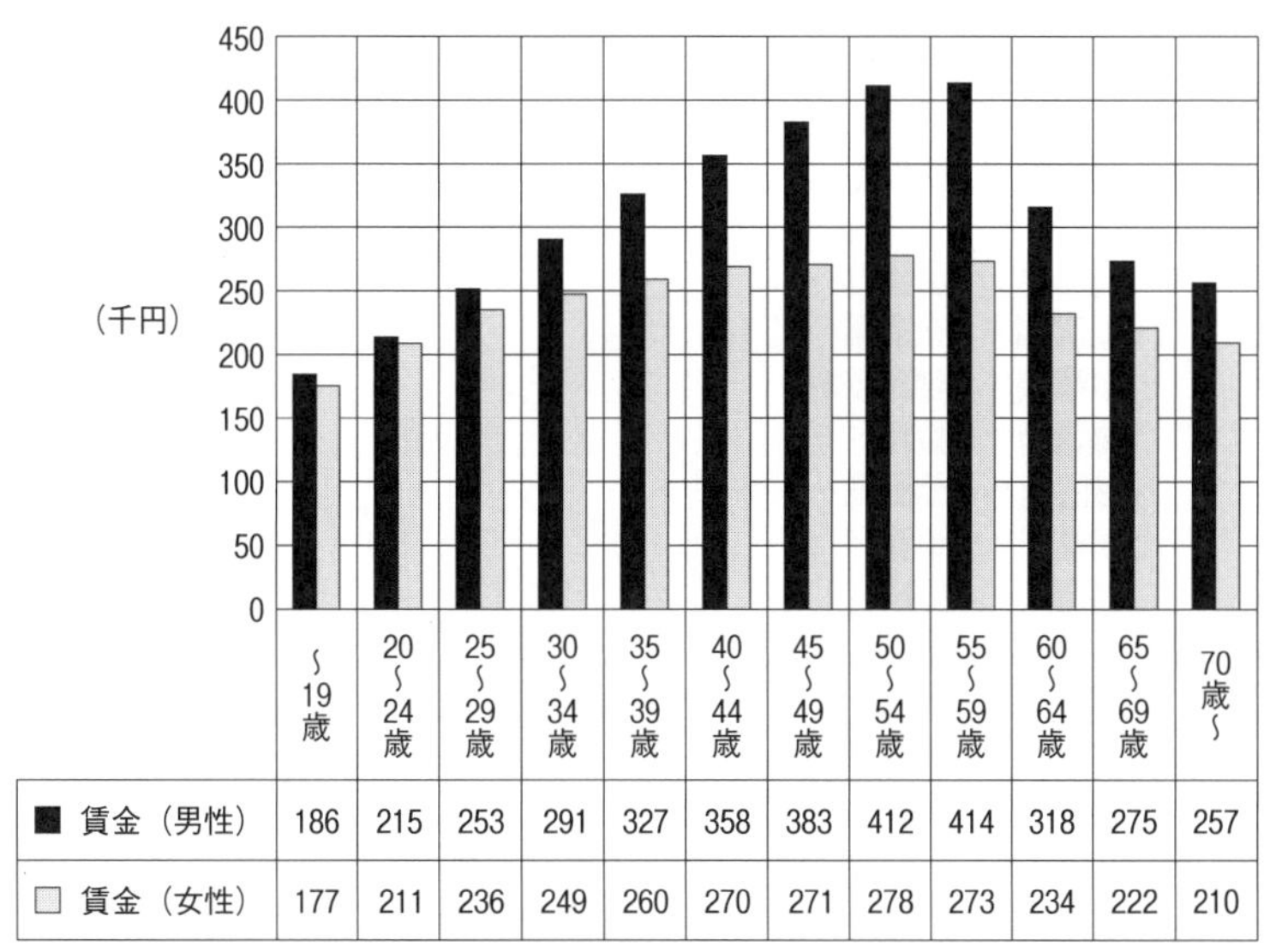

	〜19歳	20〜24歳	25〜29歳	30〜34歳	35〜39歳	40〜44歳	45〜49歳	50〜54歳	55〜59歳	60〜64歳	65〜69歳	70歳〜
■ 賃金（男性）	186	215	253	291	327	358	383	412	414	318	275	257
□ 賃金（女性）	177	211	236	249	260	270	271	278	273	234	222	210

図 9-2 男女別・年齢階級別の平均賃金

出典：厚生労働省「令和３年 賃金構造基本統計調査 結果の概況」［https://www.mhlw.go.jp/toukei/itiran/roudou/chingin/kouzou/z2021/dl/02.pdf］（2023年１月11日アクセス）。

また、子育てを外注しようとすれば、その費用も大きい。二〇一九年一〇月より、幼児教育・保育無償化によって三歳から五歳までの三年間については公費でまかなわれることとなったが、もっとも保育料の高い〇歳から二歳児については、住民税非課税世帯をのぞき、保育料は家族負担となっている。

概して、日本では、子育てに対する公的助成が少なく、子育てはお金のかかる営みとなっている。社会学者の柴田悠は、『子育て支援が日本を救う 政策効果の統計分析』（二〇一六）において、OECD（経済協力開発機構）や日本政府がインターネット上で公開しているデータを用いて世界の子育て支援策とその効果を分析し、日本の社会保障政策は「現役世代」に対する補償が乏しく、とくに子育て支援に関しては、実質的な支出レベルはOECD二六ヶ国の平均の約半分にすぎないことを指摘している（柴田 二〇一六）。

さらにまた、子育てのために女性が離職する、

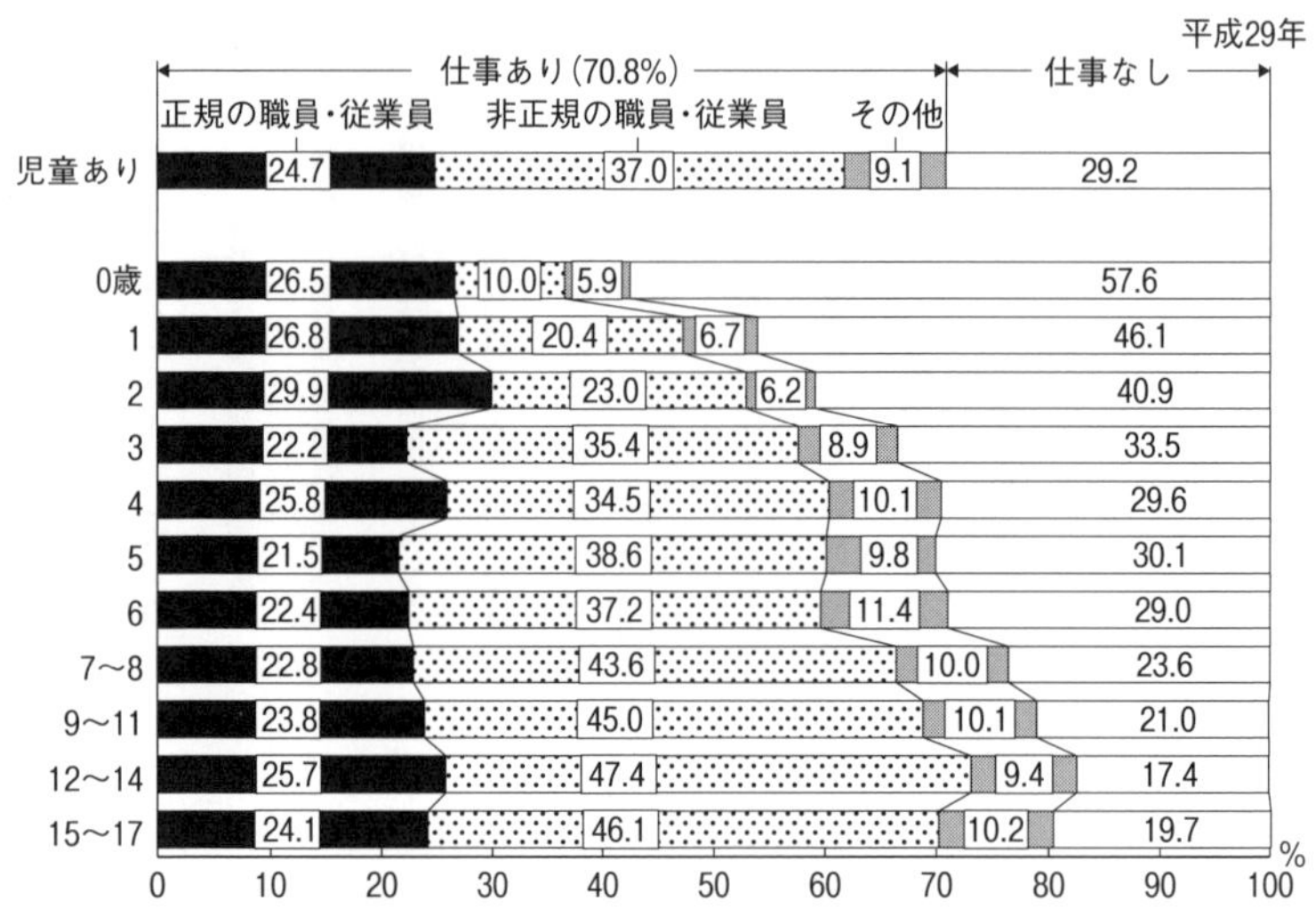

図 9-3　末子の年齢階級別にみた母の仕事の状況

出典：厚生労働省「国民生活基礎調査 結果の概況 平成29年」
［https://www.mhlw.go.jp/toukei/saikin/hw/k-tyosa/k-tyosa17/dl/02.pdf］
（2023年1月11日アクセス）。

注：1）「末子の母のいない世帯」、母の「仕事の有無不詳」を含まない。
　　2）「その他」には、会社・団体等の役員、自営業主、家族従業者、内職、その他、勤めか自営か不詳及び勤め先での呼称不詳を含む。

もしくは働き方を変えることでもたらされる経済的損失も考慮に入れなければならない。

図9-2は、男女別、年齢階級別の月の平均賃金の中央値を示したものである。大学新卒時にあたる二〇代前半では、男女の賃金の差はほぼみられない。男性が二一万五千四百円に対し、女性が二一万七百円である。しかし、男性は三〇代、四〇代と年齢が上がるにつれ賃金も上がり、五〇代後半で四一万三千六百円と、二〇代前半時の二倍近くの賃金を稼ぐようになるのに対し、女性は三〇代、四〇代をつうじて上昇幅が小さく、男女の格差が広がっている。五〇代後半の女性の賃金は二七万三千三百円で、同年代の男性に比べるとおおよそ三分の二しか稼いでいない。

このように、三〇代以降、女性の賃金が伸び悩む理由は、妊娠・出産による離職と、

「パートタイム」など非正規雇用での就労が増えるためである。図9-3は、末子の年齢階級別にみた、母の仕事の状況を示している。図をみてわかるように、今日、子どものいる女性（母親）の七割近くがはたらいているが、そのうち正規雇用で働くひとの割合は二割台にとどまり、出産を機に仕事を辞めたひとの大多数は、再就職するにあたり、条件のわるい非正規の職に就いていることがわかる。

それでもなお、夫（パートナー）がいて、稼ぎ主としての責任を分け持つことができているうちは何とかなったかもしれないが、離婚などにより女性が一人でその責任を担うとき、産育は、女性の人生における最大のリスクとして立ち現れることになるだろう。

「他人に迷惑をかけない」という心性

ところで、元橋が「産み育ての自己責任化」の説明のなかで用いていた、「他人に迷惑をかける」、「かけない」といった物言いは、非常に日本的で、かつ示唆的である。

日米でホスピス患者の聞き取り調査を行った宗教社会学者のティモシー・ベネディクトは、死を目の前にした日本の高齢のがん患者たちが、実存的・哲学的な問題よりもむしろ、「周囲の人に迷惑をかけたくない」と語ったことについて驚きをもって記している（ベネディクト 二〇一九）。

ベネディクトはそうした語りについて、「日本社会では周囲に迷惑をかけないことが非常に大事にされている」（ベネディクト 二〇一九：四四）ためと説明しているが、上野千鶴子は、雨宮処凛との対談をまとめた著書『世代の痛み——団塊ジュニアから団塊への質問状』（上野・雨宮 二〇一七）において、日本では、とりわけ戦後、そうした傾向がつよまったとして、つぎのように論じている。ちなみこの本はとても面白い本で、団塊世代である上野が、団塊ジュニア世代である雨宮からのさまざまな質問や追及にこたえる（申し開きをする）という体裁を取っている。

上野によれば、戦後の団塊世代は、高度経済成長のただなかに成人し、世代まるごと親世代より高い学歴を獲得し、親より高い生活水準を実現することのできたラッキーな世代だった。そうした親となった団塊世代は、自身の成功体験にもとづき、子どもたちにも、他者を出し抜き、けおとせと教えてきた。そしてその結果として、団塊ジュニアたちは、子育てにおいても他者に助けをもとめたり、相互に助け合ったりすることがむずかしくなってしまっている。上野は団塊親たちのやり方を批判して、つぎのように述べる。

あなたたちの世代は、迷惑をかけない大人になれと言われてきた。でもわたしはその言葉を聞くたびに、ゾッとします。何で親は、そんなことを子どもたちに吹き込むんだろうって。子どもにアドバイスをするなら、人に上手に迷惑をかけなさいと言う方がずっとまし。だって生きていくということは、迷惑のかけ合いっこだから。

（上野・雨宮 二〇一七：五三）

なお、上野は、一九八〇年代以降の子育てにおける共同性の衰退について、つぎのように説明している。一九八〇年代までは、主婦であっても他者とのつながりを求め、子育てにおいても、「保育園がないなら自分たちで作ってしまえ」という発想で共同保育をこころみるなど、互いに助け合うことが一般的だった。それに対し、つぎの世代は、「保育園をもっと作れと制度的な要求に向かう。あるいはお金で解決できることはお金で解決しようとする。制度的解決を優先して、お互いにサポートし合おうというふうにはならない」（上野・雨宮 二〇一七：一〇七）。

上野が述べている「制度的な要求」について、八〇年代以降、そうした要求がどれほどなされてきたかについては疑問も残る。保育所不足の問題はすでに一九七〇年代から指摘されており、いわゆる「待機児童問題」についても、すでに二〇年近く取り組まれているにもかかわらず、一向に解決される様子はないからだ。むしろひとびとは、制度的要求に向かう代わりに、親もしくはお金という個人化された資源をもって、個別に問題に対処するようになったのではないか。

ただしまた、団塊ジュニア女性にとって、子育てにおいて自身の「親」に頼ることが、つねに容易とは限らない。というのも、専業主婦が多かった親世代と異なり、団塊ジュニア世代においては女性がはたらくことは珍しいことではなくなり、それゆえ子育てのやり方や子育てにおいて直面する課題も、大きく異なることが予測されるからだ。さらにまた、一九九〇年代に学卒期をむかえた団塊ジュニア世代が、女子の四年生大学進学のマス化を経験したさいしょの世代であったことをかんがえれば、両者の経験の隔たりはますます大きなものとなり得るだろう[i]。

世代内の分断を超えて

さいごに、団塊ジュニア女性がたんに上の世代の女性から分断されているだけでなく、世代内においても相互に分断され、経験の共有が困難になっていることを、わたしの同僚でもある、社会学者の貴戸理恵の文章を手がかりに考察しておきたい。

貴戸は、雨宮らとともに、「ロスジェネ」の問題について、女性当事者の立場から積極的に発言している一人である。「ロスジェネ」とは一般的に一九七〇年代生まれのひとを指し、「団塊ジュニア」もそこに含まれる。

(i) 男性は一九六〇年代、すでに団塊世代において四年制大学進学のマス化を経験しているのに対し、女性が四年制大学進学のマス化を経験するのは、そのつぎの世代、すなわち団塊ジュニア世代が学卒期を迎える一九九〇年代のことだった。団塊ジュニア女性の大学進学率は四割に達したが、団塊女性の大学進学率はわずか数%にとどまっていた。また、大学よりは短大に進学するのが一般的で、多くが家政学など「主婦業の延長」とされる分野を学んでいた（広井 二〇〇五）。

〈コラム〉　イギリスでの家探しと「助けて」と言えなかったわたし

産育の話と直接的に関係はないが、今回、イギリスに滞在して、「他人に迷惑をかけない」という心性がいかに深く自分に染みついているのかを思い知るできごとがあった。それは、現地で家探しをしたときのことである。

もともとイギリスでは不動産価格の高騰と物件不足がつづき、家がみつからないという話は聞いていた。しかし、わたしはこの国に住んだことがあるし、英語も話せる。また「アカデミア」ということで、それなりに社会的信頼もあるはずだ。万一困ることがあったとしても、お金さえ出せば解決できるだろう。そのようにかんがえ、すっかりたかをくくっていた。

ところが、いざふたを開けると、家探しは難航をきわめた。さいしょの数日はホテルに滞在しながら、メールや電話で不動産屋に問い合わせをしたが、一向に返信がなかった。そのため直接訪問に切り替えたが、こちらの要望を伝えると、「あなたの条件にあう物件がないので、また連絡します」と言われ、その後連絡が来ることはなかった。

さいしょのうちは、なぜ自分がそのようなあつかいを受けるのか、理解ができなかった。しばらくつづけてみてわかったのは、自分が借り手として、きわめて不利な立場におかれていたというその事実である。貸し主の多くが、二年以上の長期契約を望んでいたが、わたしは最長でも一年しかいられなかった。また、短期滞在であるため「家具付き」の物件を希望したが、空いているのは「家具なし」の物件ばかりだった。子どもがいるとわかったとたん、断られるケースも幾度となく経験した。さらに、不動産屋によっては、イギリスでの直近の居住歴がないため前の大家さんから推薦状がもらえないこと、イギリスで雇用されていないため雇用証明が提出できないことなどを理由に、サービスを断られるケースもあった。

そうこうしているうちに、一ヶ月が過ぎたが、未だ一件のビューイング（内覧）さえ、たどり着けていなかった。なお、イギリスでは、住所が決まらなければ、子どもの学校に入学申請もできない。焦りはつのるばかりだった。

このとき、マンチェスターに住む、一五年来の日本人の友人に頼ることもかんがえた。しかし、「こんなことで、他人をわずらわせることはできない」、「こんなことで頼るなんて、かっこ悪い」とかんがえてしまい、できなかった。結局、家探しに疲れ果て、半地下のじめじめとした、穴倉のようなアパートに決めようとしていたとき、友人がみかねて、「泰子さん！頼って！」と言ってくれ、ようやく頼ることができた。「助けて」と言えたときには、心底ほっとした。世の中には、一人でがんばってやるほうがよいことだってあるが、家探しのように現地の人のやり方を知らないとできないようなことがらについて、「自分で」などと考えたことは、いま思えば浅はかで、傲慢なことだった。

その後、友人の尽力で、まずは下の子どもの小学校が決まり（友人の友人の夫が副校長を努めるカソリック系の学校に、特別に入れてもらえることになった）、次いで、学校に歩いて通うことのできる範囲に限定して、家探しをすることになった。友人の勧めで、不動産屋は通さず、個人で契約する「プライベート・ランドロード」に絞り込み、家賃半年分前払いなどの条件を示して交渉したら、ほどなく家も決まった。上の子どもはGCSE（イギリスの教育制度で、進学にかかわる重要な試験）の年だったこともあり、学校探しには苦労したが、それもついに決まった。すべてが決まったとき、渡英から二ヶ月半が経っていた。

今回、わたしが経験したのは家探しにまつわる困難だったが、子育てにおいても、誰かとつながりたいけどつながれない、「助けて」と言えないでいるひとは多くいると思う。そうした際に、個人的に助けを求めなくとも、自然に誰かにつながる仕組みづくりが不可欠になる。保育所はすでに、地域のなかでそうした役割を担っており、今後はますます、そうした役割が期待されるだろう。

貴戸は、子ども時代に不登校を経験し、また二〇代は大学院生として先のみえない生活をおくった自身のライフヒストリーをふり返って、つぎのように述べている。

現在四〇代である私たちの世代は……（中略）……いちばん働きたかったとき、働くことから遠ざけられた。いちばん結婚したかったとき、異性とつがうことに向けて一歩を踏み出すにはあまりにも傷つき疲れていた。いちばん子どもを産むことに適していたとき、妊娠したら生活が破綻すると怯えた。（貴戸 二〇一八：一五二）

貴戸のこの言葉は、二年後、『ロスジェネのすべて――格差、貧困、「戦争編」』（二〇二〇）に収録された雨宮と貴戸の対談の冒頭で、再度引用されている。雨宮は右の文章を読んだとき、「思わずページを閉じて、声をあげておいおいと泣きたくなった。それは私が初めて目にした、『過去形で語られたロスジェネ』だった。その描写に、『もう取り返しがつかないことなんだ』と、改めて、私たちの取り返しのつかなさを痛感した。同時に、同世代のいろんな人の顔が浮かんだ」（雨宮・貴戸 二〇二〇：九三）と記している。

この対談において、雨宮は、周囲には、自分をふくめ子どもを産んでいる同世代女性がほとんどおらず、四〇代になるころから「もう子どもを産めないんだね」という会話が出はじめたこと、また、「中年フリーター」と呼ばれるようになった中年世代のロスジェネの苦境や、生きること自体をあきらめた友人がいるといった経験について語っている。一方、貴戸は、雨宮からの質問にうながされるかたちで、就職して、子どもも産んだ自身の経験について語っている（彼女はわたしの関西学院大学の同僚でもある）。

ここで両者が、「母性」という支配構造のもと、同じ女性でありながら、異なる主体のポジションから語っていることは明らかである。雨宮は、あり得たかもしれない産育の機会をうばわれた経験について語る一方で、貴戸は産育を経験した立場から、ある種の語りにくさをかかえつつ、語っているようにみえる。

しかしながら、両者の経験の違いを、「勝ち組」や「負け組」などと意地悪くとらえる人がいるとすれば、そこから大切なものがこぼれ落ちてしまうだろう。

ここでわたしたちは、江原由美子が述べた、「子なしの女性に痛みがあるということは、子どもがある女性に痛みがないということを意味しない……（中略）……子どものいない女の痛みが理解されていないということと同時に、子どものいる女性の痛みも理解されていない」（江原 一九九一：二一九―二二〇）という言葉を思い出しておきたい。

個人的に、わたしがこの対談を読んだとき、もっともおどろいたのは、貴戸が第三子を出産してわずか一ヶ月後に対談にのぞんでいたというその事実だった。貴戸さんは、なんてよくはたらくんだろう。同僚であるわたしは、彼女が第一子を妊娠したとき、過労から体調を崩したことも知っている。貴戸はしばしば自虐的に、自分には「ロスジェネ根性」が染みついていると語っている。学卒期に就職に苦労し、また大学院以降も、自分よりはるかに優秀な女性が、さまざまな理由から研究の道を断念したり、たとえ研究をつづけていても条件のよくない非正規の職に就いていたりする現状を目にしている身からすれば、「わたしのような人間を採用してくださりありがとうございます」、「何でもやらせていただきます」といった卑屈な感覚が、どこか抜けきらないと感じるところは、わたしにもある。また、就職して、しかも子どもを産んでいることで、人一倍、がんばらなければいけないというプレッシャーとともに、どこか周囲に申し訳ないと感じずにはいられない気持ちは、つねにある。

貴戸は対談のなかで、「個人的に『一抜け』してもロスジェネの問題は終わらない。私は自分が経験したなかでも、不登校とロスジェネに関しては、どこか『問題に掴みかかられている』みたいな感覚がある」（雨宮・貴戸 二〇二〇：九八）と語っている。貴戸がこれらの問題について、語りにくさをかかえつつも語りつづけることを選択したこと、それは、江原のいう、「子どものある女性の痛み」について語っていくことの、一つの実践であると思う。

第10章

母親の就労の増加と「専業主婦」をめぐる社会的認識の変化

つづいて、子どもをもつ女性の就労の増加と、それにともなう「専業主婦」をめぐる社会的認識の変化についてみていきたい。これらは、二〇一〇年代以降に顕著となったあたらしい社会的変化であり、ピノキオの調査をおこなった二〇〇〇年代にはいまだはっきりとはあらわれていなかった現象である。

1 乳幼児の母親の五割強がはたらく社会

はじめに、子どもをもつ女性の就労の増加について確認しておこう。総務省が毎年発表している、女性全体の労働力率（一五歳から六四歳まで）のデータによれば、二〇一一年には六〇・二%であった女性の労働力率は一〇年間で一一ポイント以上増加し、二〇二一年には七一・三%と過去最高に達している（総務省 二〇二二）。ただし、こと乳幼児のいる女性については、長年労働力率が伸び悩み、女性の年齢別労働力率曲線におけるいわゆる「M字カーブ」の残存が指摘されてきた。しかし、二〇〇〇年代以降は、乳幼児のいる女性についても就労の増加が指摘されている。

総務省が五年おきに実施する「就業構造基本調査」によれば、末子年齢三歳未満の世帯の妻（一五歳以上）の就業率は二〇〇二年には二七・九％であったのが、二〇〇七年には三三・三％まで上昇した。また、同じく末子年齢三歳から五歳の世帯の妻の就業率（一五歳以上）は、二〇〇二年で四五・七％であったのが、二〇〇七年には五一・五％まで上昇している（西村・松井 二〇一六：一六三）。さらに、二〇一七年の最新の調査では、夫婦と子どもからなる世帯で、末子年齢三歳未満の世帯の妻（一五歳以上）の就業率は五二・七％と過半数を超えている。また、同じく末子年齢三歳から五歳の世帯の妻（一五歳以上）の就業率は六三・九％であった。なお、親（子どもからみた祖父母）と同居している場合、さらに妻の就業率は高く、末子年齢三歳未満で六一・五％、末子年齢三歳から五歳で七七・一％となっている（総務省統計局 二〇一七）。

同様に、厚生労働省が実施する「平成二七年国民生活基礎調査」においても、二〇一五年には一八歳未満の子どもがいる母親の就業率は六八・一％と、過去最高になったことが明らかになった（厚生労働省 二〇一五）。

このように、調査によって若干のバラつきはあるが、全体として、子どもをもつ女性の就業率も一貫して上昇傾向にあることが確認できた。なお、国際的にみれば、五割という数字はまだ先進国のなかでは低い。配偶者のいる二五〜五四歳の女性で、六歳未満の子どもがいる女性の就業率は、イギリスでは七割程度、フランスやアメリカでは六割強であるのに対し、日本では二〇一五年で五割程度、二〇一八年の推計値でも五割台半ばにとどまっている（内閣府 二〇二〇）。

2　「準専業主婦」というはたらきかた

ただしまた、小さい子どもをもつ女性の就労の増加は、すぐさま女性の母親業の解消にはつながっていない。先に「ジェンダー的な二重構造」として説明したように、多くの場合、女性は母親業に差支えのない範囲という条件つきで就労しているからである。

この点について、社会学者の周燕飛は、日本で既婚女性の「七割が働く」というのは実感にそぐわないとして、総務省「国勢調査」のデータをもとに、つぎのような議論をおこなっている。

周によれば、日本では、専業主婦として子どもを育てたのち、子どもが一定の年齢になると「主婦パート」としてある程度の労働復帰をする妻が多いことはよく知られている。彼女たちのメインの活動は家事育児で、そのかたわら、パートタイムで仕事をする。これら「主に仕事」をしているわけではない妻を「準専業主婦」と定義したうえで、この「準専業主婦」を含めた広義の「専業主婦」を集計しなおすと、妻一五〜六四歳の世帯のじつに六三%は、主婦世帯ということになる。

さらに、六歳未満の子どものいる家庭に限定すると、「専業主婦」は五一%、「準専業主婦」は二三%であるから、両者をあわせた広義の「専業主婦」世帯は全体の七四%にものぼる（周二〇一九：三八）。

このほか、幼稚園の利用率などさまざまなデータをもとに、周は、日本では、労働市場に本格的にコミットするいわゆる「キャリア主婦」は実際には四人に一人程度に過ぎないとし、現在でも大半の女性にとって、「完全な専業主婦とパート主婦（準専業主婦）の間を行き来」していると指摘する。またその子育てスタイルについて、「女性が妊娠・出産を機にキャリアの主戦場から離れ、家事・子育てを一手に引き受けて夫の仕事を支えるというのは、現在も一般的なスタイル」と結論づけている（周二〇一九：三八）。

表 10-1　雇用者世帯における妻の就業率（%、2015年）

妻の年齢	全体				（再掲）6歳未満の子どもあり			
	就業率	主に仕事	家事・通学のかたわら仕事	休業者	就業率	主に仕事	家事・通学のかたわら仕事	休業者
15～19歳	27.4	13.5	12.0	2.0	16.1	5.3	9.3	1.5
20～24歳	49.4	29.2	15.2	5.1	32.2	13.1	13.7	5.4
25～29歳	60.1	37.7	15.7	6.7	44.1	20.2	15.2	8.7
30～34歳	60.4	35.8	18.5	6.1	49.2	25.3	16.3	7.6
35～39歳	63.9	36.3	24.4	3.2	51.1	27.9	18.2	5.1
40～44歳	69.8	37.7	31.1	1.0	51.6	29.4	19.4	2.8
45～49歳	73.5	39.4	33.6	0.4	52.3	30.9	20.4	1.0
50～54歳	73.0	41.3	31.3	0.4	54.2	31.0	22.2	1.1
55～59歳	67.7	39.7	27.5	0.5	54.6	35.6	17.7	1.3
60～64歳	56.5	30.4	25.5	0.5	45.4	28.8	15.4	1.3
15～64歳	66.5	37.4	27.2	1.9	49.0	25.8	17.3	5.9

出典：周（2019：39）。総務省統計局「国勢調査2015」（第21表）より周が作成。労働力状態「不詳」を含む集計結果。

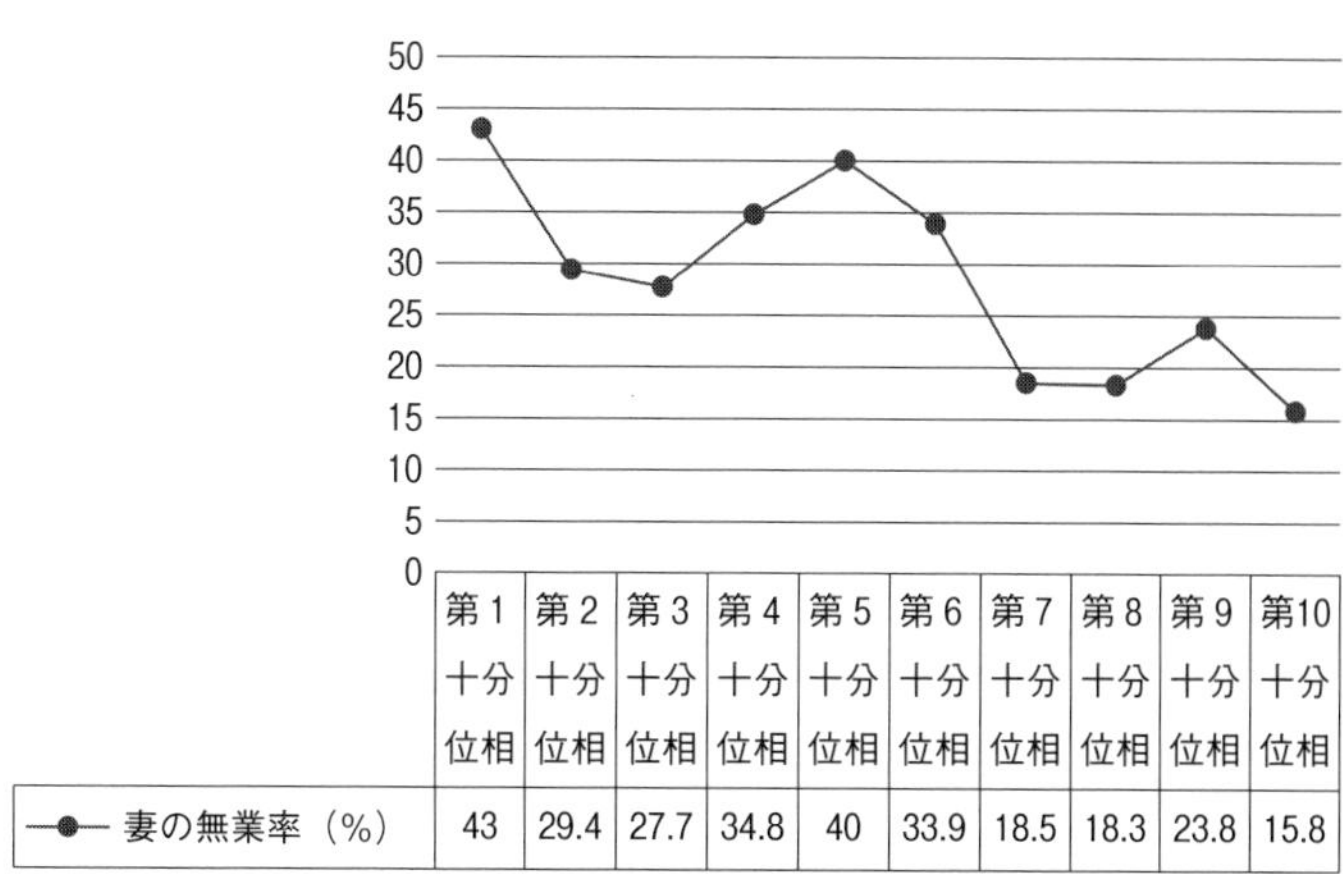

図 10-1　周燕飛「世帯収入の階級別、既婚女性の無業率」（%、2016年）
出典：JILPIT「子育て世帯全国調査2016」より周が算出。

3 「専業主婦」というリスク

このように、母親の就労がふえたと言っても、結局のところ、多くの女性が「子育てメイン」ではたらいている現状がある。ただしその一方で、一九九〇年代にはじまる長引く不況のもと、まったく就労しないこと、すなわち「専業主婦」であることにめぐっては、あたらしい見方が登場した。かつての「専業主婦は裕福の象徴」、「主婦は安泰」という見方に代わって、「専業主婦」を「リスク」とみなす言説が出てきている。

一九九〇年代末から二〇〇〇年代にかけて、一部ジャーナリズムにおいては、『くたばれ！専業主婦』、『ふざけるな専業主婦』、『さよなら専業主婦』など、専業主婦を口ぎたなくののしるようなタイトルをかかげる書籍が注目を浴びたほか、二〇一七年には、女性が正社員としてはたらいたときの生涯年金の試算をもとに、女性が専業主婦になった場合の損失を「二億円」と見積もる書籍などが話題になった。

アカデミズムの内部でも、専業主婦というライフスタイルの合理性を疑問視するような研究があいついだ。たとえば家族社会学者の山田昌弘は、未婚者や「ニート」とならんで、専業主婦が「リスク」であると論じた（山田二〇〇二）。

また、社会学者の周燕飛は、著書『貧困専業主婦』（二〇一九）のなかで、今や日本では、世帯収入の少ない層により多く専業主婦がいることを指摘している。

周は、JILPIT「子育て世帯全国調査二〇一六」のデータを用いて、子どものいる世帯を収入の高い順に一〇等分し、それぞれのグループにおける専業主婦世帯の割合を調べた。その結果、もっとも世帯収入の少ないグループ（図10-1の左端、「第1十分位相」）では専業主婦世帯の割合は四三％に達したのに対し、もっとも世帯収入の多いグループ（図10-1の右端、「第10十分位相」）では一六％にとどまっていた（周二〇一九：五七〇）。

周は、母親たちの聞き取り調査もおこない、女性が生活がくるしいのに専業主婦にとどまることは、収入面のみならず、当人がしきりに気にしている子どもの発達面でも、「やや合理性が欠け」（周二〇一九：二五五）ていると指摘している。

4 「専業主婦」の子育てにおける苦境

さらに、少子化問題や児童虐待問題の社会問題化との関連で、専業主婦の子育てにおける苦境に関心がよせられ、「しんどい」、「つらい」、「孤独」などの言葉で表現されるようになった。

一九七〇年代半ばに、大日向雅美が育児期の女性たちのインタビュー調査をおこなったときには、多くの女性が「聖母」像そのままに、育児の喜びや母親としての誇りをとうとうと語ったという。ただしまた、録音テープが止まると、女性たちは堰を切ったようにつぎのような「本音」を語った。


「毎日がつらくて……」、「先週はついカッとなって、この子をベランダから放り投げようとしたくらいなの」、「こんなこと夫にも言えないでしょ。いってもわかってくれない。お前がおかしいといわれるだけ」（大日向二〇〇〇：五一）

このように、一九七〇年代には、いまだ堂々と「ホンネ」を語ることはむずかしかったが、一九九〇年代以降、少子化問題ならびに児童虐待問題との関連で、徐々に専業主婦の子育てにおける苦境に関心が向けられるようになった。

一九九四年に、大日向が民間の育児雑誌の協力を得て読者六〇〇〇人のアンケート調査を実施した際には、二〇年まえとは打って変わって、七八・四％の母親が「子どもが可愛く思えないことがある」と回答し、また九一・九％の母親が「子育てがつらくて逃げ出したくなることがある」と回答したという（大日向二〇〇〇：四九）。

また、二〇〇二（平成一四）年に行われた厚生労働省「二一世紀出生児縦断調査」（第二回）では、一歳六ヶ月の子どもをもつ母親に、子育てをしていて負担に思うことをたずねたところ、「自分の自由な時間が持てない」（六三・七％）、「子育てによる身体の疲れが多い」（三九・三％）、「目が離せないので気が休まらない」（三四・一％）など、高い割合で負担感の表明がなされた。また、母親の就業別にみると、職に就いている場合よりも専業主婦の方が、割合が高かった（厚生労働省二〇〇二）。

ピノキオの調査を行った二〇〇〇年代前半は、まさにそうした、「専業主婦の子育ても、たいへんらしい」という認識が、広がりはじめた時期だったように思う。わたし自身、子どもの四ヶ月健診のとき、問診票のなかに「子育てがつらいと感じることはありますか」、「子どもが可愛くないと思えることがありますか」という質問をみつけ、非常に奇妙な感覚がしたのをおぼえている。そんな馬鹿げた質問に、「はい」と答えなければ支援にたどりつけない制度のあり方に怒りを感じたし、母親として行政の子育て支援センターなどに足を運んだ際にも、自分が周囲の目に、「子育てに悩む現代の母親」と映っていることを意識し、居心地がわるい気持ちがした。「ピノキオ」というフィールドにおいても、支援する側も、される側も、「専業主婦はしんどい」ということのあたらしく登場した言説のもと、手探りで、関係性を構築していこうとしていたように思う。

それに対し、二〇二〇年代に「乳児保育」利用者の調査をした際には、「専業主婦」の苦境はすでに周知の事実とみなされていた。調査に協力してくれた六名の口からは、ひんぱんに、「専業主婦」の子育ての苦境が語られ、「主婦はたいへん」、「専業主婦にはなれないと思った」など、主婦の子育てとの比較において自身の子育てを語る、あたらしい語りの実践がみられた。

5　育児援助ネットワークのさらなる弱体化

さいごに、専業主婦の養育困難にも密接にかかわっている、都市部を中心とする育児援助ネットワークのさらなる弱体化について触れておきたい。

家族社会学者の松田茂樹は、二〇一〇年に出版された『揺らぐ子育て基盤――少子化社会の現状と困難』のなかで、二〇〇三年から二〇〇七年にかけて首都圏と愛知県で実施した実証的調査をもとに、とくに首都圏において、母親の育児への支えとなる社会的ネットワークが弱まっていることを指摘している。

松田によれば、子育てにおいてもっとも強力なサポート源は依然として親（子どもからみた祖父母）であり、非親族によるサポートは、親族による支援に頼れない場合にのみ利用されていた。また、首都圏調査においてより多くの非親族が挙がる結果となった。松田はこの結果について、親族が世話・相談ともにネットワークになりやすいのは、「親族関係というものが何かと頼みやすい関係であるため」であり、非親族が親族によりあとにくるのは、「非親族に世話を頼むためには、それができる相手を探し、信頼関係を深め、場合によっては相手の子どもを預かるというように関係を深く築いた者でないと難しいため」（松田茂樹 二〇一〇：一〇〇）と説明している。

また、首都圏調査の〇歳から三歳の子どもを母親の約四割が、親族のほかには、外出する際に子どもの世話を頼める人がいないことがわかった。さらに、首都圏調査および愛知県調査の〇歳から三歳の子どもを育てる人の一四％、つまりおおよそ七人に一人が、親族を含め、外出する際などに子どもの世話を頼める人が一人もいないことが明らかになった（松田茂樹 二〇一〇：九八―一〇〇）。

なお、子どもの年齢で比較すると、子どもが〇歳から三歳と小さいほうが、四歳から六歳よりも、非親族の預け先が少なく、母親の年齢が平均とかけ離れていると、やはり非親族のネットワークが築きにくいことがわかった（松田茂樹 二〇一〇：一〇七）。

また、医師の原田正文は、二〇〇六年に出版された『子育ての変貌と次世代育成支援――兵庫レポートにみる子育て現場と子どもの虐待予防』のなかで、大阪府で実施した、一九八〇年に生まれた子どもの経年調査の結果（「大阪レポート」）と、二〇〇三年に兵庫県で実施した調査結果（「兵庫レポート」）とを比較し、この二〇年間で、子育て中の母子の孤立が深刻化したことを示す、つぎのようなデータを紹介している。

すなわち、原田によれば、この二〇年間で、そもそも自分の子どもが生まれるまでに子どもにごはんを食べさせたり、おむつを替えたりといった世話をしたことがまったくない母親が四〇・七％から五四・五％に増えた（原田二〇〇六：一二）。また、家族類型が「夫婦と子どものみ」の人が七二％から八一・四％に増え、「三世代同居」は二七％から一二・三％に減った（原田 二〇〇六：八五―八七）。

育児の手助けについて、手伝ってくれる人が「いる」と答えた母親の数は意外にも大幅に増加していたが、「誰が育児を手伝っているか」の内訳では、夫や祖父母など、「肉親」が増えていることが明らかになった。夫の割合はじつに三〇％台から七〇％前後と二倍に増加し、また、祖父母では母方祖父母の割合も、二〇％前後から五三％～六〇％と約三倍に増えている（原田 二〇〇六：九二―九三）。

ただしこのように肉親による手伝いは増えたものの、近隣その他とのつながりは増えていない。四歳児健診のときの結果でみると、「近所でふだん世間話をしたり、赤ちゃんの話をしたりする人がいますか」という問いに、「いない」と答えた母親が「大阪レポート」では一五・五％であったのが、「兵庫レポート」では三二・〇％と倍以上に増え、約三人に一人の母親が孤立していることがわかった。また、そうした孤立の割合は子どもの月齢が上がるごとに少なくなるが、三歳児健診の時点でも、話し相手がまったく「いない」と答える母親が一六・九％と五人に一人近くいることが明らかになった（原田 二〇〇六：九三―九五）。

原田は、つぎのように書いている。「すべての人にとって「孤立」は最大の精神的ストレスである。特に乳幼児をほとんど知らないまま親になった現代の母親にとって、子育てについて日常的に話し合える子育て仲間の有無は、精神的安定にきわめて大きな要因である。そして、その話し相手の中には、同じように子育て真っ最中の親がいることが必要である。当事者同士でなければ子育てについては共感的に話し合えないものであり、また理解し合えないものである。そして、話し合う中で自然と解決する部分は想像以上に多いのである」（原田 二〇〇六：九三―九四）。

なお、親族からの支援をめぐっては、親族による支援が増えたとする原田の報告とは異なる報告もなされている。第1章でみた、国立社会保障・人口問題研究所の子育てにおける「もっとも重要なサポート源（長期的）」を尋ねる調査（二〇一八年）によれば、「親」すなわち子どもからみた祖父母は、乳幼児の世話において依然として重要な役割は果たしているものの、妻が働きに出る場合について、祖父母よりも保育所のほうが利用されるようになったことが報告されている。二〇〇八年の調査では、妻が働きに出る場合、「親」すなわち祖父母が平日昼間の世話を担う割合は四〇・八％で、「公共の機関」すなわち保育所は三〇・三％にとどまっていた。ところが、二〇一八年の調査では、両者の順位は逆転している。

いずれにせよ、子育てにおいて利用することのできる支援が減っていることは確かで、そのことが専業主婦の苦境をいっそう確実なものにしている。

6　まとめ――二〇〇〇年以降の変化をふり返って

第Ⅲ部では、二〇〇〇年代以降の女性の母親業を取り巻く社会の状況の変化について、「団塊ジュニア世代」の産み育ての個人化と、「専業主婦」をめぐる言説の変化という二つの変化に注目して検討を行った。

前者の産み育ての個人化について、それはピノキオの実践と乳児保育の利用者の実践を、ともに条件づけていただろう。それに対し、「専業主婦」をめぐる言説の変化は、ピノキオ調査の時代と乳児保育調査の時代とでは、かなり状況が異なっていた。

したがって、このあと第Ⅳ部で考察する二〇二〇年代初頭の「乳児保育」利用者たちの実践は、ますます深刻化する子育てのリスク化・個人化との関係で理解される必要がある。しかしまた、そこには、ピノキオの実践においてはみられなかった、新しい変化もみられるだろう。たとえば、専業主婦をめぐる言説の変化は、「乳児保育」利用者たちの実践においてはどのようなかたちをとって現れただろうか。以下に考察する。

第Ⅳ部

乳児をあずけ、はたらく

――二〇二〇年代、認可保育所の「乳児保育」を利用する女性たちの実践

第Ⅳ部では、二〇二一年一月から三月にかけて、兵庫県西宮市で、認可保育所の「乳児保育」の利用者六名を対象におこなった聞き取り調査をもとに、ピノキオの実践から二〇年、女性の母親業をとりまく社会の状況、ならびに女性たち自身の実践が、どのように変化したのかを考察する。

ピノキオの章では主に専業主婦や一人目養育中の母親など、託児サービスの利用に消極的な層の実践に光をあてたが、今回とりあげる「乳児保育」の利用者は、ある意味、それとは対極的と映る集団である。というのも、六名は、未だ日本では、小さい子どもをもつ女性のはたらき方としては珍しい、フルタイム正規雇用の職に就き（うち一名は看護師で、第一子出産後にパートタイムに切り替え）、また六名は全員、育休を取得し、乳児のうちから保育所を利用し、就労を継続している。つまり六名は、はたからみれば、「母性」などという古臭い価値観に縛られず、自由に働き方を選んだ女性たちとみえる。

しかし、以下の分析で示すように、六名は、「母性」という支配構造の外部ではなく、まさにそのただなかに身を置きながら、ほかでもないひとりの「母親」として日々の子育てをおこなっていた。ときとして、その特殊な働き方ゆえに困難が生じることもあったが、六名は、やはり「母親」として、そうした問題に対処していた。

具体的に、以下では、四つの章にわけて考察をおこなっていく。まず、第11章では、調査の概要と、今回調査に協力してくれた六名の集団としての特性を確認する。つづいて第12章では、「「乳児保育」をめぐる困難」と題して、乳児保育の歴史と現状、そして乳児保育に対し向けられた批判を整理し、日本では乳児保育が、未だ言説的に十分にサポートされた乳児の養育法とはなっていないことを指摘する。第13章では、「家族を運営する」と題して、六名があくまで子育ての第一責任者として、忙しい日々の切り盛りをしていることを確認する。第14章では、「三歳児神話を反復する、書き換える」と題して、乳児からの集団保育の利点をめぐって、六名が既存の言説を反復しつつ、部分的にあたらしい語りも付け加えていることを確認する。またその語りにおいて、ひんぱんに「専業主婦」の子育てに言及がなされている点に着目し、その社会学的意義について検討する。

よしよし
今日も何も進まなかった…
まだこんなに小さいのに…
zzz
いいことだと思うよ！
やっと会える…！

第11章 「乳児保育」の現状と調査の概要

はじめに、今回の調査地である兵庫県西宮市における「乳児保育」の現状ならびに調査の概要を説明したうえで、今回調査に協力してくれた六名が属する、社会経済的地位の高さを確認しておきたい。

1 兵庫県西宮市における「乳児保育」の現状

兵庫県西宮市は、大阪・神戸へのアクセスもよく、「子育てするなら西宮！」という市のキャッチフレーズにもあるように、関西圏では子育て層にたいへん人気の高い都市となっている。しかしその一方で、深刻な保育所不足がつづいていることでも知られている。

市の発表によれば、令和二年度にいわゆる「待機児童」として報告された子どもの数は三四五名で、これに、特定の保育所のみを希望したが入れなかったなどの理由で待機状態に置かれている子ども九三六名を加えれば、一二〇〇名以上が入所を待つ状態に置かれている（西宮市 二〇二〇）。

なかでも待機児童が多いのは、一歳児である。待機児童三四五名の年齢別の内訳をみると、育休明けの復職時期

表 11-1　兵庫県西宮市の年齢別待機児童数（単位：人）

年　齢	0歳	1歳	2歳	3歳	4歳	5歳	合計
令和2年4月	0	158	85	102	0	0	145

出典：西宮市2020「令和2年4月の保育所等待機児童数」R2. 4taikijidoukakutei.pdf（nishi.or.jp）（2022年10月11日アクセス）

にあたる一歳児の利用希望がもっとも多く、ついで三歳、二歳がつづいている（西宮市二〇二〇）。「一歳からの入所はほぼ絶望的」というのは、西宮市に住み、保育所の利用を検討しているひとたちであれば誰もが知っていることで、そのため育休明けの預け先を確保するため、育休を早めに切り上げ、〇歳から入れようとする人もいる。なお、四月の「一斉入所」のタイミングをのがすと入所がむずかしいこともあり、多くは四月入所をめざし、申し込むことになる。

なお、児童福祉法では乳児を「満一歳に満たない者」と定義し（児童福祉法第四条）、また母子保健法でも、乳児を「一歳に満たない者」と定義しているが（母子保健法第六条）、保育の現場では「満三歳以上を幼児」、「満三歳未満を乳児」と区別して保育を行うのが一般的であり（古橋・中谷 二〇一九：一）、本書で「乳児保育」と言うときにも、後者の現場における用法にならい、〇歳だけでなく、一歳、二歳児の保育も含めることとする。

今回話を聞いた六名のうち四名が子どもをかよわせている西宮市立の認可X保育所でも、一歳からの入所はきわめてきびしい状況がつづいている。X保育所は、定員九〇名ほどの小ぢんまりした保育所で、生後五七日目から就学まえまでの保育を行っている。年齢別の定員は、〇歳児（入所する年の四月一日の時点で一歳の誕生日を迎えていない子ども）が六名、一歳児は一〇名となっているが、二〇二一年度は、〇歳児六枠のすべてが、いわゆる「きょうだい枠」（上に保育所を利用している子どもがいる人）の入所待ちで埋まりそうな状況といい、〇歳、一歳ともに入所が困難な状況がつづいている様子がうかがえる。

なお、わたし自身、第二子のときからX保育所にはお世話になっており、二〇一三年に第三子を出産したときには生後四ヶ月で入所申請をこころみたことがあるが、年度途中の申請であったことともあり、まさかの待機児童となり、二ヶ月ほど待たなければならなかった。西宮市における保育所入所の困難さをまざまざと経験した出来事だった。

2　調査の概要

調査は二〇二一年一月から三月にかけて、兵庫県西宮市で、坪井優子の協力を得て実施した。調査対象は、兵庫県西宮市に在住し、二歳未満児を養育中で、かつ、保育所の「乳児保育」を利用している、もしくは利用した経験のある女性六名である。以下では、西宮市を意味するNというアルファベットをつけて、六名をそれぞれNAさん、NBさん、NCさん、NDさん、NEさん、NFさんと呼ぶことにしたい。

調査対象の選定方法は、スノーボールサンプリング法を用いた。さいしょに、近所のカフェ（X保育所の卒業生のママが経営している）に乳児を連れて来ていたNAさんに声をかけて調査への協力を依頼し、二人目以降は順次、つぎの協力者を紹介していただくかたちをとった。また、NCさんは、NAさんからの紹介であると同時に、NCさん第一子がわが家の第三子と同い年で、X保育所で〇歳からともに育った仲間という個人的なつながりもあった。聞き取り調査は、個別に、ひとり二時間程度、関西学院大学上ヶ原キャンパスの村田研究室にて実施した。調査方法は、あらかじめ用意した質問項目に沿って質問したのち、自由に語ってもらう半構造化インタビューの形式をとった。こちらで用意した質問は、本人の年齢や学歴、家族構成、職業、高校卒業以降の主要なライフイベントのほかに、出産前後の生活やアイデンティティの変化、子育てで苦労したこと、「三歳児神話」に対するかんがえ、周囲の反応などである。

なお、NAさんからNCさんの三名はわたしが単独で聞き取りを行い、NDさん以降は坪井とわたしの二名で聞き取りを行った。

今回、コロナ禍における調査となり、オンライン形式での実施も可能と伝えたが、全員が対面での調査を希望してくれたことは印象的だった。また今回、六名中五名は育休中で、乳児を連れて参加してくれた人もいれば、「ちゃんと話したいから」と、わざわざお子さんをご両親にあずけて参加してくれた人もいた。また一名は育休明けの忙しい時期に、わざわざ有休を取得して参加してくれた。

また、六名は概して、非常にオープンな態度で、どんな質問にも、すらすらと楽しそうに答えてくれた。その様子からは、「乳児を預けてはたらく」という、未だ日本では多くの人が実践しているわけではないあたらしいライフスタイルに対する自負と、その経験のもつ意味を、自分自身でも理解したいという欲求が感じられた。

3　利用者六名の概要

表11-2は、調査に協力してくれた六名の年齢と職種、雇用形態、家族構成、実家の所在地をまとめたものである。

六名はいずれも一九八〇年代生まれで、調査時の年齢は三〇代である（三〇代前半二名、三〇代後半四名）。世代的には、三〇代前半の二人は「ゆとり世代」に、また三〇代後半の四人を含め、「ミレニアル世代」と呼ばれることもある。

二〇〇〇年以降に成人となった「ミレニアル世代」の特徴としては、仕事よりも家庭やプライベートを優先すること、現実的で安定志向であることなどが指摘されている（内閣府 二〇一八）。フェミニズムにおいても、この世代は、「仕事か家庭か」のどちらか一方ではなく、ごく当たりまえのこととして、「仕事も家庭も」実現したいと望

表 11-2　利用者 6 名の基本的属性

名前	年齢	勤務先・職種	雇用形態	夫の年齢 子どもの数と年齢	実家
NAさん	30代後半	建設コンサルタント会社・事務職	正規雇用	夫：40代後半 子ども：3人（7歳、3歳、4ヶ月）	兵庫県宝塚市
NBさん	30代後半	生命保険会社・地域総合職（営業）	正規雇用	夫：30代後半 子ども：3人（8歳、4歳、9ヶ月）	兵庫県西宮市
NCさん	30代後半	建築レンタル会社・事務職	正規雇用	夫：30代後半 子ども：3人（7歳、3歳、8ヶ月）	兵庫県西宮市
NDさん	30代後半	看護師	パートタイム（第二子出産後、正規雇用から変更）	夫：30代後半 子ども：2人（4歳、5ヶ月）	兵庫県西宮市
NEさん	30代前半	製薬会社・総合職（営業）	正規雇用	夫：30代後半 子ども：2人（6歳、1歳）	大阪府
NFさん	30代前半	通信会社・総合職（ダイバーシティ推進）	正規雇用	夫：30代前半 子ども：2人（5歳、1歳）	広島県

注：記載している年齢はいずれもインタビュー当時のもの。

む世代であるとも言われる。

六名は、社会経済的にも、また育児サポートの面でも、非常に恵まれた集団に属している。まず、居住地ならびに家族構成について、六名は西宮市内でも、阪急沿線の、子育て層にとくに人気の高いエリアに、一軒家もしくはマンションを所有し、暮らしている。家族構成は、全員結婚していて、正規雇用の職に就いた配偶者がおり、三人ないし二人の子どもがいる。

また、学歴について、本人学歴は大卒が四名、専門学校卒が二名で（うち一名は看護学校）、配偶者学歴は大卒が四名、大学院卒が二名とかなり高学歴である。

さらに、本人の雇用形態について、六名中五名は、民間企業で正規雇用の職についている。のこる一名（NDさん）は看護師の資格をもち、第一子出産時は正規雇用で、第二子出産後はパートタイムに変更し、現在にいたる。

職種は、NAさんとNCさんの二名はいわゆる「事務職」につき、定時には帰れるはたらき方をしているのに対し、NEさん、NFさんの二名は、初職より「男性と同等に」はたらくことが期待される「総合職」に、またNBさんは異動のない「地域総合職」についている。後者三名の具体的な仕事内容は、NBさんと

ＮＥさんは営業職、ＮＦさんはさいしょ営業職で、現在はダイバーシティ担当の仕事を担っている。育休取得について、ＮＤさんを除く五名は、全員、第一子のときに勤めていたのと同じ勤務先で、複数回、育休を取得している。

なお今回、収入については尋ねなかったが、保険営業のＮＢさんからは、「一〇〇〇万円から二〇〇〇万円という収入を得ている人がいる」部署であるという話が聞かれた。また、看護師のＮＤさんからは、保育料が「月に五～六万円、多いときで七万円かかる」という話が聞かれた。西宮市の認可保育所の三歳未満児の保育料は保護者の収入によって一一段階（生活保護世帯・市民税非課税世帯・九段階の市民税課税世帯）に区分されるが、仮に七万円とすれば最上層から二番目の階層に属すると推測される。

さらに、親族からの子育てサポートという面でも、六名は非常に恵まれている。広島出身のＮＦさんを除く五名は関西の出身で、ＮＣさんは自分の両親と同居している。残る四名も自身の両親もしくは夫の両親が、車で一時間以内で行き来することのできる距離に居住しており、ＮＤさんを除く三名は、保育所の送迎などで、親族から日常的にサポートをうけることができると答えた。

このように、六名が社会経済的に、また育児サポートの面でも、きわめて恵まれた集団であることをまずは押さえておきたい。

4　雇用と結婚という制度の「内側」？

つづいて、そのように社会経済的には恵まれた立場にある反面、主婦としての家族生活のきりもり、ならびに「乳児」という手間のかかる存在の世話をめぐっては、彼女たちが一定の困難を抱えてもいることを指摘しておき

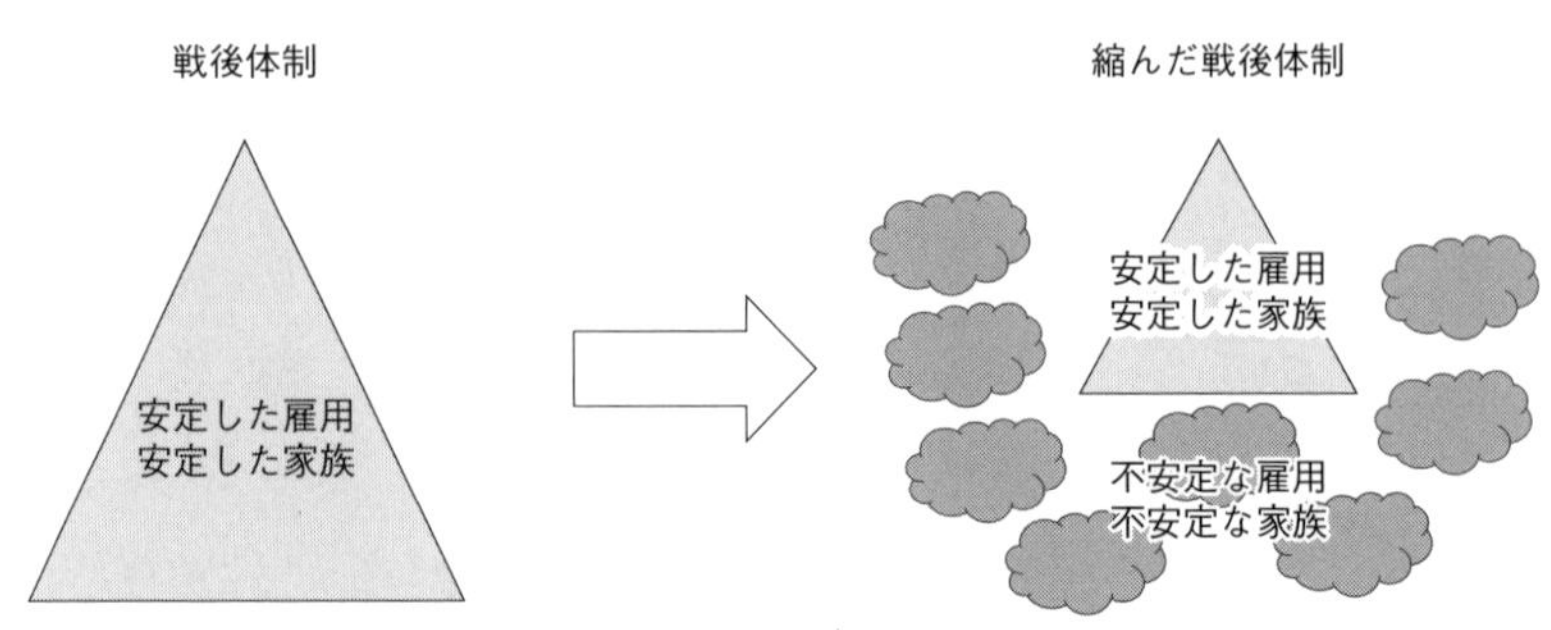

図 11-1　縮んだ戦後体制の生む新二重構造
（落合 2018：118をもとに作成）

たい。

図11-1は、落合恵美子が、一九九〇年代以降の家族と雇用をめぐる状況の変化を説明するのに用いたものである。「縮んだ戦後体制の生む新二重構造」と題されたこの図には、矢印の左側に、落合が「家族の戦後体制」と呼ぶ一九五〇年代半ばから七〇年代半ばにかけての安定した社会における家族の状況が示されている。政治・経済がともに安定していたこの時期、家族にも一定の安定した構造がみられた。すなわち、正規雇用の職につく「男性稼ぎ主」と「専業主婦」の組み合わせからなる、安定的で同型的な家族が多数存在していた。

ところが、一九九〇年代以降の社会変化のなかで、家族は多様化し、安定した雇用と安定した家族生活をともに実現できる家族は社会のなかのごく一部となった。代わりに、矢印の右側に示されるように、さまざまな形態の「不安定な雇用・不安定な家族」が多数出現している。そこには、ひとり親や共働き、失業や不安定雇用のため家族形成が困難な若者、無配偶の成人子と老親の同居、単身者、同性カップルなど、もはや「家族」という単一の同質的な概念で捉えることが困難な、さまざまなひとびとが含まれる。

落合は、そのような状況にあって、家族にかんする社会政策は依然として少数の「安定した雇用・安定した家族」だけを前提としたものとなっていることについて、「市場から生じた問題を是正するのが社会政策の機能」であるはずが、日本の社会政策はその機能を果たしていないばかりか、逆に罰していると指摘している（落合 二〇一八：一一八―一一九）。

では、今回調査した六名は、右の図ではどこに位置づけられるだろうか。結婚して、夫が正規雇用に就いているという点では、小さくなった三角形の図の内部に場所を得ているとかんがえるのが適当だろう。六名の場合、夫だけでなく妻も正規雇用の職に就いていることから、雇用の安定性という点ではいっそう強力である。

しかしながら、家族生活のきりもりという面ではどうだろうか。妻も働いているため家には主婦がおらず、その意味でいわゆる近代家族のような安定性は、何の努力もなしに、「自然」には達成されないのではないか。とくに、「乳児」という特別に手のかかる存在の世話をめぐって、相応の困難や葛藤が生じることが予測される。むろん、育児休業制度や「乳児保育」といった制度によってサポートはされているが、第12章にみるように、日本では、「乳児保育」は未だ乳児を養育するうえで社会的に容認された方法とはなっておらず、その利用をめぐっては相応の葛藤が生じることが予測されるのである。

第12章 「乳児保育」をめぐる困難

つづいて本章では、六名が「乳児保育」の利用をめぐって経験した困難や葛藤の中身をよりよく理解するための準備作業として、「乳児保育」の歴史ならびに現状と、乳児保育に対し向けられた保守層ならびにアカデミズムからの批判を整理しておきたい。

1 「乳児保育」の歴史

はじめに、日本社会における「乳児保育」の歴史を、ごく簡単にではあるが、ふり返っておきたい。

乳児栄養の問題

乳児を育てるという営みは、それ自体、かなり特殊な営みである。というのも、人間の乳児は他の哺乳動物にくらべ格段に未熟な状態で生まれてくる。そのため生後一、二年間は誰かがつきっきりでそばにいて、世話をしてやらなければ、生き延びることさえむずかしいからである。

加えて、乳児の世話に特有の、「栄養」の問題がある。乳児はその名のとおり、乳汁形態の栄養しかとることができない。ただしそのことは、近代以前には、かならずしも、産みの母親でなければ子どもの面倒をみることができないという考え方には結びついていなかった。戦前の村落共同体社会では、産みの母親による授乳が困難な場合には、「乳母」を雇う、「もらい乳」をするなどして、共同体の内部で乳を融通し合うのが一般的であった（大藤 一九六八）。また、江戸時代後期の岡山藩・津山藩では、母親がいない、生活が困窮したため乳が出ないなどを理由とする乳児の捨て子が多数報告されている。子どもを捨てる先には、富貴な家、もしくは「乳がありそうな家」（つまり同じころに出産した女性がいる家）が選ばれた（沢山 二〇〇八・二〇一七）。

わたし自身、歴史学者の伏見裕子と共同研究を行い、一八九五年に刊行された日本初の小児科学の専門誌『児科雑誌』の記事分析をこころみたことがある。明治から大正期にかけて、医学の領域でも、「母乳」という言葉は未だ今日のように特権的な言葉としては使われていなかった。記事では「母乳」のほかに、「人乳」や「乳母乳」、「里母乳」、「他婦乳」、「祖母乳」などの言葉が用いられ、母親以外のさまざまな人物が授乳に携わっていたことを示していた。

なお、「人乳」を与えることができない場合には、階層や地域ごとに多種多様な代替品が用いられたが、子どもの生存は保証されていなかった。近代的な人工栄養法が確立されるまでは、母乳の問題（「乳児脚気」など）を含め、栄養の問題は長らく乳児の死因のトップでありつづけた（村田・伏見 二〇一六）。

初期の「乳児保育」と戦後の変容

そのように「人乳」が乳児の生存のカギをにぎっていた時代、乳児の集団保育においても「人乳」の調達に努力がはらわれた。

日本の「乳児保育」のルーツについてしらべた古木弘造によれば、古くは明治二〇年代後半、工場や炭鉱で働く婦人労働者のために乳児のための託児所が設置されたという記録がある。また同時期、貧困児童の救済や家庭生活の改善を目的とする無償の託児事業や、農村における季節保育所などにおいても乳児保育が行われたこともあった（古木 一九九六：一〇九―一五三）。これら初期の保育所では、乳母を配置する（古木 一九九六：一二四）、実母に来所させる、もしくは子どもを農地に連れて行って授乳させる（古木 一九九六：一一四）などの方法がとられ、乳児に人乳を与えることがこころみられた。

その一方で、戦前期をつうじて、小児科医らによって近代的な人工栄養法の確立に向けた努力がつづけられ（村田・伏見 二〇一六）、戦後、その安価で安定的な供給ルートが確立されて以降は、栄養の問題は乳児の生存に直接的にかかわる問題ではなった。高度経済成長期へと向かう一九五〇年代後半には、各地で、はたらく親たちにより保育所を求める声があがり、「共同保育」の実践が広がったりもした。そうした動きを受け、一九六九年には、都市部およびその周辺地域において主に低所得者層の子どもを対象に「特別乳児保育対策」が打ち出され、乳児保育の制度化もすすんだ。

ただしまた、一九七〇年代以降、あらたに「子どもの健康」という観点から、母乳栄養の人口栄養にたいする優位性が強調されるようになる。戦後日本社会における母乳言説の変容について調べた小林亜子によれば、一九七〇年代には栄養や消化吸収の観点から、母乳の人工乳に対する優位性や利点を語る言説が登場した。一九八〇年代には、これに免疫の観点（初乳の免疫成分の話）が加わり、さらに一九九〇年代には、授乳をつうじた母子のスキンシップやインタラクションに着目する母子行動科学の視点が加わった（小林 一九九六：一四四）。いまや「母乳」は、他のどんな乳によっても代替することのできない、乳児のケアの最重要の一部をなすものとみなされるようになったと言える。

同様に、一九六〇年代から七〇年代にかけての保育所における「乳児保育」の意義や目的をめぐる言説の変容について調べた及川留美は、やはりこの時期、発達心理学や母子行動科学のつよい影響のもと、「乳幼児の情緒の安定、健全な人格形成」を軸に、「親密で継続的な親子関係もしくは母子関係の樹立及びその維持を中心とする家庭の人間関係の安定」（及川 二〇二〇：五〇）こそが、時代をつうじて変わることのない、乳児を育てるうえでの大原則として打ち立てられたと指摘している。

以上みてきたように、戦後、「人乳」の確保という課題から解放されたかにみえた乳児の集団保育であるが、高度経済成長期以降、新たに「子どもの健康」という観点から、家庭における母親による養育との比較において劣位に位置づけられることとなった。

2 「乳児保育」の拡充と現場のとまどい

つづいて、一九九〇年代以降はじまる「乳児保育」拡充に向けた動きと現場のとまどい、また、現在の利用状況を確認しておきたい。

育児休業法の制定と一九九〇年代以降の変化

すでに一九六〇年代から、都市部を中心に貧困層を対象とした「特別保育」としての乳児のあずかりが行われていたことは先に述べたとおりだが、「乳児保育」の整備に向けた本格的な取り組みが広がるのは、一九九〇年代以降である。

直接的には、一九九一年に成立した育児休業法との関連において、「乳児保育」の整備が喫緊の課題として認識されることとなった。それまで国公立学校の教職員など、一部の職種に就く女性しか取得することができなかった育児休業が民間に広げられたことにより、「子どもが一歳になる前日まで」の休業を制度として保障することとセットで、一歳以降の乳児の預け先の確保が、喫緊の政治課題となったのである。

一九九八年に成立した民主党政権の「新成長戦略」では、「少なくとも二〇一七年には働くことを希望するすべての人が仕事に復帰できる体制の整備」をすると宣言され、保育所受け皿の四〇万人拡大とともに、三歳未満児の保育所入所率について、現行の二四％から二〇一七年までに四四％に引き上げるという目標が示された（三浦 二〇一五：五六、首相官邸 二〇一〇）。

また、一九九〇年代をつうじて、国内で「少子化問題」への本格的な取り組みがはじまったことも、「乳児保育」の整備に向けた取り組みに拍車をかけた。一九九四年に策定された政府「エンゼルプラン」では、はたらく母親のための支援策として、保育所の量的拡大とならんで、「低年齢児（〇～二歳児）保育、延長保育等の多様な保育サービスの充実」が目標としてかかげられた。これによって、一部の特別な児童を対象とした「乳児保育所」は廃止され、基本的には認可保育所において「乳児保育」が提供されることとなった。

その五年後に策定された「新エンゼルプラン」では、「需要の多い〇～二歳の保育所受入枠」について、全国で五八万人であった受け入れ枠を、五年間で六八万人に増やすという数値目標がかかげられた（厚生労働省 一九九九）。

K先生の経験した「乳児保育」

そのように、徐々に制度としての「乳児保育」が確立されつつあった当時の状況について、第Ⅱ章で、ピノキオ調査のゲートキーパーとして助けてくださったK先生は、四六年間にわたる保育士人生においてはじめて「乳児保育」に出会ったときのおどろきを、つぎのように話してくれた。

K先生のつとめていた京都市内の「お寺の保育所」では、もともと「幼児園」という名前で、幼稚園年齢の子どもの保育をしていた。K先生は就職して三一年間、ずっと年長組を担当しており、乳児の保育をしたことはなかった。

乳児保育がはじまったのは、それが世間に広まるよりは少し早く、一九八四年、K先生が五〇歳のときのことである。園長のかんがえで、「乳児は年取った者がいいだろいう」とのことで、ベテランのK先生が乳児の担当になった。K先生はこのとき、首も座らない子どもをかごに入れ、まるで荷物を置くように置いて行く親をみて、「まあ！ 何てことを！」と心底おどろいたという。

そうしたはじまった乳児保育は、それまで担当した年長児の保育とはまったく異なるものだった。K先生は、乳児の世話のためかがむ姿勢をすることが多くなり、腰痛が出はじめた。一年後、「辞めさせてください。五〇歳でこの姿勢では、（保育にあたるK先生自身が）かわいそう」と退職を申し出たが、辞めさせてもらえず、チーフから外してもらい、その後はパートとして保育に当たることとなった。

このように、何千人の子どもたちを育て、送り出してきた大ベテランのK先生でさえ、おどろき、悲鳴を上げた「乳児保育」というあたらしい取り組みが、現場においていかに多くの戸惑いや抵抗を生み出してきたのかは想像にかたくない。

すすまない〇歳児の利用

では、現在の乳児保育の利用率は、どのようになっているだろうか。民主党の「新成長戦略」にうたわれていた「四四％」という高い数値目標は、達成されているだろうか。

図12-1は、文部科学省が公表している、就学前児童の公的保育の利用率をもとに作成したものである。この結

果をみると、二〇一九年度（平成三〇年度）の時点で、二歳児については、保育園四三・三%、幼保連携型認定こども園児八・二%と、両者をあわせれば目標は十分に達成されている。しかし、一歳児についてみると、保育園三五・三%、幼保連携型認定こども園六・五%と、両者をあわせても目標をやや下回っている。また、〇歳児については、保育園一三・四%、幼保連携型認定こども園二・二%と、両者をあわせてもわずか一五・六%にとどまっている。現状において、〇歳児のじつに八四・四%が、機関によるサービスを受けない状況で、家庭で育てられていることになる。

3　「〇歳児保育」に向けられた批判

このように、「乳児保育」のなかでもとくに〇歳児の利用が伸び悩んでいるのは、ひとつには、受け皿不足の問題によるものである。〇歳児保育のなかでも、とくに年度途中となる産休明け保育を実施する保育所が少なく、利用を望んだとしてもできない現状がある。

また、そうした問題に加え、「乳児保育」のなかでも、とくに「〇歳児保育」に対しては、イデオロギー的にこれを「家族」という価値をおびやかすものと捉え、批判する言説のはたらきも指摘することができる。以下、順に、保守政権からの批判と、アカデミックな言説における批判にわけてみていこう。

保守政権からの批判

近年の日本の家族政策が「子育て支援」や「子育ての社会化」をうたう一方で、子育てにおける「家族責任」、もっと言えば「母親の責任」を強化するものであることは、家族社会学者の松木洋人らによって指摘されてきた

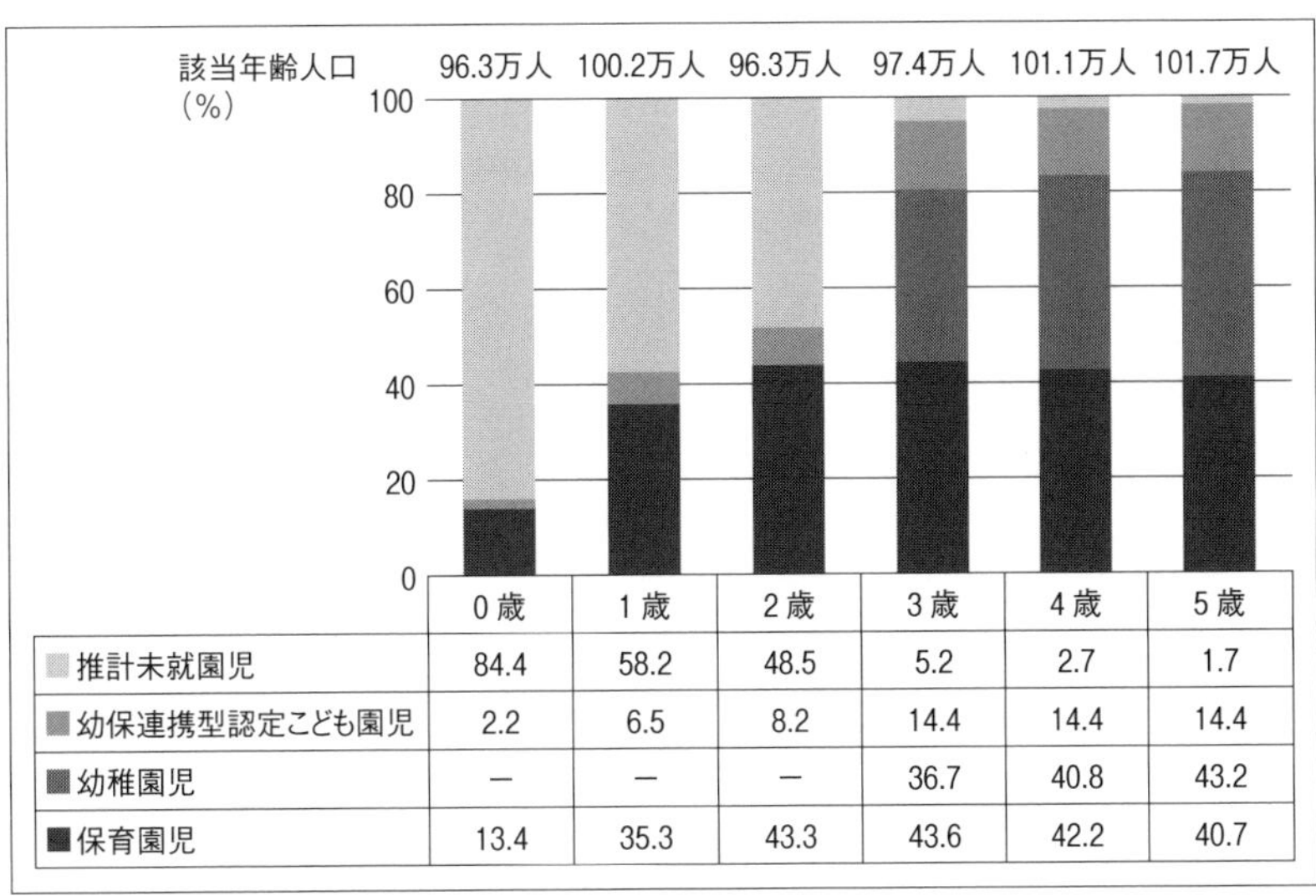

	0歳	1歳	2歳	3歳	4歳	5歳
推計未就園児	84.4	58.2	48.5	5.2	2.7	1.7
幼保連携型認定こども園児	2.2	6.5	8.2	14.4	14.4	14.4
幼稚園児	―	―	―	36.7	40.8	43.2
保育園児	13.4	35.3	43.3	43.6	42.2	40.7

図 12-1　幼稚園・保育所等の年齢別利用者割合（平成30年度）

出典：文部科学省（2019）をもとに作成。
注：「保育園児」には保育所型認定こども園児や特定地域型保育利用児も含む。

（松木 二〇一三）。そうした傾向は、「乳児保育」のなかでもとくに「〇歳児保育」について論じるとき、いっそう顕著となる。

たとえば、自民党議員の山谷えり子は、「家庭教育」の尊重を訴える二〇〇四年の講演で、「〇歳児保育」をやり玉に挙げ、つぎのように語っている。

> 少子化対策として、今なされていることに、保育所の増設、働くお母さんのためのゼロ歳児保育、延長保育などがあります。こうしたメニューが必要な人もいるでしょう。けれども、家庭保育とのバランスが大切です……（中略）……ゼロ歳児の保育に、東京都の場合、一カ月、子供一人あたり五十五、六万円ぐらいかかるのです。その大半は国と地方自治体の負担です。それに対して誰も何も言わない。「保育園にゼロ歳児を増やしましょう。女性の社会進出が大事です」というような声しか聞こえてきません。
>
> 私は三人の子供を授かって、一年間ずつゆっくりおっぱいをやりました。一生懸命おっぱいにしがみ

つく子供の信頼する顔を見ながら、不出来な私ですが、私も母親として育てられたと思います。ゼロ歳児の時期、それは、赤ちゃんがお母さんへの信頼と生きる基礎的な信頼感、人生に対する明るい気持ちを作る、とても大事な時期です。……（中略）……「幸福追求権」というイデオロギーによって、こういう家族のあるべき姿が見失われ、その結果、ゼロ歳児一人あたり五十五万円もかけて、家族崩壊を促進する政策がまかり通ることになる。(i)

山谷の主張の根底にあるのは、小さな子どものいる家族を無条件にもっとも幸せな家族とみなし、しかも、産みの母親が家で子どもの面倒をみることがもっとも自然かつ道徳的にも正しいとする旧来的な価値観である。さまざまな理由から、〇歳の子どもをあずけてはたらかざるを得ない女性たちの状況は、考慮にいれられていない。

こうした考え方は、広く自民党政権の政策の基盤をなすものと言える。自民党の「中長期政策体系「日本再興」第六分科会　教育」（自由民主党国家戦略本部　二〇一二）では、教育における「家族の絆」が重視され、「〇歳児については、家庭で育てることを原則とし、家庭保育支援を強化」すべきとの方針が示されている。二〇一三年、第二次安倍内閣の発足にあたって、育休取得期間をさらに延長し、「三年間抱っこし放題」にと提案されたことは記憶にあたらしい。

このような考え方のもと展開されている現行の家族政策について、教育学者の瓜生淑子は、〇歳児については集団保育よりも（女性の）育休取得による家庭保育が奨励されているとして、つぎのように論じている。瓜生によれば、一九九一年に成立した育休法は、二度の改正を経て、「親の性別を問わず」、また「最長二歳まで」取得することが可能になった。しかし、依然として育休を取得するのは圧倒的に多くが女性であり、結果として、女性が育休を長く取り、家で面倒をみることで、「乳児保育、とくに〇歳児保育のかなりの部分をカバー」されるような状況がもたらされている（瓜生 二〇二〇：一〇九）。

アカデミズムにおける批判――「ゼロ歳児保育が国を滅ぼす」

加えて、アカデミックな領域においても、一部専門家によって、乳児保育の危険性に警鐘が鳴らされている。たとえば、心理療法を専門とする網谷由香利は、その名も『〇歳児保育が国を滅ぼす』と題された著作（二〇一六年）において、〇から二歳を「母子同一化」の段階、三歳以降を「母子分離」の段階とみなすオーソドックスな発達心理学の立場から、「〇歳児保育」につよく反対する立場を表明している。

網谷は〇歳児保育を、「子どもを産んだ女性の社会進出ばかりを優先する」（網谷 二〇一六：四）かたよった施策と位置づけたうえで、「生まれて間もない赤ちゃんを預けるゼロ歳児保育の保育園を大増設したとするなら、してはならない母子分離が大増殖してしまうことになり、それは非常に困ったことになるのです」（網谷 二〇一六：三五）と警鐘を鳴らしている。

網谷によれば、成人期のうつ病や引きこもり、依存症など、現在問題になっているありとあらゆる種類の精神障害や社会問題が、早過ぎる母子分離によって引き起こされている（網谷 二〇一六）。

（ⅰ）「参議院議員　山谷えり子～yamatani-eriko.com」［http://www.yamatani-eriko.com/old/press/press26_2.html?msclkid=2c8fb118d11511ec988b7118fef0f6c］（二〇二二年一〇月一三日アクセス）。ちなみに山谷は、〇歳児保育には一人あたり一ヶ月五五万円がかかると主張しているが、財政制度審議会の資料では、月平均一七万円の公費負担と記されている（財政制度等審議会資料 二〇一九）。

正直に言えば

わたし自身は、正直に言えば、〇歳児のなかでもとくに月齢の低い乳児（たとえば産休明けすぐ、生後二ヶ月の乳児など）の集団保育は、個別の状況に留意して、慎重に選択されるべきとかんがえている。むろん、それは、山谷のように〇歳児保育を「母親のわがまま」や「『幸福追求権』というイデオロギー」と同一視するためではないし、また網谷のように、〇歳児保育と成人後のうつ病やひきこもりのあいだに因果関係をみとめるためでもない。〇歳児保育は必要であるし、もっと整備されるべきだ。ただし個人的感覚として、二ヶ月では母子ともに負担が大きいと感じる。

生まれたての赤ん坊に触れたことのあるひとなら誰でも知っているように、〇歳児のなかでもとくに月齢の低い乳児は、ぐにゃぐにゃしてほんとうに頼りなく、養育にあたっては特別な配慮が必要であることも事実である。保育施設において、年間数件であるが発生している保育中の事故による死亡も、認可外保育施設で、乳児が犠牲になるケースがほとんどである（内閣府子ども・子育て本部 二〇一九）。

わたし自身、三人目の子どもを生後四ヶ月であずけたときには、それまでの子育てでは経験したことのない葛藤を経験した。復職にあわせて上の子どももお世話になっていた認可保育所の〇歳児クラスに入所させるつもりが、入れず、入所が決まるまでの二ヶ月間は、となり町にある別の認可保育所の「一時保育」や、近くの商業施設内にある民間の託児所、ベビーシッターなどを利用して乗り切った。そのときつよく感じたのは、保育所の、よく見知った先生がたならまだしも、まったく見知らぬ場所や他人に、物言わぬ乳児をあずけることへの不安にほかならない。強いて言えば託児所のほうが、多数の目があるという点で、ベビーシッターよりは不安は少なかった。

なお、本心を言えば、第三子を産んだとき、できることなら一年間しっかり育休をとって、母子ともにもっとしゃんとしてからあずけたかった。四〇歳での出産で、また、切迫早産によって三ヶ月の入院生活を余儀なくされたこともあり、産後はそれまでの出産とはくらべものにならないほど体力が落ちていた。しかし、当時、すでに大学で仕事をしており、三年次まで指導を担当していたゼミの学生を四年次からほかのゼミに分散して移動させるのは、学生に対して「申し訳ない」し、ほかの教員に対しても「迷惑をかける」とかんがえてしまい、育休はとらなかった。(ii) 子どもは五月生まれだったため、幸いにして産休明け、二ヶ月間ほどは夏季休暇期間を使って、家で休めたことはラッキーだった。

ちなみに、わたしは三人の子どもを産んだが、育休をとったことは一度もない。上の二人を産んだときは正規職に就いておらず、申請自体かんがえなかった。非正規職でも、勤務先によっては申請すればとれたかもしれないが、週に一度、短時間の勤務だったこともあり、継続することのメリットのほうが大きいとかんがえ、とらなかった。その後、就職して三人目を産んだ際には、制度上、とることはできたし、職場のほうからも育休の取得希望の有無など丁寧に聞いていただいたが、悩んだ結果、とることは見送った。

そのことについて、のちに、あるひとから、「あなたは育休をとるべきだった。あなたの後に出産する、ほかの女性教員のためにも」と言われたことがある。まったく、その通りだと思った。結局のところ、わたしは周囲に波風をたてる勇気がなく、「わきまえた」、「いい人」でいたかったのだ。しかし、そうしたわたしの個人的な弱さは、同時に、時代がもたらす身動きの取れなさでもあった。産み育てがかくも個人化されている現状にあって、出産の

(ii) その後、関西学院大学社会学部では、育児や介護による休業のためだけでなく、留学などのためにゼミが担当できない場合に、たとえ四年次であっても、代替教員のかたにお願いしてゼミや卒業論文の指導を担当してもらう仕組みが整備された。当時、そのような仕組みがあったなら、わたしも育休をとれていたかもしれない。

ように「私的なこと」で、職場にこれ以上、迷惑をかけることはできないとかんがえてしまったのである。

以上みてきたように、「乳児保育」のなかでも、とくに「〇歳児保育」をめぐっては、いまだ批判的な言説も含め、多様な言説が混在しているのが現状である。そのような現状について、社会学者の上野千鶴子は、「今、女が働かないことのほうが、むしろレアになってきた。世の中変わったなと思いったのは、待機児童問題がこれだけ出てきて、〇歳になるかならないかの子どもを預けて働くなんて母性の欠如だ、という非難が〇になったこと」（上野・雨宮 二〇一七：九一―九二）と述べ、あたかも今日、「〇歳児保育」が乳児の養育法として広く社会的にみとめられるようになったかのような見方をしている。しかし、残念ながら、現状はそれほど肯定的な意見ばかりとはなっていない。多様な言説が混在する現場で、多くの母親が、かならずしもその方法が一〇〇％よいものと納得し、選んでいるのではなく、しばしばほかに方法がないから、その方法で育てているのだということを忘れてはならない。

第13章 家族を運営する
――乳児をあずけてはたらく六名のライフスタイル

ここからはいよいよ六名の語りをもとに、二〇二〇年代日本社会に残存する「母性」という支配構造と、そうした支配構造のもとでの女性たちの実践について考察していきたい。専業主婦とは異なり、自身も外で仕事をしているため、すべてを一人で担うことはできない。そのため他者の助けを借りながらやっていくことが不可欠となるが、その際、「母」という主体的ポジションを完全に放棄するのではなく、「母」という主体的ポジションの内部にとどまりつつ行われる点が特徴的である。

はじめに本章では、「家族を運営する」と題して、乳児をあずけてはたらくというその特殊なライフスタイルを維持するため、六名がいかに周囲の協力をとりつけながら、日々の生活を切り盛りしているのかをみていきたい[i]。

なお、ここであえて「周囲のサポート」や「夫の協力」といった言葉を用いるのは、わたし自身が「子育ては母親が主、夫は従であるべき」と考えるためではなく、彼女たちの語りにおいて、そのように語られていたためであ

（i）第13章は、坪井優子との共著論文（村田・坪井 二〇二一）で坪井が担当した章（第5章「家族運営」という課題）をベースに、あたらしい分析を付け加え、執筆した。

る。

そのことを確認したうえで、以下では順に、「現在のライフスタイルにいたった経緯」、「夫との分担」、「保育所の送迎にまつわる調整」について、考察していきたい。

1　現在のライフスタイルにいたった経緯

六名に現在のライフスタイルにいたるまでの経緯をたずねたところ、意外にも、若いころから「何がなんでも就労継続」という強い意志をもってやってきたひとは少数派で、むしろ時流に身をまかせて、たまたま目の前に差し出されたものを受け取ってやってきただけ、とする語りが主流をしめた。

「たまたま環境がととのったため」

六名はまず、結婚して子どもをもつことそれ自体については、若いころからおしなべて肯定的なかんがえをもっていた。

たとえばNAさんは、「二〇代で結婚して、子どもも産んでみたいなことは漠然と考えてましたね。母親が二八でわたしを産んでるので、そういうもんだろうみたいなのはありましたね」と語り、NBさんも、学生時代から、「二三で結婚して、二五、二七で三人」といった希望をいだいていたと語った。またNFさんは、自分の親が、「孫とかそういうのを、当たり前に描いてるって言うか、望んでたと思うので」、自分も親のために子どもは欲しいと思っていたと語った。このように、結婚して子どもをもつことを人生における自然なこととして受け止める語りは、ほぼ全員に共通してみられた。

ただし、子どもが生まれたあと仕事をつづけるかどうかについては、若いころから、明確な方針をもっていたと語ったひとは意外にも少なかった。生命保険営業職につくNBさんは、学生時代、応援団総部（吹奏楽部）でハードな日々を送った経験から、「しんどいけど頑張ったらお金がたくさんもらえるみたいなのが、じつは自分に合ってるんじゃないかと」気付いて営業職をえらび、出産後の仕事についても、「もともと描いてたプラン」として、子どものことを優先しつつ、自分のこと、すなわち仕事も大切にするライフスタイルを想定していたと語った。

それ以外の三名は、たまたま出会った上司、あるいはたまたま就職した会社が後押ししてくれたため、就労継続にいたったと説明した。

たとえば、大手通信会社営業職につくNFさんは、「学生のときとかは、もう就職したものの、結婚とかできたら、その環境というか、その状況によっては専業主婦でもいいかなっていうふうに、何となく、母が専業主婦だったので、何かそんなかたちで思ってた」と語った。それが、就職して現在のライフスタイルを選ぶにいたったのは、たまたま会社の環境がととのっていたことと、また、「斜めうえの上司」（直属の上司ではない、となりの課の上司）に子どもをもちながらバリバリ働いている女性がいて、自分にもできると考えるようになったという。

同様に、建設コンサルタント会社で事務職につくNAさんも、「うちの母親が専業主婦だったので、専業主婦になるんかなって、二〇代のころはやっぱり思ってたんですけど」、「男性が多い会社なので、どうしても女の人が結婚して辞めるっていうのがやっぱりほとんどだったんですけど……（中略）……ちゃんとしたその制度がないから、もうそれをモデルケースにするからっていう感じで、今から会社も作っていくっていうところで、たまたま運よくそこに」乗ることができ、育休取得にいたったと語った。

さらに、建築レンタル会社の事務職につくNCさんは、若いころから漠然と、「自転車で子どもをうしろに乗せて、必死に、うわーっつって走ってるお母さんにはなりたくない」とかんがえていた。外で仕事をするにせよ、しないにせよ、とにかく「必死がイヤ、必死に生活したくない」と思っていたところ、「たまたまそのときにいた直属の上司ががんばれと言ってくれた」ため、会社の育休取得第一号となった。

また、看護師のNDさんも、「若いころから出産もして子どももいながら働いてみたいなことを具体的に思い描いていたというよりは、流れに任せてやってきた感じ」と語った。

このようにNAさんをのぞくほぼ全員が、現在のライフスタイルにいたった経緯を、「たまたま環境がととのったため」と語った。

自身の母親の影響

つづいて六名が、自身の母親について語ったところをみておきたい。

世代的にみて、第Ⅱ部でみたピノキオ利用者の世代（団塊ジュニア世代）は、母親世代は「専業主婦」があたりまえの世代だったが、一九八〇年代生まれの六名も、意外にも母親が「専業主婦」だったひとが多かった（NAさん・NDさん・NEさん・NFさん）。兵庫県は全国でも「専業主婦」が多い県であること、とくに阪神地域に多いことも、影響しているかもしれない。

ただしまた、母親が「専業主婦」だったことが、各人の日々の家事育児の実践に影響を与えるやり方は、多様である。

一方で、NAさんのように、「専業主婦」だった母親のことを「自分を犠牲にして家族に尽くしてきた人」と表現したひともいれば、NFさんのように、「子どものためとか、家族のためっていうので、ずっと犠牲にしながら生きてきたからなのか知らないんですけど、あの時はああしたら良かった、こうしたら良かったっていうのはすごい言ってくるタイプなので、それってお母さんにとってもすごいつらいだろうなと思って」と語ったひともいる。

NAさんもNFさんも、ある意味母親を「反面教師」にして、自分は母親とは異なる道を選んだが、NAさんの母親は、今ではNAさんのよき理解者となり、手伝いを頼んだときも、つねにNAさんのやり方を尊重して、助けてくれるのだという。

なお、母親が育児期も就労していた二名のうち、母親がずっとフルタイムではたらいていたというNCさんの経験は特殊である。NCさんの祖母は「専業主婦」で、社会に出たことがなかったが、それをみて育った母親は「活発的性格」だったこともあり、六〇代になった現在も契約社員としてフルタイムではたらいている。

NCさんの母親はつねづね、「女性は社会に出てるほうが、ぜったいいいよ」と口にし、親戚の集まりでも、「兄も、弟も、奥さん、義理の娘たちも、ちゃんとはたらいてくれてるからみたいな、誇らしいみたいな感じで、鼻高々に」話すなど、一貫して、はたらくことに対し肯定的なかんがえをもっていた。NCさんがはたらきながら子育てをしていることについても、「すごい誇りに」思ってくれているという。

このように、母親からの影響について個人差はあるが、それでも団塊ジュニア世代にくらべれば、母親から受ける影響は多様化し、なかには産後の就労継続について、積極的なサポートや励ましを受けているひともいた。

2　夫との関係性

つづいて、夫との関係性についてみていこう。夫との関係性にかんする六名の語りを特徴づけるのは、（少なくとも本人の意識のうえでは）対等な「パートナー」意識と、にもかかわらず、実際の家事育児の遂行においては強固に存在しつづけるジェンダー間のアンバランス、そして、そのことについて、多少の不満はいだきつつ、自分が多くを引き受けることで波風を立てずやっていこうとする柔軟な姿勢である。

ゆるやかな「パートナー」意識

六名は全員、自由恋愛を経て現在の夫と結婚した。結婚相手の選択に際しては、一定程度、家事育児への協力を念頭において選んだと語ったひとと、そうでないひととに分かれる。

事務職につく二名は、結婚相手の選択に際し、家事育児への協力は念頭においていない。ＮＡさんは、たまたま結婚したいと思ったときに、同じ職場に「結婚に向いてる人」がいたから結婚したと語り、またＮＣさんは、兄と大学が同じで、趣味も似ていて「安心感」があったからと語っている。

それに対し、総合職の三名は、一定程度、家事育児の協力を考慮して相手を選んでいる。生命保険営業のＮＢさんは、「それ（注：家事育児の分担）やってくれる人と思ったから結婚もしたぐらいの感じ」と語り、ＮＤさんも、「家事がすごいできるっていうところも良かった」と語った。さらにＮＥさんも、「主人なら『かっこいい母ちゃん』っていうのが目指せるかなと思った」と語った。ＮＥさんにとって、キャリアの道を選択するにあたり、夫が「ぜったい行ったほうがいい」と後押ししてくれたことも大きかった。

ただしまた、下記にみるように、結婚に際し家事育児の分担を視野に入れていたひとも含め、実際の家事育児の分担において、五〇：五〇という意味での「対等」な分担を実現できていたひとは一人もいない。

授乳における「母」の役割

数ある家事育児のなかで、もっとも対等ではないかたちでおこなわれていたのは、子どもの授乳である。聞き取り調査において、「子育てにおいて女性にしかできないことはあると思いますか」と質問したところ、六名中五名が、「母乳だけ」、「授乳だけ」、あるいは「授乳と寝かしつけ」だけは、母親である自分にしかできないと答えた。

たとえば、仕事は建築レンタルの会社で事務職をしていて、現在生後九ヶ月になる第三子を養育中のNCさんは、母乳がよく出たので、三人とも「母乳オンリー」で育てたという。そのときの経験について、NCさんは、「（注：自分の）寝る時間ちょっとでも増やしたいからミルクにしてとかは、わたし全然、もったいないと思っちゃうんです。せっかく出るんやし、しかもだいたい一歳でやめてるんで、保育所行って仕事とかも行って搾乳もなかなかんで、なんで一年間ぐらいしかないのに、もったいない。……（中略）……育休中やし、いつでも寝れるやんって」と、自分自身、一年間という限られた期間、楽しみながら授乳した経験を語っている。

なお、NCさんのうちでは、ときおり夫が寝かしつけをしようとこころみることもあったが、「旦那さんだと遊ぶんです、みんな。寝かしつけ、パパだー！みたいに。多分、寝かす気もないんです、旦那さんって。で、たいがい、一番にいびきが聞こえてくるんです。で、子どもたち遊んでる、みたいな」状況であったといい、結局は授乳とセットで、寝かしつけも自分が担っていたと答えた。

同様に、生命保険営業職につくNBさんも、授乳については誰かに代わって欲しいとかんがえたことはなく、「わたししかないでしょう？」という気持ちでやっていると話した。

また、看護師のNDさんも、自分にしかできないことは「母乳以外はない」と語っている。第一子のとき、勤務先である病院付属の保育所に入所した際には、「起きたらおっぱいをまずやって、職場まで連れて行って、その保育園に行く前にちょっとご飯を保育園の近くで食べさせるみたいな生活をしてたので、母乳に助けられてたみたいな感じ」であったと語っている。「母乳に助けられる」とは面白い表現だが、NDさんいわく、そのように合間合間に授乳をすることで、つかのま、子どもも自分もリラックスすることができ、「時間を有効に利用」できたということである。

なお、現在授乳中の二人目についてNDさんは、「はたらけるんだったらはたらきたいっていう気持ち」と、「まだもうちょっと授乳とかもしときたい」気持ちとが入り交じっているとも述べている。

実際の分担にみるアンバランス

このように、今回母乳育児をしたひとが多かったこともあり、授乳については「母親である自分にしかできない」と答えた人が多かったのに対し、それ以外の家事育児全般においては、夫婦で協力・分担しながら行っていると答える人が多かった。また、「わたしも主人も平等主義」というＮＢさんの言葉や、「立場が対等だと思っている」というＮＤさんの言葉からは、彼女たちが夫との関係性を、「平等」もしくは「対等」とみなしていることがわかる。

しかしまた、その実際の分担のしかたをみると、夫婦のあいだで、甚大なアンバランスがあることに驚く。まず、育休取得について、六名全員が子どもを産んだ回数だけ育休を取得していたが、夫が育休を取得したひとはいなかった。また、復職後の家事育児の分担についても、多くの場合、夫がはたらき方を変更することは想定だにされておらず、妻であり、母親である自分がはたらき方を調整したり、支援をとりつけたりして、日々の育児を切り盛りしていると答えた。

たとえば、夫婦で同じ建設コンサルタント会社につとめるＮＡさんは、総合職である夫は、かつて繁忙期には月に二〇〇時間残業することもあったといい、ここ一、二年は改善されているものの、午後一〇時に帰ってきたら「早い」と感じるような激務であると語っている。そのため、「夜はぜったいに無理なので」、夫には朝の保育所の送りだけを担当してもらっている。事務職であるＮＡさんは、子どもが三歳になるまでは時短勤務制度を利用して、いまは午前九時から午後四時の六時間、はたらいている。毎朝、夫が送りに行っているあいだに家事を済ませ、駅で落ち合って出勤し、夕方には保育所に迎えに行き、夜九時の寝かしつけまでをするのがＮＡさんの仕事である。

同様に、建築レンタル関係の事務職をしているNCさんも、夫はサービス業で、現在は本部でパチンコ部門を担当している関係で、昼過ぎに家をでて、夜中の二時、三時に帰ってくるなど昼夜逆転の生活となる日もあるといい、日常的に家事育児の分担を期待することはほとんど不可能と語っている。そのためNCさんが時短勤務制度を利用し、また同居の両親の助けを借りながら、日々の家事育児のほぼすべてを担っている。

また看護師のNDさんも、「旦那さんのほうが（注：職場が）遠」く、保育所の送迎が時間的に不可能な働き方であったため、二人目を妊娠中にフルタイム勤務からパートタイムに切り替え、育児時間を捻出している。今後復職するときも、一日、長くても四～五時間の短時間勤務にする予定である。

また、製薬関係の営業職に就き、現在第二子の育休中のNEさんも、大学事務の仕事をしている夫の帰宅時間は、部署にもよるが一八時のこともあれば二二時となることもあるといい、基本的には朝の保育所の送りと、料理を担ってもらえればいいかなと話している。

さらに、夫婦で大手通信会社に勤務するNFさんは、夫のいる設備部門は残業が多く、帰宅時間はかつては二三時、コロナ禍により在宅勤務がメインとなった現在でも二一時半、二二時まで仕事をしているといい、営業職である自分がフレックス制度に在宅勤務をくみあわせ、平日の家事育児のほぼすべてを担っている。夫が担うのは、平日は洗濯物をたたむことと、休日の子どもの遊び相手くらいである。

なお、生命保険の営業職をしているNBさんの経験はやや特殊である。もともとキャリア志向のつよかったNBさんは、一人目のときは産後四ヶ月で復職し、復職後は「主人の手伝いありき」で計画していたが、復職に際し、二つの予想外のできごとが起きた。一つめは、認可保育所に入れなかったことで、二つめは、夫の海外（ベトナム）赴任が決まったことである。そのため保育所入所が決まるまでの半年間ほどは、毎朝NBさんが夫の母親の家に子どもを預け、仕事に行く生活がつづいた。あるとき、プライベートも含めしんどいことが重なり、「すごいもう泣きながら」、夫にＳＯＳを出したという。それで夫は会社にかけあい、単身赴任の期間を一年ほど早めて帰ってきてくれたのが、ＮＢさんからみた夫の「育児分担」である。

アンバランスな按分をうけいれる

以上みてきたように、六名とも、実際の日々の家事育児の遂行においては、夫とのあいだにいちじるしいアンバランスがあるが、ここで興味深いのは、六名がそうした平等とはほど遠い按分のあり方を、「仕方がない」、「そういうもの」とさらりと受け入れ、夫なりの分担の仕方を、「それでもよくやってくれている」と肯定的に評価していることである。

たとえば、夫が昼夜逆転の生活をしているＮＣさんは、料理が好きな夫が、朝早いときには自分のものを用意して食べて行くなど「自分のことは自分で」してくれることや、ときには「手が空いてたら夜ご飯も作ってくれたり」することが、彼の家事育児分担であると語っている。また、ＮＣさんの両親との同居について文句も言わず、「家にいっぱいひとがいたら楽しいんじゃない？」と言ってくれることについても感謝しているという。

また、大手通信会社に勤めるＮＦさんは、自分は毎朝五時半に起きて七時に子どもを送りに行き、一八時すぎまで仕事をしたあと、子どもを迎えに行って、風呂に入れ、ご飯を食べさせ、二一時過ぎに寝かしつけたあとは「力尽きて」寝てしまうような生活を送っているのに対し、夫はリモート勤務であるのをいいことに、朝もぎりぎりまで寝ていることもあるといった現状について、「そこらへん、どうにならんかな」と不満もかかえている様子である。しかしまた、職場で長時間労働をもとめられる夫の状況にも理解を示し、「それ（注：残業）ありきのはたらき方をしてるので、平日の家事はわたしが請け負うべきだろうなとは思うんですけど、何か、残業ありきのはたらき方を変えてほしいなとは思っています」と話した。

なおＮＦさんは、子育てについては夫婦がまったく平等に担うことが望ましいとはかんがえておらず、「女性、男性じゃなくて、わたしだから気付く部分と、夫だから気付く部分みたいなのがあ」ってもよいと語り、「休みの日に、わたしがしないような遊び方をしてあげたりとかっていうのをやってるんで、そういった意味では、分担ちゃんとできている」と、やはり夫なりの育児参加の仕方を、肯定的に評価している。

また、夫がベトナム赴任で、本人曰く「シングルマザー並みの」ハードな生活を経験したはずの、生命保険営業のＮＢさんでさえ、家事育児の分担に「やっぱ不公平感はでるんですけどね」と語りつつ、「やっぱ、得意なほうがやればいいとは思う」と、そのアンバランスな配分を受け入れるような発言をしている。

3　保育所の送迎にまつわる調整

さいごに、そのように夫によるサポートが期待できない現状にあって、六名が日々の保育所の送迎を、夫以外のサポートをどのように活用して乗り切っているのかをみていきたい。

いまだ月齢の低い子どもをかかえる六名は、夫に送迎を頼める場合には主に朝の送りを頼み、帰りは自分がはたらき方を調整し、早めに迎えに行っているひとが多かった。また、自分ひとりで手が回らない部分は、親族からのサポートが活用された。ただしまた、親族にたよれない場合は、やはり最終的なやりくりをするのは、「母」である彼女たち自身だった。

既存の紐帯を再強化する

まず、親族からのサポートについて、六名中四名は、日常的に親族からのサポートを得て、保育所の迎えをやりくりしていた。

もっとも支援を受けやすい立場にあるのは、やはり、自身の両親と同居しているNCさんだったろう。NCさんはつねづね両親から、「なんぼでもみるよ」という力強い言葉を言ってもらっている。両親ともに現在もフルタイムではたらいているため、何でもかんでも頼るというわけにはいかないが、母は車も運転するため、保育所の送迎もNCさんが行けないときには「声かけあって」行ってくれるので、たいへん助かっている。

同様に、製薬会社営業職につくNEさんも、同居ではないが、車で一時間ほどの距離に住む自身の母親から、手厚いサポートをうけている。だいたい週に一回の頻度で、NEさんのほうからお願いして実母に家に来てもらい、その日は保育所の迎えから夕飯の支度、お風呂まで、すべてしてもらって、そのまま実母は泊まって帰るという。NEさんは実母が泊まりにくることについて、夫に気を遣うところはあるというが、二週間以上連絡をしないと、実母のほうが「ちょっとすねる感じ」だといい、実母のほうも楽しんでサポートしてくれている様子がうかがえる。

また、六名のなかでもっとも帰宅時間のおそい保険営業職のNBさんは、日によって帰宅が二〇時になることもある。そのため子どものお迎えは、「向こうの母親、うちの母親、主人、わたしとかでみんなでもう色々。みんなの協力を得てというかたちで」回している。週二、三回は義母が、水曜は夫が早帰りができるので夫が、また、彼女自身も仕事を調整し、「残業しない日」をつくって迎えに行くなど、親族ネットワークをフルに活用してのりきっている。そうしたスケジュールを組み立てるのは、母親であるNBさんの仕事である。

さらに、建築コンサルタント会社事務職のNAさんは、朝の保育所の送りは夫、夕方の迎えは自分が担当している。ただし夫は「ほんとうに送りに行くだけ」なので、保育所のかばんの準備や連絡ノートの記入は、NAさんがやるという。なお、週に二回、上の子どもが習い事（テニスと英語）に行くときには、自分の母親に子どもの学校から習い事までの送迎を頼んでいる。

このように、乳児をあずけてはたらくうえで最大の障壁のひとつとなる、日々の保育所の送迎にまつわる問題について、六名中四名は、親族という既存の紐帯を再強化することで乗り切っていた。

やり方を見直す、はたらき方を変更する

しかし、近くに頼りになる親族のいるひとばかりではない。夫の協力があてにできず、また、日常的に親族から支援をうけることも困難な場合は、やむなく自分自身がはたらき方を変えたり、調整したりすることで、子どもにとって負担の大きすぎない方法を模索していた。

たとえば、看護師のＮＤさんは、一人目のときは病院の外来で、正規の看護師としてはたらいていた。子どもが一歳のときに復職し、さいしょは病院付属の認可外の託児所に、とちゅうからは自宅近くの認可保育所に子どもをあずけた。職場が遠かったため、認可保育所時代は毎日朝の七時から夜の七時まで、ＮＤさん曰く「もう最初から最後まであずけたみたいな感じ」で、「あずける、電車乗る、みたいな。あずけたらすぐ走って駅まで行ってみたいな」生活を送っていたという。

なお、夫は時間的に送迎を担当することはできず、また、自分の両親、夫の両親ともに車で四〇分ほどかかる場所に住んでおり、日常的に支援を頼むことはできなかった。せいぜいお願いできたのは、子どもが風邪をひいたときなどに、一日頼むといった緊急の支援ぐらいである。

そのような状況にあって、ＮＤさんは、二人目妊娠を希望していたこともあり、仕事をパートタイムに切り替える決断をした。現在は土日のみクリニックではたらき、第一子は保育所にあずけ、第二子は自宅でＮＤさんが面倒をみている。第二子が生まれてからは、自治体のファミリー・サポート・センター制度も利用しはじめたといい、第一子の保育所への送りをお願いすることで、だいぶ楽になったと語った。

また、六名のなかでは唯一地方（広島県）出身の、大手通信会社のダイバーシティ推進業務に就くNFさんも、近くに支援を頼める親族がおらず、第一子のときは保育所の送迎を含め、家事育児はすべて一人でこなしていた。NFさんの場合、第二子の育休明けのタイミングで、偶然ではあるがコロナ禍によって在宅勤務に切り替わったことにより、状況が大きく改善した。休憩時間に夕食の準備ができるようになり、また、通勤時間がかからなくなったため、一八時から遅くとも一九時までには迎えに行けるようになった。

なお、NFさんは、在宅勤務中に起きた、つぎのような印象的なエピソードを語ってくれた。NFさんはそれまで、自身のはたらき方について、「自分のなかではすごいスケジュールいろいろ立てて、仕事もできてるし、子どもにちゃんと食事も持たせてるし、話もしてるし、すごい両立できてる」という感覚があった。ところがある日、自宅で第一子と遊んでいるときに、「子どもがわたしの写真をパシャって撮ってくれたんです。そしたら全然顔が楽しそうじゃなくて」。

NFさんにとって、その一枚の写真は、自身のライフスタイルを改めてみつめ直すきっかけとなった。

> そのとき何も怒ってもなかったし、すごい楽しく遊んでたんですけど、よく考えたらわたし、このあと何時までにご飯を作って、何時までに食べさせてみたいなのをすごい考えてたなと思って。それってすごい顔に出てるし、伝わってるんだなって、ずっとして。このままじゃいけないなと思って。たぶん会話とかも、何かすごい効率的に、効率的に、済まそうと思ってたんだろうなって。

このエピソードは、乳児をあずけてはたらく母親が、日々、自身が選択したライフスタイルについて、これでいいのかと自問するひまもないほど、時間に追われている現状をよく表しているだろう。

同様に、製薬会社営業職につくNEさんも、やはり第二子育休をきっかけに、それまでのはたらき方を見直した一人である。NEさんの場合、一人目のときは、親族からのサポートもフルに受けながら、毎日一八時半に迎えに行っていた。夜の飲み会や接待も多く、多いときには週に二回、帰りが深夜になることもあった。当時のはたらき方について、NEさんはつぎのようにふり返っている。

じゅうぶん六時半迎えでもいいと思って……（中略）……その六時半迎えと朝の時間と土日で、じゅうぶんわたしは愛情を注いでいると思ってはいたんですけど、彼女（注：第一子）からやっぱ育児休暇に入ったときに、たとえば、早迎えでめっちゃ喜んでもらって、そこからのゆっくりのお散歩の時間で聞ける話があったりとか、ヒアリングがすごい増えて、「そんなこと思ってたんや」、「そんな悲しいこともあったんや」っていうのが増えたので、こういう時間ってたぶんやっぱりゆっくり取らんとあかんかったんやろうなっていうのを感じたので、やっぱり彼女がそういう風にしたいってなったからと思ってます。でもそう思ったら、わたしも会いたかったんでしょうなって思いました。

このように、第二子の育休によって時間ができたことで、NEさんは思いがけず、お母さんともっとゆっくり話したかったという子ども側の願望を発見するとともに、自分自身の願望にも気づかされたと語っている。

このような気づきを経て、NEさんは、第二子の育休が明けたら、時短勤務に切り替えることを決意するにいたった。時短によって収入が減ることは気にかかるが、「仕事して、社会で活躍して……（中略）……でもだからって家庭をないがしろにしたら本末転倒なので」、しばらくはそれでやってみたいと思っている。なお、「夜は子どもと過ごす」と決めており、これは「わたしの価値観」ですと胸を張った。

以上みてきたように、しばしば育休がひとつのきっかけとなって、がむしゃらでやってきたそれまでの子育てを見直し、子どもにしわ寄せが行っていると感じた場合には、自分がはたらき方を変えることで事態に対処しようとしていた。

なお、彼女たちがその実践をつうじて、確立した「母」としての自身のあり方は、旧来的な「母性神話」のもとでの「母」のイメージに似ていたかもしれないが、それは「母たるものはこうあるべき」という外的な規範の押し付けではなく、与えられた環境のなかで、子どもと自分自身をよく観察し、納得してたどり着いたものであるという点で、同じではない。

第14章　「三歳児神話」を反復する、書き換える

分析のさいごとなる本章では、乳児をあずけてはたらくという経験につきものの、保育サービスの利用開始時期にまつわる葛藤や不安に光をあてて考察を行う。

先にみたように、正規職につく六名（うち一名は看護師で、途中からパートタイム）は、乳児をあずけてはたらくという自身のライフスタイルを確立するにあたり、育休制度や保育所の乳児保育の制度など、制度の面では手厚く守られているようにみえる。ただしまた、その制度には現状において、いくつかの明らかな欠陥もある。すなわち、都市部の保育所激戦区とよばれる地域では、育休明けのもっとも需要の高い一歳児枠が圧倒的に不足していて、〇歳から申請しないと事実上入所が不可能なこと、また、四月の一斉入所の時期に申請しないとこれまた入所がほぼ不可能なことなどである。

くわえて、言説面でも、その実践はじゅうぶんに支持されていたとは言えない。先にみたように、保守層のみならずアカデミズムの側からも、〇歳からの集団保育の利用に疑問や批判が投げかけられている現状にあって、それを利用する者は、「乳児の発達」という、現代の子育てにおいて最重要の達成課題とされるものとの関連で、「早すぎないか」とつねに自問しながら利用することを余儀なくさせられているからである。

では、そうした困難な現状にあって、六名はいかに既存の支配構造が命じてくるところのものにしたがいつつ、同時にどのようなあたらしい実践をつくり出して、対処していたのだろうか。以下では順に、「実際の利用の開始時期をめぐって」、「望ましい利用の開始時期とその理由」、「乳児期からの集団保育の利点をめぐって」、「専業主婦」という参照点をめぐって」、「不安を打ち消す」と題し、みていきたい。

1　保育サービスの利用開始時期とその理由

はじめに、六名が、実際に保育サービスの利用を開始した時期を確認しておきたい。表14-1は、六名の子ども一五人の、保育サービスの実際の利用開始時期をまとめたものである。

子どものあずけ先は基本的には認可保育所だが、いくつか例外がある。NBさん、NDさん、NFさんの第一子は、それぞれ短期間、認可以外のサービスを利用していた期間がある。NBさんの第一子は生後四ヶ月のとき認可に申請したが入れず、半年間は近くに住む夫の母親にあずかってもらった。また、NDさんも第一子のときはすぐには認可に入れず、勤務先の病院が提携している職場近くの認可外保育施設を利用したのち、認可に移った。Fさんも、第一子のときさいしょは認可に入れず、認可外保育施設を利用したのち認可に移った。これら認可以外のサービスの利用も含めた利用の開始時期をまとめたものが、表14-1である。なお、現在育休中の子どもについては、予定される利用開始時期を示している。

表をみてわかるように、保育サービスの利用開始時期は早い人で四ヶ月、遅い人で一歳六ヶ月となっている。全体として、一歳のお誕生をむかえるまえに入所しているケースがほとんどで、総じて利用開始時期が早い集団であることは間違いない。

表 14-1 保育サービスの実際の利用開始時期

	NA さん	NB さん	NC さん	ND さん	NE さん	NF さん
第一子	1歳1ヶ月	4ヶ月	9ヶ月	1歳	1歳6ヶ月	1歳3ヶ月
第二子	8ヶ月	10ヶ月	11ヶ月	6ヶ月（予定）	1歳3ヶ月（予定）	6ヶ月
第三子	6ヶ月半（予定）	11ヶ月半（予定）	9ヶ月（予定）	—	—	—

では六名は、利用の開始時期をどのように決めていたのだろうか。もっとも多かったのは、現行の育休・保育所制度との兼ね合いで、ほぼ選択の余地なく、産後、最初に迎えた四月に入所させたという答えである。

たとえば、建設コンサルタント会社の事務職につくNAさんと建築レンタル会社の事務職につくNCさんは、それぞれ三人の子どもを四月の一斉入所のタイミングでX保育所に入所させている。NAさんはその選択について、年度途中での入所はきわめてむずかしい状況にあることを知っていたため、確実に入所できることを優先させたと説明した。またNCさんは、職場における育休制度の運用に言及し、「うちは取れないんで、産休（注：育休のことを指していると思われる）も」と、制度への不満を口にしている。

このように、現行の諸制度との兼ね合いで、ときとして希望より早く、不本意なかたちで利用を開始しなければならない現状は、不安や葛藤を生み出しやすい。NAさんは、インタビュー時も連れていた第三子について、六ヶ月では早過ぎないかという不安をひんぱんに口にしている。「今だけですよね（注：こんなに可愛いのは）。六ヶ月の子、あずけるのは、ちょっと、今となっては大丈夫かなっていう心配が。やっぱ三人目で可愛いからっていうのがあるんですよね」。NAさんとは近所の、X保育所の卒業生ママが経営するカフェで、調査後も何度か話をする機会があったが、その度、育休明けの第三子の保育について、「まだ寝返りもできないのに」、「ミルク飲まないのどうしよう」と不安を口にしていた。同様に、看護師で、調査時には第二子の育休中であったNDさんも、「六ヶ月であずけようとしてるんですけど、早過ぎやしないか」、「でも、いま保育園入れなかったらこの先もかなり絶望的だしとか、そういうちょっと止むを得ないところで振り回されてるんだな、日本のお母さんって」と、制度に対する不満を口にしている。

その一方で、少数ではあるが、制度のあり方とは関係なく、みずからの意思で入所のタイミングを決めたと答えた人もいた。大手通信会社に勤めるNFさんは、職場では希望すれば最大三年間育休を取ることができたが、三年は自分には長すぎるとかんがえ、二人の子どもをそれぞれ一歳三ヶ月と六ヶ月で入所させた。

また、保険会社の営業職に就くNBさんも、希望すれば二年まで育休を取ることができたが、第一子のときにはみずからの希望で四ヶ月での復職を決めたと語っている。NBさんによれば、子どもを産むまでは「もう早く復帰したいと思ってて」、顧客にも「四ヶ月で復帰しますね」と宣言してしまっていたため四ヶ月で復帰した。ただしNBさんの場合、先に触れたように、いざふたを開けてみると認可には入れず、夫の海外赴任も重なり、それから二年半は本人曰く、「シングルマザーも体験したみたいな」子育てを余儀なくされた。このときの経験から、第二子以降は、四月の一斉入所のタイミングを待って入所を申請する方針に切り替えている。

なお、NBさんは、（結果的には四月入所のタイミングを待たずあずけた第一子も含め）子どもを作る時点から、四月入所を見越して計画的に妊娠したとも語っている。「基本的にやっぱ春、四月、五月、六月がいいなっていうのはずっとみんな思ってたので、そのぐらいで産んで、ちょうど一年弱休めるからっていう計算で」。

このように、利用の開始時期は、基本的には現行の諸制度との兼ね合いで、ほぼ、個人的に選択する余地がないかたちで決められていた。ただしまた、制度の枠内で、少しでもみずからにとって有利なかたちで制度を使い返そうとする実践はかいまみられた。

2　理想の利用開始時期とその理由

つづいて、六名が「ほんとうは」いつから子どもをあずけたかったのか、理想とする利用開始時期についての六名の語りをみていこう。しばしば希望より早くあずけなければならなかった六名は、「いつごろからあずけるのが望ましいと思われますか」という質問に対し、どのように答えたのだろうか。

表14-2は、六名が答えた、保育サービスの望ましい利用開始時期をまとめたものである。早い人で「六ヶ月」、遅い人で「一歳から二歳」と答えており、おおむね九ヶ月から一歳前後を望ましいと答えたひとが多い。

また六名は、望ましい利用開始時期として、実際の利用開始時期と大きくはかけ離れてはいない時期を答えているが、たとえばNAさん第三子やNBさん第一子、NDさん第二子などのように、実際の利用開始時期のほうが、望ましい利用開始時期より、いくぶん早いケースもある。

また六名は、上記の時期が望ましいとかんがえる理由について、子どもの首がすわり、自分で寝返りをうったり、ハイハイしたりできるようになること、また食事面において離乳食がはじまることなど、子どもがある程度、身体的に「しゃんと」して、養育しやすくなることを挙げ、つぎのように説明した。

まず、生命保険営業職につくNBさんは、望ましい利用の開始時期は「一歳とか、九ヶ月、一〇ヶ月くらい」と答えている。その理由としてNBさんは、第一子を生後四ヶ月であずけた経験にふれ、「四ヶ月のとき、早いなと思いました、何となく」と話し、NBさん自身も「おっぱいが痛くて」大変だったとも語っている。それに対し、九ヶ月以降の月齢だと、「ある程度子どもに時間も割きつつ、ある一定の、一歳とか九ヶ月、一〇ヶ月ぐらいやったら、まあ、もうあずけても、やっぱ、ハイハイしたりとか歩きだしたりとかしたりするといろんなものに興味を

表 14-2　保育サービスの理想の利用開始時期

NA さん	NB さん	NC さん	ND さん	NE さん	NF さん
9ヶ月	9ヶ月から1歳	1歳	1歳から2歳	1歳6ヶ月	6ヶ月

持ちだすので、そのぐらいはもうあずけても全然、むしろそのほうがいいんじゃないかみたいなかんがえになっていきました」。このようにNBさんは、子どもの身体的発達をベースに、母親である自身にとっても、「一歳とか、九ヶ月、一〇ヶ月」あたりがよいとしている。

同様に、建築レンタル会社事務職につくNCさんも、三人の子どもをそれぞれ九ヶ月から一一ヶ月であずけた経験をもとに、「一歳ごろ」が理想と語っている。その理由についてNCさんは、やはり子どもの身体的発達をベースに、つぎのように説明している。「発達がすごい、どどどどって一歳までに、いろんなことができるじゃないですか、急に。離乳食もそうですし、何や、寝返りからお座りからハイハイから立って歩いてっていうの、一気にメインイベントが、〇歳にどどっとあるから、それは見たいかなとは思うんで」。

ここで、NCさんが、単に子どもが「あずけて大丈夫」な月齢になったからという消極的な理由だけでなく、「それ（注：一歳までの成長）は見たい」という、親である自身の希望に沿うものとして、肯定的に語っている点は興味深い。

また、大手通信会社営業職につくNFさんは、「いつごろが望ましいと思うか」という問いに、「わたし、下の子は六ヶ月とかで行ったんですけど、どうですかね。集団で、やっぱりものすごく小さくても、主食が授乳だけとかになってるときは一緒にいたほうがいいのかなとも思ってはいるんですけど、それはお母さん的にも、子ども的にもいたほうがいいのかなとは何となく思うんですけど、でも今ほんとに、母乳がいいとかってむかし言われてたけどミルクもあるし……」とひとしきり悩んだうえで、「離乳食が始まる六ヶ月ぐらいからだと、何かいろいろ考えたとき、問題なく馴染みやすいんじゃないか、生活スタイル的にも行きやすいんじゃないか」と答えた。

このように各人は、基本的には子どもの身体的発達をベースに、また自身の体調面や親としての思いなどもふり返りながら、望ましい利用開始時期についての自身のかんがえ方を説明した。

3 乳児期からの集団保育の母子双方にとっての利点

つづいて、乳児期からの集団保育の利点や優位性をめぐる六名の語りをみていこう。「乳児期からの集団保育には、どのような利点があると思いますか」。わたしたちがこの質問をしたとき、全員がすらすらと言いよどむことなく、あたかも用意していたかのように、多くの利点を挙げてくれた点がまず印象的だった。そのことはおそらく、六名がつね日頃から、乳児をあずけてはたらくという自身の選択について、周囲に対し、また自分自身に対しても、「これで大丈夫」と、釈明や弁明をすることを余儀なくされていることの表れであったかもしれない。

実際、周囲に「早すぎる」と言われ、利用を反対された経験をもつ人は多かった。たとえばNAさんは、第一子の入所（一歳一ヶ月）に際し、近くに住む父親から「こんな小さい子どもを保育所に入れるのか」と何度も言われ、そのたび、「だって仕事するから、入れるしかないでしょ」と説明しなければならなかった。三人産んだ現在では、ようやく父親も何も言わなくなった。同様に、NDさんも、両親から「保育園にあずけてかわいそう」、「そんなはたらかないといけないの?」と言われた。あずけて半年以上経ったころ、母親から「かわいそう」と言われたときには、「あ、かわいそうって思われてたんや、わたし、半年も」と思い、悲しかった。さらに、NBさんは、第一子のとき生後四ヶ月からあずかってくれた夫の母親からは、「もう復帰するの?みたいな圧」はつねに感じているという。これからみていく六名の語りは、そのように周囲や自分自身に対し、「大丈夫だから」と弁明することが求められる状況なかで編み出された語りであることを念頭において読まれる必要がある。
以下では六名の語りを、順に、子どもにとっての利点についての語りと母親である自分自身にとっての利点についての語りに分けて、みていく。

子どもにとっての利点——より早い段階からの発達の可能性を付け加える

まずは子どもにとっての利点について、六名は、基本的には「子育てにおいてもっとも重要なのは、子どもの健全な発達である」とする既存の心理学的な説明の枠組みを踏襲しつつ、それに部分的に変更を加えるかたちでその利点を語っている。

従来、精神医学や発達心理学の諸理論においては、乳幼児期にはとにかく母子がじゅうぶんなかかわりをもつことが大切で、この期に形成された安定的な愛着をベースに、三歳以降、子どもは徐々に母親から離れ、より大きな集団のなかで社会性を獲得していくとの説明がなされてきた（ジョン・ボウルビィ 一九六九＝一九九一a、一九七三＝一九九一b、一九八〇＝一九九一c）。六名は、そうした説明の枠組みそのものについてはうけいれつつ、同時に、つぎのようなかたちで、より早い段階からの言語や社会性の発達の可能性を付け加えている。

たとえば、建築レンタル会社の事務職につくNCさんは、乳児期からあずけることの子どもにとっての利点として、「保育所でいっぱいお野菜食べさしてもらえ」て、「体をつくっていただいている」という栄養面にかんする利点に加え、「ちっちゃい社会で子どもにもすごくいい」という社会性の発達に関する利点をあげている。NCさんは、社会性の発達についてはは三歳からでは遅すぎるとして、つぎのように語っている。

何か、三歳ぐらいってもうできあがってません？結構。そっから急に、ぽんってああいう集団に行くのももちろんいいとは思うけど、〇歳だったらよりいいんじゃないかなって思えますけど、今は。

同様に、看護師のNDさんも、第一子が一歳で保育所に入所したときの変化を思い出しながら、一歳からの言語ならびに社会的の発達の可能性について、つぎのように語っている。

やっぱり保育園に入ったことで言葉の数がぱっと増えたりとか、社会性がどんどん広がって身についていくなっていうのは実感しているので、早いから悪いっていう風にも思わない。自分がおうちで、一対一でしてあげられることに限界をやっぱり感じるので。保育のプロではないので、遊びの種類もやっぱり限られてきちゃう。

同じく、生命保険の営業職につくNBさんは、保育所で提供される遊びの多様性について、つぎのように語っている。

何か、ママと二人って限られてると思うんです。おもちゃも一緒になってしまうし。結局、家にいたら家の用事をマってしたいので、結局ほったらかしだったり、ずっとおんぶして何か用事したりとか。じゃあ、この子とずっと対面で遊んであげれる時間ってやっぱり少ないと思うんです、保育所に見比べると。じゃあ、子どもにとっても絶対保育所のほうがいいなって。

ここで興味深いのは、早期集団保育の利点や優位性についての語りにおいて、「専業主婦の子育て」がひんぱんに引き合いに出されている点である。この点については後ほど改めて考察する。

母親で自分自身にとっての利点――「バランスがとりやすい」という語り

つづいて六名が、母親である自分自身にとっての利点について語った内容をみていこう。従来、近代家族における子育ては、母親によって、「子ども中心」に営まれるのが一般的だった（落合 一九九四b）。それに対し六名は、「母」として子育てはするが、同時に「自分」も大切であると明言してはばからず、自身にとっての利点として、精神的余裕や経済的余裕、仕事と家庭の「両方」があることでバランスがとりやすいこと、支援につながりやすいことなど、多くの利点をあげている。またその語りにおいて、子どもにとっての利点を語るときと同じく、やはり「専業主婦」による子育てが比較対象としてひんぱんに引き合いに出されている点も目をひく。

まず、建築レンタル会社事務職につくNCさんは、乳児期からあずけて働くことの母親にとっての利点として、子どもと離れることでリフレッシュできるという精神面での利点をあげている。

べったりよりもちょっと離れてる期間があるほうが、会ったときに何かもうラブみたいな。ずっと一緒やと麻痺っちゃうんです、子どもの大切さとか、子どもが一緒に楽しんでいることの大切さが、麻痺っちゃうんです。

ここで、「べったり」という言葉で描写されているのは、「専業主婦」の子育てである。NCさんは仕事帰り、保育所に向かう際の自身の心情について、つぎのように語っている。

仕事行ってるときのほうが、帰り道が「ああ、会える」とかいう感じになるんで、ちょっと、やっぱ離れてる時間があるほうが、より、お互いに、迎えに来てくれたとかそういう小さな喜びみたいなのが毎日あるんで、この距離感で育児してるのはすごい合ってるかなと思います。

加えて、NCさんは、これは必ずしも乳児をあずけてはたらくことに限定されたことではないが、「ずぼらな性格」で、「家計簿つけたくないし、切り詰めた生活もしたくない」自分にとっては、はたらくことで経済的余裕が得られることも大きな利点であると答えた。「お金のことをちみちみちみちみかんがえず、節約もせず、思ったま、べつに湯水のごとく使うわけじゃないんですけど、ふつうに食べたいもの食べれるとか買いたいもの買える」現在の生活は、NCさんとしてはとても気に入っている。

同様に、建築コンサルタント事務職のNAさんも、経済的余裕が得られることからくる精神的余裕があるとして、つぎのように語っている。「仕事してたらしんどくない?って言われるんですけど、仕事してるほうがラクよっていう……(中略)……日々大変だけど、一日バタバタはするけど……(中略)……こころ、気持ちの余裕も、やっぱり経済的に余裕がないと」。

また、看護師のNDさんは、コロナ禍で外出もままならなかった第二子の育休中の生活をふりかえり、「自分も妊婦だったので、一日中外にで出れずに一緒にいるといらいらしちゃったりとか、自分ってこんなふうに怒ることあるんやっていうのを、そのときはじめて知ったというか。抑えきれなくなっちゃって、感情を。しんどかったですね」と語っている。そのうえでNDさんは、「やっぱり自分には(注:専業主婦は)向いてない」、「自分は保育園の手を借りたり、いろんな人の手を借りて、はたらきに出てるほうがバランスが取れる」と語った。

同様に、生命保険営業職につくNBさんは、やはり「専業主婦」の子育てを引き合いに出して、乳児をあずけながらはたらくことの自身にとっての利点について、つぎのように語っている。

やっぱり人とあんまり会わないっていうのがしんどいっていうのもあるので、そういう、閉鎖されてる空間にいるような気がするというか。そら、家族と子どもと会えるのは楽しんですけど、やっぱり家のことって終わらないじゃないですか。褒められることもないし、当たり前と思われるし、そういうのんってやっぱり、すごいしんどいんだなと言うか。仕事してみると、やっぱ、やれば結果も出るし、褒められたりとか、そういう成果が出たら、やっぱ、そういういろんな変化もあるし、いろんな人との出会いもあるし。

このようにＮＢさんは、母として、子どもと過ごすよろこびを決して否定はしないが、子どものことだけになるとしんどいから、両方あるほうがよいと自分のかんがえを説明した。このほかＮＢさんは、子どもをあずけて友人と外でゆっくり食事をとることができる点、お金を自由に使うことができる点、夫と対等でいられる点なども、母親にとっての利点として付け加えた。

4　「専業主婦」という参照点をめぐって

ここで、乳児期からの集団保育の利点をめぐる六名の語りにおいて、ひんぱんに、「専業主婦」による子育てが引き合いに出されていたことの意味について考察しておきたい。

第Ⅱ部でみた二〇〇〇年代初頭の「ピノキオ」の実践は、世代間の壁を超えた、おんな同士の連帯の興味深い一事例であったと言えるが、その一方で、子育ての当事者である女性同士が交流したり、互いの状況についてコメントし合ったりする場面はみられなかった。それに対し、二〇二〇年代初頭の「乳児保育」を利用する六名の語りにおいては、「専業主婦」に対するひんぱんな言及がみられた。

今回、そのようにひんぱんに「専業主婦」による子育てが引き合いに出された背景には、第Ⅲ部で指摘した、「専業主婦」に対する社会的認識の変化がかかわっていただろう。いまや多くの日本人が、「専業主婦」の子育てはしんどいという認識を共有している。

加えて、六名はそれぞれ複数回、育休を取得し、かぎられた期間ではあるが、「専業主婦的」な子育てを身をもって経験した。それによって彼女たちは、「乳児をあずけてはたらく母親」と「専業主婦」をともに経験した、ある意味特権的な語り手のポジションから、この問題について語ることが可能となっている。

六名は「専業主婦」の子育てについて、「専業主婦のほうがしんどい」、「専業主婦のひとはたいへん」と、口をそろえて語っている。また、子ども中心の生活をおくる女性たちに対し、「尊敬します」、「自分にはできない」と称賛の言葉を送っている。

そうした語りは、一部メディアにおいてみられる、「はたらく母親」と「専業主婦」をいたずらに対立させ、揶揄するような言説とは、明確に一線を画するものである。六名は、「母性」という支配構造のもと、自身とは異なる主体的ポジションに置かれた女性たちの苦境に思いをはせ、利害関心やイデオロギーの違いを超えて、共感を寄せているようにみえた。

しかしまた、六名の語りは、いくつかの点で、両者が連帯することのむずかしさも示していたように思う。というのも、六名の語りをよくみれば、「子どもべったり」や「子どもが人生のすべて」、「自分を犠牲に」など、「専業主婦」による子育てを否定するような言葉も多く使われていた。育休が明ければ、またいつでも戻れる先のある六名と違って、ほんものの「専業主婦」に戻る先はない。その意味で、二つの立場を自由に行き来することのできる特権的立場にあった六名が、「専業主婦」であることの孤独の意味を、真に理解していたかどうかはわからない。

さらにまた、六名は、「わたしの場合は」と、それが自分の個人的見解であることをつねに注意深く前置きしたうえで、自分が「専業主婦」を選ばなかった理由について、つぎのように語っている。たとえばNFさんは、「わたしの場合は何でしょう、ずっと一緒に居て、それこそわたしは仕事が早くしたいな、うずうずみたいな」感じであったと説明し、同様にNDさんは、「やっぱり自分には向いていないって思いました」と語った。またNBさんは、「もう、家にいたら何かどんどんダメになる気が、専業主婦無理だなと思ってしまいます、自分は」と語り、NCさんも「子どもに対するかけ方が手厚すぎて、無理無理って思っちゃう」と語った。

このように、つねに「自分は」と断ったうえで自分の選択について語るスタイルは、一見したところ多様性を称揚する、寛容な政治的態度のようにみえるが、同時にそれは、積極的にこの問題を社会の問題として語っていくことを避ける態度ともみることができる。六名は、多くの女性が、出産によってキャリアから遠ざけられ、社会とつながることさえままならないような状況におかれる現在の社会のありかたについて、それを女性の抑圧や、女性のいまだ実現していない政治的権利の問題として主張していくことには関心がない。六名はただそれを、個人的な向き不向き、あるいは個人の選択の問題として語るのみである。

5　あたらしい共同性の萌芽

さいごに、六名の実践に、「共同性」、すなわち、それぞれが置かれた個別的状況をこえて、異質な者同士がつながり、ともに状況を乗り越えようとする契機（松田素二 二〇二一：一〇）はみられたのかという点について、さらに若干の考察を加えておきたい。

すでに述べたように、六名は、政府に対し現状の改善を求めるような、いわゆる「政治的」活動には参加していなかったが、生活のさまざまな場面で、個別的に、自身の経験を他者のために役立てようとこころみていた。

今回、六名がわたしの研究に関心をもち、産休明け、あるいは復職を控えた忙しい時期に、わざわざ時間をつくって調査に参加してくれたこと、それ自体、彼女たちが自身の経験を他者のために役立てたいという欲求をもっていたことのあらわれであったと言えるだろう。あるひとは自身の母親に子どもをあずけ、あるひとはわざわざ有給休暇をとって、調査に参加してくれた。

育児というのは、しばしば言われるように、「のどもと過ぎれば」で、いちばん大変なときが過ぎれば、それについてかんがえることを止めてしまうところがある。しかし六名は、自分自身、知りたいとかんがえ、またその経験を、自分たちが時代に先がけた経験した、「乳児をあずけてはたらく」という特殊な経験の意味を、自分自身、知りたいとかんがえ、またその経験を、これからそうした経験をするであろう他の誰かのために役立てたいとかんがえていた。そこには、ルース・ベハーが述べたような、すでに傷ついているひとが、傷ついているひとを目のまえにして何もしないではいられないような、そうした意味での連帯の契機が垣間みられただろう。

加えて、六名のなかには、多忙ななか、仕事でも家庭でもない、第三の領域での活動をつうじて、他の子どもをもつ女性のために、自身の経験を役立てることをこころみているひとがいた。たとえば看護師のNDさんは、仕事をパートタイムに切り替えたことで時間ができたこともあり、市が主催するはたらく母親のための「オンライン朝活会」に参加し、自分自身が第一子の養育中に知りたかった、育休明けに使える家事援助サービスやファミリー・サポート・センター制度などについて情報発信をおこなっていた。また、子育て関連のNPO法人での活動をつうじて、母親が元気でいられることが大切にする子育てについて啓発や情報発信活動をおこなっていた。

また、写真について印象深いエピソードを語ってくれた大手通信会社勤務のNFさんも、NDさんと同じNPOで活動をしているほか、職場では、「ダイバーシティ担当」の部署で、育児・介護の両立支援やはたらき方改革など、まさに自身の経験をいかせる仕事をしている。支援にあたっては、「すごいバリバリはたらいて、何かすごい家事も育児もこなしてるみたいな人」をロールモデルにするのではなく、「その人によって、なりたい自分は違う」ことを尊重した支援に努めているという。

さらに製薬会社勤務のＮＥさんは、第二子の育休中にはたらき方を見直し、育休明けには会社に時短勤務を申し出るつもりでいるが、万一、会社に時短勤務を認めてもらえない場合、「たぶん、そこで折れたら結局変わんないだろうしなって。女性のライフイベントで、できないことのほうが増えちゃう人が増えるだろうなって思うので、ちょっと折れたくないなっていう気持ちは正直あります」と語り、自分ひとりが我慢して終わるのではなく、これから親になるほかの女性たちのためにも、会社と交渉することも辞さないという決意を語ってくれた。

あるいは、仕事とは離れたインフォーマルな場面で、自身の経験にねざした、他者に対する共感的なかかわりがみられる場面もあった。ある日、X保育所の卒業生ママがやっているいつものカフェに行ったら、ＮＡさんとＮＢさんが慣らし保育中の第三子を待つあいだ、お茶をしている場面に出くわしたことがあった。

そこにはもう一人、同じX保育所に子どもを通わせている、地方出身で、現在第二子を妊娠中で育休中の母親がいた。母親は、最近、家族のすすめもあって育休を二年にのばす決断をしたが、会社からは一年で戻ることを期待され、板ばさみになって悩んでいると話した。これに対し二人は、「会社はそうやね」、「好き勝手言うてくるよね」と終始共感的な態度であいづちをうち、六ヶ月であずけた経験について聞かれた際にも、「六ヶ月ならまあ大丈夫かな」と答えるにとどめ、もっと早くと急かしたり、逆に、早過ぎるのはよくないなどと母親の決断を否定したりすることはなかった。それは、乳児をあずけるという決断が、つねに不安や葛藤をはらむ過程であることを知っているし、また、いつからあずけるのがよいのかについては、結局のところ、その都度さまざまな条件をかんがえみつつ、いきつもどりつしながらやっていくしかないことを、知っているからこその対応ではなかっただろうか。

6　まとめ——「母性」という支配構造のもとでの子どもをもつ女性たちの実践

第Ⅳ部では、「乳児をあずけ、はたらく——二〇二〇年代、認可保育所の「乳児保育」を利用する女性たちの実践」と題して、乳児をあずけてはたらく女性六名の語りを題材に、「母性」という強固な支配構造のもとでの子どもをもつ女性たちの実践について、フェミニズムの視点から記述することをこころみた。

第11章ではまず、六名が、はたらき方や育休・保育所の利用しやすさという点、親族からの支援の受けやすさといった点で、社会経済的にきわめて恵まれた立場にあることを確認した。

ただしまた、第12章でみたように、六名は、乳児をあずけながらはたらくというそのあたらしいライフスタイルにおいては、未だじゅうぶんに言説的にサポートされていたとは言えない。とくに〇歳児の集団保育をめぐっては、保守層の政治家のみならずアカデミズムの内部からも批判がある。

第13章と第14章では、そうした困難な状況にあって、彼女たちは言説的に不足している部分を補うべく、どのような語りや実践を編み出し、状況に対処しているのかを考察した。

第13章では「家族を運営する——乳児をあずけてはたらく六名のライフスタイル」と題して、六名が「母性」という支配構造の内部にとどまりながら、「母」として、日々の家事育児を切り盛りしている様子を確認した。六名は、夫婦関係においては「対等」や「平等」を意識しつつ、実際の日々の家事育児の遂行においては、圧倒的に多くを担っていた。夫に担ってもらうことを希望していないわけではないが、夫にはたらき方を変えるよう、会社にかけ合うなどの努力を求めるよりは、自分自身がはたらき方を調整して、少しでも早く保育所にむかえに行けるよう努めていた。

また、自分一人で対処することが不可能な部分については、主に「親族」という旧来的な絆にたよった解決が図られていた。それは、おそらくは六名が、たまたま個人的に親族からサポートを得ることのできる、恵まれた立場にあったためだろう。

つづく第14章では、「『三歳児神話』を反復する、書き換える」と題して、乳児をあずけてはたらくことにつきものの「早すぎないか」という不安をめぐる六名の語りの実践に光をあてた。

六名は、現行の育休・保育制度とのかねあいで、しばしば希望したより早い時期から子どもをあずけ、はたらいていた。六名は、乳児期からの集団保育にはおしなべて肯定的なかんがえをもっているが、早ければ早いほどよいとかんがえているわけではない。子どもの身体的発達をかんがえ、首はすわってから、ハイハイをはじめてからなど、実際にあずけた経験にもとづき、理想的とかんがえる時期を語っていた。

また六名は、乳児期からの集団保育の利点を語るにあたり、乳児の発達にかんする旧来的な言説を大枠においては反復しつつ、同時にそれをみずからの目的のために部分的に書き換えもしていた。子どもにとっての利点として、言語や社会性の、より早い時点からの発達の可能性を語るとともに、そこに母親である自分自身にとっての利点をつけくわえた。

なお、そうした言説において、「専業主婦」がひんぱんに引き合いに出されていたことについて、そうした語りのあたらしさを指摘するとともに、それがもつ限界についても指摘した。六名はあくまで「わたしの場合」、専業主婦はやってみたけれど向いていなかったと語り、それを女性全体の問題としてとらえ返したり、集団的行動につなげていく視点はない。

さいごに共同性への志向性について、六名の実践のなかに、現状に個人的に対処しておわりではない、自身の経験を他者のために役立てたり、他者とつながっていく萌芽が垣間みられた。

終章 ふたたび、「母」というひどくつまらない存在をめぐって

本書は、現代日本社会に残存する「母性」という支配構造と、そうした支配構造のもとでの女性たちの実践に焦点をあて、これをフェミニズムの実践として記述することをこころみてきた。

記述にあたっては、二つのフィールドワークを軸に、「オート・エスノグラフィー」の手法を用いて、つねに自分自身の経験や感情に立ち返りながら、フィールドでみききしたできごとの意味を理解し、説明することにつとめた。そのこころみが成功したかどうかは読者の反応を待つほかないが、とりあえずここらで自身の研究に一つの区切りをつけ、本書を世に出すことができたことに安堵している。

本書は、執筆に長大な時間をかけたわりには、分析が稚拙で、言葉足らずなところもあったと思うが、分析をつうじて、「母」は何もしていない、「母」はフェミニズムの対極にある存在といったイメージが、少しでも修正されたならうれしい。

子育てという営みは、その大部分が他者のための活動で占め、また、単純な作業のくり返しという側面はたしかにあるが、その実践をつうじて、社会に対し不満が表明されたり、政治の意味そのものが問い直されたりすることもある。さらにまた、その実践をつうじて、「母」である自分自身をみつめなおし、それまでのやり方を反省した

り、変えようとこころみたりされることもあり得る。その結果、必ずしももっと長くあずけることや、もっと早くからあずけることが選択されるわけではなく、ときには自分自身のはたらき方を改め、子どもともっと長く子どもといることが選択されることもあった。

そうした選択は、構造が命じてくる「よい母」規範への隷属に似ていたかもしれないが、一度やってみて、それは自分が望むものではないとかんがえた末にたどりついた結論である点で、同じものではないはずだ。

＊

稿を閉じるにあたり、残された課題について、二点のみ簡潔にのべておきたい。

第一に、本書は、「母性」という支配構造のもと、あくまで「母」として子育てをする女性たちの実践に光を当てている。したがって、「母性」という支配構造のもと、それ以外の主体的ポジションを占めるひとびとの経験についいて、本書はあつかうことができていない。「母性」という支配構造音もとでの、子どもをもたない女性の経験や、シングルマザーとして子どもを育てる女性の経験、同性同士で子どもを育てる女性の経験、血縁関係のない子どもを育てるひとびとの経験、父親の経験などについてあわせて読まれることで、本書の理解もいっそう深まるだろう。

また第二に、本書は、二〇〇〇年代以降の社会の状況をかんがえるうえで重要な、貧困や社会的排除の問題にはほとんど触れることができなかった。原田正文は、一九八〇年代の子育てと二〇〇〇年代の子育てを比較した「兵庫レポート」において、経済的困窮のうったえが増加したことを指摘している。二〇〇〇年代の調査において、夫の年齢が二五歳未満の若い世帯では、じつに四二・六％が「生活が苦しい」と答えていた（原田 二〇〇六：八八―九〇）。

本書第Ⅳ部でとりあげた「乳児保育」の利用者たちは、金銭的資源にくわえ、親族という資源にもめぐまれていた。そのため結局のところ、旧来的な絆を再強化することで、危機をのりこえることができた。そうした資源をもたない層においては、危機はどのようにしてのりこえられていただろうか。一九八〇年代の都市部の主婦たちのように、近隣で助け合うなどの実践は出てきていただろうか。今後の検討課題としたい。

参考文献

日本語文献

雨宮処凛・貴戸理恵　二〇二〇「ロスジェネ女性、私たちの身に起きたこと」雨宮処凛編著『ロスジェネのすべて――格差、貧困、「戦争論」』あけび書房。

網谷由香利　二〇一六『「〇歳児保育」は国を滅ぼす』紀伊国屋書店。

アリエス、フィリップ（杉山光信・杉山恵美子訳）一九六〇＝一九八〇『〈子供〉の誕生――アンシァン・レジーム期の子供と家族生活』みすず書房。

伊藤理史　二〇一七「日本人の政治的疎外意識――政治的有効性感覚音コーフォート分析」『フォーラム現代社会学』一六、一五～二八頁。

伊藤達也　一九八九「同時代を形成する人々」『教育と情報』三八〇、文部省

井本由紀　二〇一三「オートエスノグラフィー」藤田結子・北村文編『現代エスノグラフィー』新曜社。

イリイチ、イヴァン（玉野井芳郎・栗原彬訳）一九八一＝一九八二『シャドウ・ワーク――生活のあり方を問う』岩波書店。

――（玉野井芳郎訳）一九八二＝二〇〇五『ジェンダー――女と男の世界（新装版）』岩波モダンクラシックス。

上野千鶴子　一九八五『資本制と家事労働――マルクス主義フェミニズムの問題機制』海鳴社。

――　一九九〇『家父長制と資本制――マルクス主義フェミニズムの地平』岩波書店。

――　二〇〇五『老いる準備――介護すること　されること』学陽書房。

――　二〇〇六「戦後女性運動の地政学――『平和』と『女性』のあいだ」西川祐子編『戦後という地政学』東京大学出版会。

上野千鶴子・電通ネットワーク研究会　一九八八『女縁が世の中を変える――脱専業主婦（えんじょいすと）のネットワーキン

グ』日本経済新聞社。
上野千鶴子・雨宮処凛　二〇一七『世代の痛み――団塊ジュニアから団塊への質問状』中央公論新社。
瓜生淑子　二〇二〇「育児休業制度の実情と課題（二）――取得可能期間の延長だけが最善の策か」『京都女子大学発達教育学部紀要』一六。
NHK「クローズアップ現代＋」取材班　二〇一九『アラフォー・クライシス――「不遇の世代」に迫る危機』新潮社。
江原由美子　一九九一『ラディカル・フェミニズム再興』勁草書房。
――　一九九五「制度としての母性　付　増補編解説　激動の中のリプロダクティブ・フリーダム　一九九五年以降の『母性』と社会」天野正子ほか編『日本のフェミニズム　五　母性』岩波書店。
――　二〇〇九「制度としての母性　付　増補編解説　激動の中のリプロダクティブ・フリーダム　一九九五年以降の『母性』と社会」天野正子ほか編『新編　日本のフェミニズム　五　母性』岩波書店。
及川留美　二〇二〇「保育所における乳児保育の変遷」『東海大学短期大学部生活科学研究所所報』三三、四九～五六頁。
大越愛子　二〇〇四「天皇制イデオロギーと大東亜共栄圏――「帝国のフェミニズム」を問う」岡野幸恵ほか編『女たちの戦争責任』東京堂出版。
大日向雅美　一九八八『母性の研究――その形成と変容の過程：伝統的母性観への反証』川島書店。
――　一九九二『母性は女の勲章ですか？』サンケイ新聞社。
――　二〇〇〇『母性神話の罠』日本評論社。
小沢牧子　一九九五「三歳児神話と母性イデオロギー　乳幼児政策と母子関係心理学　つくられる母性意識の点検を軸に」井上輝子ほか編『日本のフェミニズム　五　母性』岩波書店。
小田博志　二〇一〇『エスノグラフィー入門――〈現場〉を質的研究する』春秋社。
落合恵美子　一九八六『核家族の育児援助に関する調査研究』兵庫県家族問題研究所。
――　一九九四a「近世末における間引きと出産」脇田晴子・スーザン・B・ハンレー編『ジェンダーの日本史　上　宗教と民俗――身体と性愛』東京大学出版会。

――　一九九四b『二一世紀家族へ――家族の戦後体制の見かた・超えかた（初版）』有斐閣。
――　二〇〇〇『近代家族の曲がり角』角川書店。
――　二〇一八「つまずきの石としての一九八〇年代――「縮んだ戦後体制」の人間再生産」アンドルー・ゴードン・滝井一博編著『創発する日本へ――ポスト「失われた二〇年」のデッサン』弘文堂。
――　二〇一九『二一世紀家族へ――家族の戦後体制の見かた・超えかた（第四版）』有斐閣。
大藤ゆき　一九六八『児やらい――産育の民俗』岩崎美術社。
桂田恵美子・村田泰子・高橋和子　二〇一四「西宮市・宝塚市における院課外保育施設の実態調査と活用に向けた提言」二〇一二年度関西学院大学共同研究（一般研究C）報告書。
加納実紀代　一九八七『女たちの〈銃後〉』筑摩書房。
――　一九九五「「母性」の誕生と天皇制」井上輝子ほか編『日本のフェミニズム　五　母性』岩波書店。
河合隼雄　一九九七『母性社会日本の病理』講談社。
神原文子　二〇一三『子づれシングル――ひとり親家族の自立と社会的支援』明石書店。
キテイ、フェダー、エヴァ（岡野八代・牟田和恵監訳）一九九九＝二〇一〇『愛の労働　あるいは依存とケアの正義論』白澤社。
ギデンズ、アンソニー（友枝敏雄・今田高俊・森重雄訳）一九七九＝一九八九『社会理論の最前線』ハーベスト社。
貴戸理恵　二〇一八「生きづらい女性と非モテ男性をつなぐ」『現代思想』二〇一九年二月号、青土社。
黒田公美・白石優子・篠塚一貴・時田賢一　二〇一六「子ども虐待はなぜ起こるのか――親子関係の脳科学」『こころの科学「ここまでわかった！脳とこころ」』二〇一六年七月増刊号。
小出まみ　一九八四『保育園児はどう育つか』ひとなる書房。
小林亜子　一九九六「母と子をめぐる〈生の政治学〉――産婆から産科医へ、母乳から粉ミルクへ」山下悦子編著『男と女の時空――日本女性史再考　Ⅵ　溶解する女と男：二一世紀の時代へ向けて　現代』藤原書店。
小山静子　一九九一『良妻賢母という規範』勁草書房。
沢山美果子　二〇〇八『江戸の捨て子たち――その肖像』吉川弘文館。

——　二〇一七『江戸の乳と子ども——いのちをつなぐ』吉川弘文館。
柴田悠　二〇一六『子育て支援が日本を救う 政策効果の統計分析』勁草書房。
周燕飛　二〇一九『貧困専業主婦』新潮選書。
鈴木裕子　一九九五「母性・戦争・平和——『日本的母性』とフェミニズム」加納美紀代編『ニューフェミニズムレビュー 六 母性ファシズム——母なる自然の誘惑』学陽書房、六八〜七三頁。
首藤美香子　二〇〇四『近代的育児観への転換——啓蒙家三田谷啓と一九二〇年代』勁草書房。
須藤一紀　二〇〇五「激変した若者の結婚行動——よくわかる日本の人口③（結婚と出産 その一）」『第一生命経済研レポート』。
大日義晴・菅野剛　二〇一六「ネットワークの構造とその変化——「家族的関係」への依存の高まりとその意味」稲葉照英・保田時男田渕六郎・田中重人編『日本の家族 一九九九〜二〇〇九——全国家族調査［NFRJ］による計量社会学』東京大学出版会、一六三〜一八五頁。
竹村和子　二〇〇〇『フェミニズム』岩波書店。
田中美津　二〇〇四「自縛のフェミニズムを抜け出して——立派になるより幸せになりたい」『女性学——特集：ウーマン・リブが拓いた地平』一二、新水社。
田間泰子　一九九五「中絶の社会史」井上輝子ほか編『日本のフェミニズム 五 母性』岩波書店。
——　二〇〇一『母性愛という制度——子殺しと中絶のポリティクス』勁草書房。
玉野井麻利子　一九九五「抵抗としての子守唄——近代日本における子守のサブ・カルチャーについて」脇田晴子とスーザン・ハンレー編『ジェンダーの日本史（下）』東京大学出版会。
津村敦子　二〇〇二「家族政策の国際比較」国立社会保障・人口問題研究所編『少子社会の子育て支援』東京大学出版会。
富山尚子　二〇〇八「母乳と社会——母乳育児の現状」深谷昌志編『育児不安の国際比較』学文社。
友田明美　二〇一七『子どもの脳を傷つける親たち』NHK出版。
チョドロウ、ナンシー・ジュリア（大塚光子・大内菅子訳）一九七八＝一九八一『母親業の再生産——性差別の心理・社会的基盤』新曜社。

ドーナト、オルナ（鹿田昌美訳）二〇一七＝二〇二二『母親になって後悔してる』新潮社。

内閣府男女共同参画局　二〇二〇『令和二年版　男女共同参画白書』

西野悠紀子　一九八五「律令制下の母子関係――八、九世紀の古代社会にみる」脇田晴子編『母性を問う――歴史的変遷（上）』人文書院。

西村純子・松井真一　二〇一六「育児期の女性の就業とサポート関係」稲葉照英・保田時男田渕六郎・田中重人編『日本の家族一九九九〜二〇〇九――全国家族調査［NFRJ］による計量社会学』東京大学出版会、一六三〜一八五頁。

『日本経済新聞』二〇一七年一〇月三日「〇歳児の保育コスト突出」。

ハーシュマン、アルバート・O（矢野修一訳）二〇〇五『離脱・発言・忠誠――企業・組織・国家における衰退への反応』ミネルヴァ書房。

ハートマン、ハイジ（田中かず子訳）一九七九＝一九九一『マルクス主義とフェミニズムの不幸な結婚』勁草書房。

バダンテール、エリザベート（鈴木晶訳）一九八〇＝一九九八『母性という神話』筑摩書房。

原田正文　二〇〇六『子育ての変貌と次世代育成支援――兵庫レポートにみる子育て現場と子どもの虐待予防』名古屋大学出版会。

ビアード、メアリー（宮崎真紀訳）二〇二〇『舌を抜かれる女たち』ドメス出版。

東根ちよ　二〇一三「ファミリー・サポート・センター事業の歴史的経緯と課題」『同志社政策科学研究』一五―一、一一三〜一二一頁。

広井多鶴子　二〇〇五「女性の大学進学率の上昇と女子大学――人間社会学部の設置をめぐって」『実践女子大学人間社会学部紀要』一。

藤田結子・北村文編　二〇一三『現代エスノグラフィー――新しいフィールドワークの理論と実践』新曜社。

舩橋恵子　一九九二「母性概念の再検討」舩橋恵子・堤マサエ編『母性の社会学』サイエンス社。

古木弘造　一九九六『幼児保育史』大空社。

古橋紗人子・中谷奈津子編著　二〇一九『乳児保育Ⅰ・Ⅱ　科学的観察力と優しい心』建帛社。

ベック、ウルリッヒ（東廉・伊藤美登里訳）一九八六＝一九九八『個人化社会』法政大学出版局。

別冊宝島編集部　一九八八『別冊宝島八五　わかりたいあなたのためのフェミニズム・入門』ＪＩＣＣ出版局。

ベネディクト、ティモシー　二〇一九「迷惑をかけたくないホスピス患者とスピリチュアルケア」『スピリチュアルケア研究』三、四三〜五三頁。

ボウルビィ、ジョン（黒田実郎ほか訳）一九六九＝一九九一ａ『新版　母子関係の理論Ⅰ　愛着行動』岩崎学術出版社。

――　一九七三＝一九九一ｂ『新版　母子関係の理論Ⅱ　分離不安』岩崎学術出版社。

――　一九八〇＝一九九一ｃ『新版　母子関係の理論Ⅲ　対象喪失』岩崎学術出版社。

ボーヴォワール、シモーヌ・ド（「第二の性」を原文で読み直す会訳）二〇〇一『第二の性　Ⅰ――事実と神話［決定版］』新潮社。

ホワイト、ウィリアム・Ｈ（辻村昭・佐田一彦訳）一九五七＝一九五九『組織のなかの人間』東京創元社。

増田光吉　一九六〇「鉄筋アパート居住家族の Neighbouring」『甲南大学文学会論集』一一。

松尾弘子　一九九九『京・西陣』淡交社。

松木洋人　二〇一三『子育て支援の社会学』新泉社。

松田茂樹　二〇一〇「子育てを支える社会関係資本」松田茂樹ほか編著『揺らぐ子育て基盤――少子化社会の現状と困難』勁草書房、九一〜一一三頁。

松田素二　一九九七「植民地文化における暴力と主体性――西ケニア、マラゴリ社会の経験から」『植民地主義と文化』新曜社。

――　一九九九『抵抗する都市――ナイロビ移民の世界から』岩波書店。

――　二〇〇一「文化／人類学――文化解体を超えて」杉島敬志編『人類学の解釈学的転回』世界思想社。

――　二〇二一「都市、抵抗、共同性について思うこと――四〇年間のフィールドワークの軌跡から」松田素二ほか編『日常的実践の社会人間学――都市・抵抗・共同性』山城印刷株式会社出版部。

松田素二・川田牧人編著『エスノグラフィー・ガイドブック――現代世界を複眼でみる』嵯峨野書院。

三浦まり　二〇一五「新自由主義的母性――「女性の活躍」政策の矛盾」『ジェンダー研究』一八。

水野英莉　二〇二〇『ただ波に乗る Just Surf――サーフィンのエスノグラフィー』晃洋書房。

ミレット、ケイト（藤枝澪子ほか訳） 一九六八＝一九八五『性の政治学』ドメス出版。

牟田和恵・岡野八代・丸山里美 二〇二二『女性たちで子を産み育てるということ』白澤社。

村田泰子 二〇〇四a「『母親失格』再考——ネグレクトの諸相と新しい育児実践の創造」『ソシオロジ』四八—三。

—— 二〇〇四b「抵抗する母性——子供一時預かり施設『ばぁばサービスピノキオ』の実践から」『叢書アレテイア 四 差異化する正義』御茶の水書房。

—— 二〇〇五「〈親密圏〉と〈公共圏〉のあいだで——『シルバー世代による子育て』の伝統性と近代性をめぐる一考察」御茶の水書房。

—— 二〇一〇「再生産される性別」井上俊・伊藤公雄編著『社会学ベーシックス 五 近代家族とジェンダー』世界思想社。

—— 二〇一三「授乳の医療化とジェンダー——「母乳ダイオキシン騒動」と助産師の実践知」『関西学院大学社会学部紀要』一二一、七七〜九一頁。

—— 二〇一五「授乳が作り出す社会関係——厳格な食事制限をともなう母乳哺育を行う母親の語りと実践から」『女性学』二〇、日本女性学会。

—— 二〇二一「母性の社会学的研究・序説——団塊ジュニア世代論における母性言説の布置とフェミニズムの課題」『関西学院大学社会学部紀要』一三六。

—— 二〇二二「日常的な子育てと養育困難・子ども虐待をつなぐ視点——イギリスに学ぶ家族支援」黒田公美編著『子ども虐待を防ぐ養育者支援——脳科学、臨床から社会制度まで』岩崎学術出版社。

村田泰子・伏見裕子 二〇一六「明治期から昭和初期における小児科医の母乳への関心『児科雑誌』の分析から」『関西学院大学社会学部紀要』一二四。

村田泰子・坪井優子 二〇二二「母性の支配的言説を反復し、語り出す——認可保育所の乳児保育を利用する女性六名の語りから」『関西学院大学社会学部紀要』一三七。

元橋利恵 二〇二一『母性の抑圧と抵抗——ケアの倫理を通して考える戦略的母性主義』晃洋書房。

山田昌弘 一九九九『パラサイト・シングルの時代』筑摩書房。

―― 二〇〇一『家族というリスク』勁草書房。
―― 二〇〇四『パラサイト社会のゆくえ』筑摩書房。
山根純佳 二〇一〇『なぜ女性はケア労働をするのか――性別分業の再生産を超えて』勁草書房。
よしもとばなな 二〇〇四「子供を持って初めて感じた『自由』」『marie Claire』二〇〇四年六月号。

参考ウェブサイト

大日向雅美ＨＰ『大日向雅美の研究室』「PROFILE」［http://www5a.biglobe.ne.jp/~mohinata/profile.html］（二〇二二年七月五日アクセス）
公益社団法人京都市シルバー人材センター「ばぁばサービスピノキオ」［http://www.kyoto-silver.or.jp/pdf/pinokio.pdf］（二〇二二年一二月一二日アクセス）
厚生省 一九七九『昭和五三年版 厚生白書』［https://www.mhlw.go.jp/toukei_hakusho/hakusho/kousei/1978/dl/06.pdf］（二〇二二年一一月一日アクセス）
厚生省 一九九八『平成一〇年版 厚生白書』［https://www.mhlw.go.jp/toukei_hakusho/hakusho/kousei/1998/dl/04.pdf］（二〇二二年七月五日アクセス）
厚生労働省 一九九九「重点的に推進すべき少子化対策の具体的実施計画について（新エンゼルプラン）の要旨」［https://www.mhlw.go.jp/www1/topics/syousika/tp0816-3_18.html］（二〇二二年七月二一日アクセス）
厚生労働省 一九九九「新エンゼルプランについて」［https://www.mhlw.go.jp/www1/topics/syousika/tp0816-3_18.html］（二〇二一年四月一八日アクセス）
厚生労働省 二〇〇二「第二回 二一世紀出生児縦断調査の概況 一四 子どもを育てていて負担に思うこと」［https://www.mhlw.go.jp/toukei/saikin/hw/syusseiji/02/kekka14.html］（二〇二二年一二月一二日アクセス）
厚生労働省 二〇〇四「少子化社会対策大綱に基づく重点施策の具体的実施計画について」［https://www.mhlw.go.jp/houdou/

2004/12/h1224-4c.html〕（二〇二二年七月二一日アクセス）

厚生労働省　二〇一五「平成二七年国民生活基礎調査」〔https://www.mhlw.go.jp/toukei/saikin/hw/k-tyosa/k-tyosa15/dl/02.pdf〕（二〇二二年一二月九日アクセス）

厚生労働省　二〇一八「子ども・子育て支援新制度について（平成三〇年五月）」〔https://www8.cao.go.jp/shoushi/shinseido/outline/pdf/setsumei8-2.pdf〕（二〇二一年六月二八日アクセス）

国立社会保障・人口問題研究所　二〇一五「第一五回出生動向基本調査（独身者調査ならびに夫婦調査）」〔https://www.ipss.go.jp/ps-doukou/j/doukou15/NFS15_reportALL.pdf〕（二〇二二年一二月九日アクセス）

国立社会保障・人口問題研究所　二〇一七「現代日本の結婚と出産――第一五回出生同国基本調査（独身者ならびに夫婦調査）報告書」〔http://www.ipss.go.jp/ps-doukou/j/doukou15/NFS15_reportALL.pdf〕（二〇二一年四月二九日アクセス）

自由民主党国家戦略本部　二〇一一「中長期政策体系「日本再興」　第六分科会　教育」〔https://www.jimin.jp/policy/policy_topics/pdf/seisaku-066.pdf〕（二〇二二年一二月九日アクセス）

首相官邸　二〇一〇「新成長戦略――「元気な日本」復活のシナリオ（平成二二年六月一八日）」〔https://www.kantei.go.jp/jp/sinseichousenryaku/sinseichou01.pdf〕（二〇二二年七月二一日アクセス）

総務省　二〇二二「労働力調査（基本集計）、二〇二一年（令和三年）平均結果の要約」〔https://www.stat.go.jp/data/roudou/sokuhou/nen/ft/pdf/index1.pdf〕（二〇二二年九月二日アクセス）

総務省統計局　二〇一七「平成二九年就業状況基本調査」、「第二五一表　夫の就業状態・仕事の主従・従業上の地位・雇用形態、妻の就業状態・仕事の主従・従業上の地位・雇用形態・就業希望の有無、妻の年齢、世帯の家族類型・末子の年齢別世帯数（「夫婦のみの世帯」、「夫婦と親から成る世帯」、「夫婦と子供から成る世帯」、「夫婦、子供と親から成る世帯」）――全国」〔https://www.e-stat.go.jp/stat-search/files?page=1&layout=datalist&toukei=00200532&tstat=000001107875&cycle=0&tclass1=000001107876&tclass2=000001107878&stat_infid=000031729629&tclass3val=0〕（二〇二二年九月二日アクセス）

内閣府　「幼児教育・保育の無償化」〔https://www8.cao.go.jp/shoushi/shinseido/musyouka/index.html〕（二〇二一年四月一八日アクセス）

内閣府　二〇一六「三世代同居・近居の環境の整備について」『平成二八年版少子化社会白書』〔https://www8.cao.go.jp/shoushi/shoushika/whitepaper/measures/w-2016/28pdfhonpen/pdf/column07.pdf〕（二〇二二年六月二六日アクセス）

内閣府　二〇一八「特集就労等に関する若者の意識」「平成三〇年版子供・若者白書」〔https://www8.cao.go.jp/youth/whitepaper/h30honpen/pdf/b1_00toku_01.pdf〕（二〇二二年一一月三日アクセス）

内閣府　二〇二〇「第三章　女性の就業と子育てを巡る課題と対応　第一節」『令和二年度年次経済最税報告』〔https://www5.cao.go.jp/j-j/wp/wp-je20/h03-01.html〕（二〇二二年八月六日アクセス）

内閣府子ども・子育て本部　二〇一九「「平成三〇年教育・保育施設等における事故報告集計」の公表及び事故防止対策について」〔https://www8.cao.go.jp/shoushi/shinseido/outline/pdf/h30-jiko_taisaku.pdf〕（二〇二一年四月二八日アクセス）

西宮市　二〇二〇「令和二年四月の保育所等待機児童数について」〔https://www.nishi.or.jp/kosodate/hoikujo/hoikujo/taikijidoutaisaku/taikijidou.files/R2.4taikijidou.pdf〕（二〇二一年四月二九日アクセス）

日本労働組合総連合会　二〇一七「非正規雇用で働く女性に関する調査2017」〔https://www.jtuc-rengo.or.jp/info/chousa/data/20170825.pdf〕（二〇二二年一二月九日アクセス）

文部科学省　二〇一九「幼児教育の現状」〔https://www.mext.go.jp/content/1421925_08.pdf〕（二〇二一年八月二〇日アクセス）

外国語文献

Behar, R., 1996, *The Vulnerable Observer, anthoropology that breaks your heart*, Beacon Press.

Hirschman, A. O., 1993, 'Exit, Voice, and the Fate of the German Democratic Republic: An Essay in Conceptual History', in World Politics 45.

Orgad, S., 2019, *Heading Home: Motherhood, Work, and the Failed Promise of Equality*, Columbia University Press.

Schoppa, L. J., 2006, *Race for the exits: the unraveling of Japan's system of social protection*, Cornell University.

Young, M. and Willmott, P., 1957 *Family and Kinship in East London*, Penguin Books.

初出について

本書は、二〇〇七年一月に京都大学文学研究科に提出した博士論文をもとに、全面的な加筆修正をおこなったものである。博士論文のタイトルは、「母性の社会学的研究――〈実践における母性〉という観点から」（京都大学　文博第三七六号）である。

第Ⅱ部のピノキオ調査にかんする部分は、すでに発表済みの三本の論文・著書（共著）をもとに、全面的な加筆修正をおこなった。論文のタイトルは、村田泰子（二〇〇四a）「『母親失格』再考――ネグレクトの諸相と新しい育児実践の創造」、村田泰子（二〇〇四b）「抵抗する母性――子供一時預かり施設『ばぁばサービスピノキオ』の実践から」、村田泰子（二〇〇五）「〈親密圏〉と〈公共圏〉のあいだで――『シルバー世代による子育て』の伝統性と近代性をめぐる一考察」である。加筆修正のうえ再掲することを快諾してくださった御茶ノ水書房に感謝したい。

また、第Ⅳ部の「乳児保育」調査にかんする部分は、村田泰子・坪井優子（二〇一二）「母性の支配的言説を反復し、語り出す――認可保育所の乳児保育を利用する女性六名の語りから」をもとに、やはり全面的な加筆修正をおこなった。本書に収録することを快諾してくださった坪井さんにも感謝したい。

謝　辞——むすびにかえて

本書は、二〇〇七年一月に京都大学文学研究科に提出した博士論文がもとになっている。しかし、それを単著として出版するのに、思いがけず長い時間を要した。博論のための調査（本書第Ⅱ部であつかう「子ども一時預かり施設ばぁばサービスピノキオ」の調査）を開始したのが二〇〇三年であったから、じつに二〇年近い歳月が流れている。そのように長い時間がかかったのは、それは、ひとえにわたしの努力不足によるものだが、少し言い訳をさせてもらえば、その二〇年間が、わたし自身が「母」になった期間と重なっていたことがかかわっている。

それは、序章でも書いたように、単に物理的に子どもの世話で忙しく、時間がとれなかったということだけではなかった。むしろそれ以上に、「母になる」ことをめぐる一連の意味や観念にとらわれ、身動きがとれなくなっていたところが大きかったように思う。第一子出産当時、わたしは大学院に籍をおき、博論を執筆するかたわら、非常勤講師として大学や看護学校などで教えはじめていたが、自分は出産したことで、「いちにんまえ」の研究者ではなくなった気がした。また、小さい子どもをかかえながらフルタイムではたらく自分というものが、どうしても想像できなかった。

いったい、何がわたしをそんなに弱気にしてしまっていたのか。わたし以外の女性たちは、そうした感覚とどのように折り合いをつけてきたのか。それを知りたい一心で研究をつづけてきた。

今回、勤務先の関西学院大学で一年間の在外研究期間を取得したことにより、本書の執筆に専念することが可能になった。また大学からは、大学研究叢書として出版補助もいただけることになった。ここに記して感謝したい。

海外で本を書くにあたっては、相応の苦労もあった。コロナ禍のため、留学は二度にわたって（つまりは二年間）延期された。また渡航の直前、ロシアによるウクライナ侵攻が報じられたことにより、日本からイギリスへの航空便荷物の受け付けが停止された。そのため急遽、研究員の坪井優子さんに手伝ってもらって、必要な文献をスキャンしてもっていくことにしたが、それでもなお、執筆の途中で、「手元にあの本があれば！」と思うことはしばしばあった。それは本書の限界と言わねばなるまい。

＊

ただしまた、イギリスで本書のとりまとめをおこなったことの利点もあったと思う。イギリスでは、国立マンチェスター大学の「モルガン・センター日常生活研究所（Morgan Centre for Research into Everyday Lives）」にビジターとして籍をおき、受け入れ教員となってくださったヴァネッサ・メイ先生をはじめ、同僚たちと本書の内容について議論する機会を得た。イギリスの家族社会学者、デイビッド・モルガンの名前を冠するこの研究所では、モルガンが提起した「家族実践（family practice）」というかんがえ方が広く共有されており、本書で明示的にはとりあげなかったが、本書の視座にも影響をあたえた。

また、子育てという多くの人になじみ深いテーマをあつかうこともあり、大学以外の場でも多様なバックグラウンドをもつひとびとと本書の内容について語り合う機会を得た。

そうした機会をつうじて、自分が知らず知らずのうちに前提としていた（それゆえ研究においても不問に付していた）日本社会における「あたりまえ」の数々について、あらためて説明する必要に迫られた。それは、たとえば、世界的にも例をみない労働時間の長さと、それに対し異議申し立てをしない日本人の「大人しさ」についてであったり、また、「他人に迷惑をかけない」ことを最優先事項として行動する日本人の、他者に頼ることの下手さについてであったりした。また、日本社会におけるフェミニズムの「弱さ」についても、質問を受けることが多かった。出産・育児によって女性一人が「割を食う」状況に対し、なぜ日本の女性たちは異議申し立てをしないのかという質問もうけた。そうしたやりとりの経験は、本書のサブ・テーマのひとつ、フェミニズムにおける主体ならびに政治の概念を問い直すという作業につながった。

＊

あわせて、この場を借りて、院生時代から今日まで指導してくださった、京都大学社会学研究室の井上俊先生、松田素二先生、落合恵美子先生に、感謝の意を伝えたい。

井上先生には、先生が退官されるまえの二年間、修士の学生として指導していただいた。井上先生には、何かを教わったなどと言うのもおこがましいが、社会学が自由で、楽しいものであるということは、やはり先生から教えていただいた。先生が主宰される「現代社会学研究会」はゼミと同じくとても居心地のいい研究会で、先がみえずしんどかった時期には、何も問われない環境がかえってありがたかった。

松田先生には修士課程のときから、公私にわたりたいへんお世話になった。「母」という性役割に、愚かなまでに忠実に生きる女性たちの実践を、社会学的にどのように記述できるのかということに迷っていたとき、松田先生はいつも認めて、励ましてくださった。二〇二一年度からは、関西学院大学で古川誠先生と共同で主宰されている文化人類学のゼミに参加させていただくようになり、じつに二〇年ぶりに松田先生のまえで報告させていただいた。「つねに自分自身のことに立ち返りつつ記述するスタイル」について、「村田さん独自のスタイルをつくりつつある」と言っていただいたことは嬉しかった。

落合先生はわたしが博士後期課程を終えたタイミングで京都大学にいらして、日本学術研究会の特別研究員（PD）の受け入れ教員ならびに博士論文の主査になっていただいた。落合先生はわたしにとってはじめての女性の指導教官で、先生ご自身が院生のときに出産されたことは知っていたが、「母になること」と「研究者になること」はとうてい両立しがたいことと考えていた当時のわたしにとって、何となく近寄りがたい存在だった。その後、関西学院大学に職を得たのちに、先生とは二度目の出会いをさせていただいた（と勝手に思っている）。就職はしたものの、研究者としての経験やネットワークが乏しいことに悩んでいたわたしは、先生に願い出て、子ども虐待防止にかんする文理融合の国際研究プロジェクトに参加させていただいた。出産して自分が孤独になったことにばかり気を取られていたが、じつは自分が先生方に見守っていただいていたことにあらためて気づかされた。

*

そのほか、ここにすべての方のお名前をあげることはできないが、大学の内外で多くのひとびととの交流をつうじて、本書のアイディアは鍛えられた。

京都大学医学研究科では、十数年間にわたり、助産師を養成する講座で、オムニバス形式で、非常勤講師として「母親と社会」という授業を担当した。助産師養成の講座で、学生は全員女性だった。授業を担当するなかで、医学・保健領域における「母性」と社会学・フェミニズム領域における「母性」の大きなギャップを痛感し、二つの領域をつなぐ研究が必要であると感じるようになった。

勤務先の大学である関西学院大学では、発達心理学の専門家で、ジェンダー研究者でもある桂田恵美子さんと「母性」をテーマにした読書会を行い、母子関係について、ジェンダーの視点から学び直しをさせていただいた。

また、二〇二一年秋からは、津田塾大学の北村文さんが主宰する「マザリング研究会」に参加させていただき、社会学者の元橋利恵さんをはじめ、近しい問題関心をもつ研究者と交流する機会をいただいた。本書の執筆の最終段階で報告もさせていただき、貴重な助言をいただいた。

昭和堂の編集者である神戸真理子さんには、日本とイギリスで時差や距離があるなか、さいごまで細やかなサポートをしていただいた。タイトルと副題についても検討をかさね、本書をもっとも読んでもらいたい相手である子育て中の母親に手に取ってもらいやすいものに決定することができた。

イラストレーターの描き子さんには、やはり、子育て中の女性が思わず手に取って読みたくなるようなイラストをとお願いして表紙絵と挿し絵を描いていただいた。打ち合わせの過程で、出版まえの原稿を読んでいただき、「これまでひとりで悶々とかんがえてきたことに、すっと道筋を示してもらった」と言っていただいたことは、大きな励みとなった。

本書を読んでくださった方の反応はさまざまだと思うが、厳しい批判も含め、感想を聞かせていただけたら嬉しい。

さいごに、夫である倉島哲と三人の子どもたち、そして両親に、感謝の気持ちを伝えたい。とくに、母についてはいろいろと好きなことを書いたが、どうか本書を読んで、がっかりしないでくださいと伝えたい。母がいつも楽しそうに子育てをしていたから、わたしも母になりたいと思うことができた。本書はわたしを産んで育ててくれた、母に捧げたい。

著者紹介

村田泰子（むらた・やすこ）

関西学院大学社会学部・社会学研究科教授。

2003年に京都大学大学院文学研究科博士後期課程社会学専修を研究指導認定退学。

2007年、博士（文学）。

専門は家族社会学、ジェンダー研究。

主な著作に『子ども虐待を防ぐ養育者支援　脳科学，臨床から社会制度まで』（共著、岩崎学術出版、2022年）、『社会学入門』（共著、ミネルヴァ書房、2017年）、『社会学ベーシックス５　近代家族とジェンダー』（共著、世界思想社、2010年）など。

関西学院大学研究叢書　第252編
「母になること」の社会学
——子育てのはじまりはフェミニズムの終わりか

2023年3月31日　初版第1刷発行

著　者　村田泰子
発行者　杉田啓三

〒607-8494　京都市山科区日ノ岡堤谷町3-1
発行所　株式会社　昭和堂
振替口座　01060-5-9347
TEL（075）502-7500／FAX（075）502-7501

印刷　亜細亜印刷

ISBN978-4-8122-2212-6
＊乱丁・落丁本はお取り替えいたします。
Printed in Japan